Iain N. Macleoid.

BÀRDACHD LEODHAIS

FO LAIMH

IAIN N. MACLEOID

GLASCHU:

ALASDAIR MAC LABHRUINN AGUS A MHIC,

268 SRAID EARRAGHAIDHEAL.

Roimh - radh.

Tha suas ris an dà fhichead bliadhna a
nis o 'n chunnaic Bàrdachd Leodhais a' cheud
boillsgeadh soluis agus is tearc tha an leabhar
grinn ri fhaotainn an diugh ged tha fèill mhór
air.

An uair a dh' eug an sàr Ghaidheal cliu-
teach, ainmeil, sin Iain N. MacLeoid, a
dhioghlum ré iomadh bliadhna an Leodhas 's am
measg Leodhasach air son greim fhaotainn air
gach bàrdachd a b' fhiù, thugadh fainear le
Cumunn Leodhais 's na Hearradh an Glaschu, gu
'm bu choir an leabhar, "Bàrdachd Leodhais,"
a bhith air a chlò - bhualadh as ùr mar
chuimhneachan air an àrd sgoilear sin a chuir
ri cheile an toiseach e.

Bha iad an rùn gun gabhadh iad fhéin an
obair as laimh, cinnteach 'n am barail nach '
eil Leodhasach a tha 'na Leodhasach nach biodh
déidheil air an leabhar, agus leis nach bu mhath
clach a chàradh air càrn - cuimhne Alasdair
Mhóir a rinn bàrdachd ar n - eilein a' thearnadh
o'n bhàs, 's a luaidh 's a sgriobh cliù is
gnàths ar sinnsre ann an Litrichean a mhaireas
"gus an tràigh an Cuan Siar."

An uair chuireadh comhairle ri Alasdair
MacLabhruinn 's a Mhic, a dheasaich a' cheud
leabhar, bha iadsan ro thogarrach air an
uallach a ghabhail iad fhéin seach gun robh
clàir nan duilleag fhathast coimhlionta.   Tha
sinn fada 'nan comain air son an saothrach.

Gheall sinne mar Chomunn a bhith dìchiollach, dealasach air an taobh a chum an leabhar a reic agus bithidh sinn sin.

Fhuair sinn beannachd Chaluim Iain, a mhac, leis ant - saothair, agus tha taing dhùrachdach gach Leodhasach aige air son sin. O'n is mac mar ant - athair e có aige tha fios, ma chlò - bhuailear Bàrdachd Leodhais gu bràth tuilleadh nach cuir e ri'mheudachd an aireamh mhór òran nach fhaca fhathast solus là?

Tha uaill mhór air Comunn Leodhais 's na Hearradh gun tug Calum dhuinn ant - urram 's an cothrom an roimh - radh ghearr seo a sgrìobhadh, agus 's e làn-dhùrachd ar cridhe gun soirbhich leis an leabhar 's gun rach e fada céin a dh' athdhùsgadh smuaintean tlàth is cuimhne chùbhraidh air Iain N. MacLeoid, "Alasdair Mór," a bha cho Uigeach ri fear Bhreacleit, ged rugadh 'na Sgitheanach e.

Iain MacAoidh,

Glaschu,

27 de 'n Og Mhios 1955.

CLAR-AMAIS

		PAGE
ROIMH-RADH, ...		vii.
SEANN EACHDRAIDH LEODHAIS, ...		xi.
MACAOIDH, CALUM, ...		1
Oran nan Coiteirean, ...		2
Oran na Muille, ...		3
Companaich m'Oige, ...		4
Oran an Radain, ...		7
MACCHALUIM, AN T-URR. DOMHNULL, ...		9
Na h-Earradh, ...		10
"'Cumail Suas an Cliu gu Brath,"		12
Maduinn Earraich, ...		14
Clarsach nan Gaidheal.		16
An t-Eilean Fada, ...		19
Coisir-Chiuil Ghaidhlig Steornabhaigh, ...		22
Uachdaran Leodhais, ...		23
MACCHOINNICH, AONGHAS, ...		25
Spiorad na Gaidhlig, ...		26
Moladh Bhearnaraidh, ...		29
An Lionn-Dubh, ...		30
Brosnuchadh na Gaidhlig, ...		32
Sgiursadh nan Gaidheal, ...		32
Taghadh nan Caileag, ...		34
Oran Gaoil, ...		35
Earail mu'n Bhàs, ...		37
MACCHOINNICH, AN T-URR. DOMHNULL UILLEAM, ...		39
An Teid thu Leam a Thir nam Beann, ...		40
'A'Chailin a Mheall Mi, ...		41

Mairi, ... 42
Gleannan a' Chaoil, ... 43
Righ nan Sithichean, ... 47
" Neoinean," 48
An t-Allt, ... 50
A' Mhaighdean Ghaidhealach, ... 52
An Cluinn thu mo Nighean Donn ? 54
Do Luch, ... 55

MACDHOMHNUILL, DOMHNULL, ... 59

Mo Dhurachd do'n Tir, ... 60
Oran na Muice, ... 61
Fuadach nan Gaidheal, ... 63
Oran Luathaidh, ... 64
Oran na h-Airigh, ... 65

MAC A' GHOBHAINN, IAIN, ... 67

Spiorad a' Charthannais, ... 76
Oidhche na Bliadhn' Uire, ... 84
Am Brosnuchadh, ... 85
Oran an t-Seana-ghille, ... 90
Allt a' Bhonnaich, ... 92
Laoidh an Dochais, ... 93
Moladh a' " Phullaidh," 94
Na h-Eileanaich, ... 96
Oidhche Shuiridhe, ... 97
Gaisgeach Mor na Feinne, ... 99
Coinneach Odhar, ... 101
Spiorad an Uamhair, ... 110
Oran a' Bhalta, ... 120
Sgoil a' Chruadail, ... 121
Oran Molaidh do Sheumas Og am Maraiche, ... 122
Oran Luchd an Spors, ... 123
An Samhradh, ... 127
Am " Pullaidh," 129

MAC A' GHOBHAINN, MURCHADH, ... 133

An Te Bhan, ... 134
Fogradh ar Gaidheil, ... 136
Saighdeircan Leodhais, ... 139
Uachdaran Leodhais 's a' Ghaidhlig, ... 142
An Gaidheal a' Fagail a Dhuthcha, ... 144

Gaol Meallta, ... 146
Obair a' Chroiteir an Leodhas, ... 148

MACILLEMHOIRE, MURCHADH, ... 151
    Leodhas mo Ghràidh, ... 151
    Am Flùr, ... 153
    Far an og rinn mi Mireadh, ... 155
    O, Seinnidh mi Duan, ... 157
    Caileag Steornabhaigh, ... 159

MACIOMHAIR, DOMHNULL, ... 161
    Fasalachd na Gaidhealtachd, ... 163
    Cur na Mara, ... 166
    Laithean na h-Oighe, ... 168
    An Ataireachd Ard, ... 171
    Smuaintean aig Uaigh mo Phàrantan, ... 173
    Bruadar an Leodhasaich a' Uinnipeg, ... 175

MACNEACAIL, ALASDAIR M., ... 177
    Eilean Leodhais, Tir nan Gaisgeach, ... 178
    Am Fleasgach Dualach, ... 179
    Na Tighean Earraich, ... 181
    A' Ghruagach Bhàn, ... 183

ORAIN THAGHTE—
    Comhradh Eadar Duine agus Cliabhmonadh, ... 185
    Oran Chaluim Sgàire, ... 188
    Oran na Muice-mara, ... 190
    Oran na Ciora, ... 194
    Oran an Iasgaich, ... 197
    Mointeach Leodhais, ... 199
    Och nan Och, tha mi fo Mhulad, ... 200
    Oran a' Chogaidh, ... 201
    Croiteirean Leodhais, ... 210
    Mairi, ... 213
    Moladh a' Bhàta, ... 214
    Cumha, ... 216
    Marbhrann, ... 219
    Oran nan Croiteirean, ... 223
    'N Uair bha mi Og 's mi Maille Ruibh, ... 225
    'S e Siabost as Boidhche, ... 226
    Long na Talmhainn Fhuair, ... 227

vi.

DÀIN SPIORADAIL.

MACNEACAIL, CALUM, ... 233
   An Canran, ... 234
   Earail do Oighean, 1860, ... 239
   Earail do Luchd-aideachaidh Mheagh-bhlath, ... 241
   Tha Caraid ann a Leanas na's Dluithe na Brathair, ... 244
   Focal Earail agus Misnich, ... 247
   An Duin' Og 's an Seann Duine, ... 248
   Barabhas, ... 250

DAIN SPIORADAIL—
   Oran Molaidh, ... 251
   Marbhrann do Chalum Macillemhoire, ... 252
   Seana Mhinisteirean Leodhais, ... 254
   Marbhrann, ... 257
   Marbhrann do'n Urramach Padruig Macilleathain, ... 259
   Cumha do'n Urr. Padruig Macilleathain, ... 260
   Cuireadh gu Criosda, ... 261
   Fois ann an Criosda, ... 263
   Fuil na Reite, ... 265
   Iosa Criosd am Firean, ... 267
   Laoidh, ... 269
   Marbhrann do Sheumas Macfhionnlaigh, ... 271
   Steornabhagh, ... 274

ROIMH-RÀDH.

THA còrr agus tri bliadhna diag bho na thòisich mi air " Bàrdachd Leodhais " a chur r'a chéile. Stiuir am Freasdal mi 'n a mo bhalach òg do eilean Bhearnaraidh " a laigheas gu sàmhach am bàgh Loch an Ròg," airson òigridh an eilein sin a theagasg, agus cha robh mi fada 's an eilean 'n uair a chuala mi mu bhàrdachd Iain Phàdruig an Iarshiadar, agus le meud an tlachd a ghabh mi dhith, rinn mi air ball suas m' inntinn gu'n cruinnichinn r' a chéile na b' urrainn mi de 'bhàrdachd gun fhios 'n uair a dh' fhàsainn beartach, nach bithinn comasach air 'obair a chlò-bhualadh a chum's gu'm faigheadh mo luchd-dùthcha fios air sàr-obair a' bhàird ainmeil sin. Le cuideachadh chàirdean air an dean mi luaidh an déidh so, fhuair mi a' chuid bu mhotha de òrain Mhic a' Ghobhainn, ach mar a b' eòlaiche bha mi fàs ann an Eilean an Fhraoich, bha mi tachairt ri iomadh bàrd eile, agus a' cluinntinn mu fheadhainn ris nach do thachair mi idir, gus mu dheireadh an do cho-dhùin mi nach robh baile beag eadar " Tigh nan Cailleachan Dubha " ann an Uige agus " Tigh Mhicdhughaill " ann an Nis anns nach robh bàrd no dhà a rinn òrain a b' fhiach a bhi air an cumail air chuimhne. Bha mi sior dhioghlum mar a b' urrainn mi ann an achaidhean nam bàrd, agus ged a dh' fhàg mi eilean Bhearnaraidh aig ceann nan tri bliadhna, gu dhol do dhùthaich dhuibh nan Gall, bha mi cruinneachadh òrain an sud agus an so a measg nan eòlach á Eilean an Fhraoich a bha tachairt rium ann an Glaschu mhòr na smùide.

Anns a' bhliadhna 1907—bliadhna Féille a' Chomuinn

Ghàidhealaich—chuir an Comunn mi do Leodhas, airson
cunntais a thoirt air na h-oidheirpean a bha air an deanamh
a' bhliadhna sin airson a' Ghàidhlig a thoirt beò. Bha
coinneamhan agam troimh 'n eilean air fad, agus 's ann
air an turus sin gu h-àraidh, a fhuair mi eòlas air móran
de'n bhàrdachd a tha sgriobhte 's an leabhar so. 'S fhada
bho bha dùil agam gu'm bitheadh an leabhar an clò, ach
thainig iomadh ceap-starra anns an rathad a chuir maille
mhór air 'imeachd. Tha còrr agus ciad òran agus dàn
anns a' chruinneachadh so, agus cha mhór nach' eil uibhir
eile 's a' chiste do nach robh àite againn, ach 's dòcha ri
tìde gu'm bi sinn comasach air cur ri meudachd an leabhair,
ma bhitheas slighe shoirbheachail aige air a' chiad chuairt
a measg a chàirdean.

Tha mi toirt tainge thogarraich do na bàird uile thug
dhomh an cuid òran airson an leabhair so, agus a' chuid
dhiubh tha beò an diugh, 's e mo dhùrachd gu'm bi a'
Cheòlraidh do ghnàth maille riu airson gu'n tog iad fonn
air euchdan an sinnsir agus air buadhan na Gàidhlig. Tha
mi gu h-àraidh fo mhór chomain do mo charaid suairce,
Tormod Macleoid, as an Rudha—maighstir sgoile na
Gàidhlig ann an Ard Sgoil Ghlaschu—airson a shaothair
ann an leughadh, uair agus uair, gach lide de dhearbhaidh-
ean clò-bhualaidh an leabhair so, agus airson iomadh
comhairle mhath eile ann an co-cheangal ri litreachadh
agus gnàths-cainnte nan òran. 'S Leodhasach da rìreadh
anns nach' eil ceilg do dhùthaich, Tormod, agus rinn e
min-rannsachadh fad iomadh bliadhna air Gàidhlig Al-
bannach agus Eirionnach, agus bu mhór an cuideachadh
dhomh-sa gu'n robh a leithid agam airson treorachaidh
fhaighinn uaithe.

'S iomadh duine bho'n d' fhuair mi ceathramh òrain do
nach' eil mi comasach air taing a thoirt anns an oir bhig
so de'n leabhar, ach tha mo bheannachd buan aca uile.
Feumaidh mi, airson sin, luaidh a dheanamh air na càirdean
a leanas do bhrìgh 's gu'n tug iad dhomh òrain agus eachd-

raidh agus comhairle, agus 's e mo bh ròn gu'm bheil mòran
acà 'n diugh fo fhòid na tunga :—

An t-Ollamh Maceanruig, Glaschu.
An t-Ollamh Macfhionghain, Duneideann.
Eanruig Macillebhàin (Fionn), Glaschu.
Gilleasbuig Macnaceardadh, Glaschu.
Alasdair Friseal, Steornabhagh.
Domhnull Moraidh, Ceistear Bhearnaraidh.
Donnachadh Macdhomhnuill, Maighstir-sgoile
    Tolastaidh bho Thuath.
Seoras Iain Ghobha, Iarshiadar.
Caristiona Nicamhlaidh, Breascleit,
Domhnull Macleoid, Maighstir-sgoile Bhreacais.
Domhnull Macleoid, Maighstir-sgoile Bhearnaraidh.
An t-Urr. Calum M. Macanrothaich, Tigh-an-Uillt.
Domhnull S. Macleoid, Ceistear Sgoilean, Steorna-
    bhagh.
Aonghas Moraidh, Maighstir-sgoile Dhailmhàili.
An Lighiche Donnachadh S. Macrath, Bailemacara.
Eachann Macdhughaill, Glaschu.

Tha beagan òran 's a' chruinneachadh a fhuair duaisean
aig Mòid a' Chomuinn Ghàidhealaich, agus tha mi an comain
Comhairle Chomuinn airson còir fhaotainn uatha air na
h-òrain sin.

Tha cunntas goirid air seann eachdraidh Lecdhais gu
deireadh na seachdamh linne diag, ann an toiseach an
leabhair, agus ann an cur r' a chéile 'chunntais sin, bha
mi a' dìoghlum agus a' rannsachadh ann an "Seann
Eachdraidh Leodhais," leis an Ollamh Macbheathain, agus
ann an "Eachdraidh nan Innse-Ghall," le U. C. Macchoin-
nich.

Tha mi nise, 's a' cho-dhùnadh a' cur "Bàrdachd
Leodhais" ann an laimh mo cho-Ghàidheil, agus 's e
dùrachd mo chridhe gu' m bi e 'n a mheadhon éifeachdach

B

air fàs agus cinneas a thoirt air ar cànain ; gu'm bı e 'n a
bhuaidh neartachaidh air cliù Eilein an Fhraoich, agus air
gach neach ann leis am bu mhiann sìneadh saoghail a bhi
aig Ceòlraidh na Gàidhlig; agus 'n uair a ruigeas e dùth-
channan céin far am bheil Leodhasaich a' gabhail còmh-
nuidh, gu'm bi e dhoibh mar oiteig thlàth an fheasgair
shamhraidh, a' giulan 'g an ionnsuidh thar nan cuantan
smuaintean cùbhraidh air an eilean a dh' àraich iad òg,
agus a' toirt misnich agus cridhe dhoibh gu dhol air aghaidh
a' còmhrag na deagh chòmhraige chum gu'm bi iadsan
a' ruith na réise air a' leithid de dhòigh 's gu'm bi iad 'n
an onair agus 'n an cliù do Eilean an Fhraoich.

IAIN N. MACLEOID.

An Tigh-Sgoile,
   Srathfharigaig,
      Inbhirnis.
3 de'n Mhàrt, 1916.

SEANN EACHDRAIDH LEODHAIS.

ANN 's a' bhliadhna 1098, tha chiad iomradh
againn air eilean Leodhais ann an each-
draidh, mar eadar-dhealaichte bho an h-
Innse-Ghall eile. 'S ə' bhliadhna sin
chiosnaich Righ Manus á Lochlunn na h-
Eileanan an Iar cho buileach 's gu 'm bheil bàrd na
cùirte rioghail aig an àm ag ràdh " gu'n robh deatach
an léir-sgrios a' ruigheachd na nèamhan os cionn
Ljódhhús." 'S e so an t-ainm Lochlunnach a bh' air
Leodhas aig an àm, agus tha'n t-Ollamh Macbheathain
de'n bheachd gu'm bheil an t-aon chiall aig Lödöse 's
an t-Suain. Cha' n' eil luchd-mìneachaidh ro-chòirdte
timchioll air brìgh an fhocail, agus mar sin 's co math
dhuinn gun deasbaireachd a dheanamh mu'n chùis.
Tha beul-aithris Eirionnach ag ràdh gu'n robh Conall
Cearnach, sonn treun á Ullaidh a' togail cìse an Leodhas
's a' bhliadhna h-aon, agus na'm biodh dearbhadh cinn-
teach air sin 's iomadh linn a chuireadh e ri aois each-
draidh an eilein.

Cha' n' eil teagamh nach ann á Eirinn a thàinig na
Gàidheil do na h-Eileanan an Iar timchioll air an t-
seathamh linn. 'N uair a thainig na Ceilteich do dh' Alba
ann an Aois an Iaruinn fhuair iad dà threubh romhpa na
Lubrachain agus treubh na h-umha. 'S e daoine beaga
dubha le cinn fhada bha 's na Lubrachain. 'S iad a thog
na dùin sheòmrachail agus mullaichean cruinn orra,
agus faodaidh sinn a chreidsinn gur h-ann do Aois na
Cloiche 'bhuineadh iad a reir na sgile leis an do thog iad
na seòmraichean sin. A stigh air criochaibh na treibh
sin thainig treubh na h-umha, daoine móra, garbha, le
aodainn fhada, cholgach, cinn mhóra chruinne agus falt

bàn. Tha luchd-rannsachaidh a' deanamh a mach gur
h iad a thog na Tursaichean ainmeil a th' aig Callanis
agus àitean eile. Tha cuid de'n bheachd gu'm b' e
teampuill no tighean-aoraidh a bha anns na Tursaichean
so, agus gu'n robh na righrean treuna a thuiteadh 's a'
bhlàr air an tòrradh annta, agus iobairtean de gach seorsa
air an toirt suas mar onair dhoibh. Tha fhios againn
gu 'n d' fhuaradh cisteachan-cloiche iomadh uair aig na
Tursaichean so, agus cnàmhan ainmhidhean agus dhaoine
a nochdadh gur dòcha gu 'n robh 'n treubh borb ud, ag
iòbradh eadhon an gineal airson sàsachaidh a thoirt do
agartasan an diathan.

Cha do dh' fhàg na Lochlunnaich móran de each-
draidh sgriobhte as an déidh. Cha b' ann air sgriobhadh
an eachdraidh a bha 'n aire ach air mortadh agus marbh-
adh agus togail ch each, ach a dh' aindeoin sin uile
dh' fhàg iad an làrach anns gach ceum de'n eilean anns
an d' imich iad, oir 's gann gu 'm bheil cnoc, abhuinn,
òb no caol an Eilean an Fhraoich nach do bhaist iad
'n an cànain mu'n d' fhàg iad. Tha ceithir ainmean Loch-
lunnach an Leodhas mu choinneamh gach ainm Gàid-
healach no Ceilteach a th' ann. Tha cuid eadhon a'
deanamh a mach gur h-ann an déidh ionnsaidh nan
Lochlunnach a dh' eirich am beagan ainmean Gàidhlig
a th' ann, agus le sin tha e coltach, nach mór nach do
sguabadh gu buileach na Ceiltich á Leodhas tràth 's an
naodhamh linn.

'S ann a thogail chreach a thainig na Lochlunnaich
an toiseach do na h-Eileanan an Iar, ach 'n uair a bha 'n
gnothuch a' còrdadh riutha cho math bha sgaoth a'
fuireach bliadhna 'n déidh bliadhna. Mu dheireadh an
deicheamh linn tha iomradh againn air Maccus no Machar-
ailt a' chiad righ a chuir na Lochlunnaich os cionn nan
Eileanan an Iar, a bha uile fo 'n spòig bho Arcamh sios
a dh' ionnsuidh an Eilein Mhanainneich. Tha sin a'
sealltuinn dhuinn cho mór agus cho éifeachdach 's a bha

cumhachd nan Lochlunnach air na h-Eileanan sin.
An déidh bàis an righ sin, chuir Righ Lochluinn uach-
daran thairis air na h-Eileanan, ach mharbhadh an
Leodhas e am feadh 's a bha e togail chreach an sin. 'S
ann an uair sin a rinn righ Manus suas inntinn nach
fhàgadh e tigh tioram gun chiosnachadh 's na h-Eileanan
an Iar. Thainig e le cabhlach threun 's a' bhliadhna
1098, agus rinn e sgrios iomlan air Leodhas, Uidhist,
an t-Eilean Sgiathanach, Tiriodh, Muile agus Ile, ach
choinnich a nàmhaid fhéin ri Manus an Eirinn, agus
mharbhadh e. Cha do dh' eirich cumhachd nan Loch-
lunnach na b' àirde na sin, ged nach do dh' fhàg iad na
h-Eileanan gus am b' éigin dhoibh an déidh blàir na
Leargaidh Ghallda 's a' bhliadhna 1263. Rinn leir-sgrios
Mhanuis làrach mór air cridheachan nan eileanach fad
iomadh bliadhna. Rachadh iad anns an fhaochaig na'n
cluinneadh iad eadhon 'ainm. Tha cuid de bhàrdachd
Oisein a' luaidh air a' churaidh sin, agus tha 'm far-ainm
a bh' air " Manus a' ghlùin-rùisgte " a nochadh gu'n
robh e cleachdadh an fhèilidh agus a' bhreacain, 's dòcha
mar chuimhneachan orra-san a chuir e gu bàs.

Chaidh cùisean air aghaidh mar sin gu carraideach—
righ an déidh righ a' tighinn thairis á Lochlunn, agus a
togail leis gach ni nach robh ro-thròm no ro-theith,
agus a' fagail fhàrdaichean 'n an gual 'n a dhéidh. Rinn
Alasdair a Trí, righ Alba, suas inntinn gu'n cuireadh esan
stad air brùidealachd nan Lochlunnach, agus gu'n cios-
naicheadh e na h-Eileanan an Iar dha fhéin. 'S a'
bhliadhna 1263, chuir e tairgse-còmhraig gu Haco righ
Lochluinn, bha Haco ro-dheònach, agus ann a' mios no
dhà thainig e le tri chiad birlinn agus dh' acraich e faisg
air an Leargaidh Ghallda.

Tha fhios againn uile mar thachair, rinn stoirmean
agus doinninn na Lùnasdail an gnothuch air cabhlach
Haco, bhriseadh iad 'n am mìle clàr air cladaichean a'
Chuain an Iar, thug e fhéin suas an deò 'n ath bhliadhna.

agus cheannaich Righ Alasdair na h-Eileanan an Iar
bho làimh Lochluinn 's a' bhliadhna 1266, an déidh dhoibh
a bhi fo 'n cìs fad chóig ciad bliadhna.

Cha 'n e mhàin gu 'n do dh' fhàg na Lochlunnaich
an làrach air ainmean nan àitheachan an Leodhas, ach
dh' fhàg iad an sliochd 'n an déidh cuideachd.   Tha 'n
t-Ollamh Beddoes, a rinn móran rannsachaidh air freumh
gach tréibh ag ràdh mar so : " Coinnichidh tri seorsachan
dhaoine ruinn an Leodhas.   Tha na Lochlunnaich ann,
daoine móra, foghainteach, fínealta, le falt buidhe-bhàn
agus sùilean gorma.   Tha muinntir Nis gu léir de'n treubh
so.   Tha daoine beaga tiugh ann, le sròn chutach, falt
dubh, agus air uairibh sùilean dubha, agus tha 'n àite-
còmhnuidh am Barabhas, agus aig an treas seorsa tha
pearsachan calma, gun a bhi ro àrd, aodann fada, mór-
chnàmhach, sròn fhada charach bhiorach, sùilean liatha
agus falt dubh.   'S e mo bheachd gur h-e siol nan Loch-
lunnach a tha fhathast timchioll Steornabhaigh ged a
bhàthadh an cànain leis a' Ghàidhlig bho chionn iomadh
linn."   Tha sinn de 'n bheachd gu'n deanadh cùnntas
an Ollaimh so mu threubhan Leodhais an gnothuch glé
mhath airson aoin sam bith de na h-Eileanan an Iar,
ged is dòcha nach 'eil an aon uibhir de fhuil nan Loch-
lunnach 's gach aon diubh.

'N uair a rinn righrean Albainn agus Lochluinn an
cùmhnant ceannaich airson na h-Eileanan an Iar,
thugadh a dha roghainn do gach Lochlunnach a bha
ann, an seilbh air còir sam bith 's na h-Eileanan
an uair sin—dh' fhaodadh e dol dhachaidh gu Lochlunn,
agus a chuid uile 'thoirt leis, air neo fuireach far an robh e
agus tighinn gu sìtheil fo riaghladh Righ Alasdair, le
maitheanas saor airson ar-a-mach sam bith a rinn e roimhe
sin.

Thugadh Leodhas agus an t-Eilean Sgiathanach do
Uilleam, Iarla Rois a Dhà, agus chum esan iad fo chìs
do Righ Alba.

Bha Eilean Leodhais ré chiad gu leth bliadhna 'na
dhéidh sin fo riaghladh Iarlan Rois. Cha 'n fhaic sinn a'
bheag sam bith ann an eachdraidh timchioll air na bliadh-
naibh sin. Bha Ghàidhlig a' buadhachadh gach bliadhna,
bha 'n eaglais a nis Ceilteach, agus thug sin adhartas nach
bu bheag do 'n chànain Bha Iarlan Rois glé chumhach-
dach. Bha 'n daingneach laidir ann am Baile-dhuthaich
's bha móran iochdaran aca, mar bha clann 'Icleoid
Leodhais 's na h-Earradh, a bha 'n ùghdarras air Asaint
bho Thuath agus Glinn-eilge.

An déidh sin 'n uair a bha Tighearnais Leodhais ag
atharrachadh bho Chlann an t-Sagairt gu Clann Dhomh-
nuill, Stiubhartaich, Clann an Fhleisdeir, agus a rìs gu
Clann Dhomhnuill, b'e Clann 'Icleoid a bha 'n an cinn-
cinnidh air an Eilean. Faodaidh sinn eadhon a ràdh gur
h-ann an Leodhas a chinnich Clann 'Icleoid. Tha móran de'n
bheachd gur h-ann á Lochlunn a thainig iad an toiseach.
Tha'n eachdraidh chumanta aca 'g ràdh gu'n d' thainig
an cinneadh bho dhithis bhràithrean, Torcull agus Tormod,
Clann Leoid, a bha beò 's an treas linn diag. B'e Leod so
mac Olaibh Dhuibh righ an Eilein Mhanainneich agus nan
Eileanan eile, a phòs Nicrailt Armuinn leis an d'fhuair
e Dùnbheagain mar thochradh, far am bheil ceann-
cinnidh Chloinn 'Icleoid aig an latha 'n diugh. Bha Leod
'n a uachdaran air Lec ᵈhas agus air an Eilean Sgiathanach,
agus 'n uair a chaochail e roinneadh 'oighreachd eadar
a dhithis mhac. Fhuair Torcull Leodhas, agus Tormod
an t-Eilean Sgiathanach agus mar sin 's e clann an dithis
bhràithrean a tha 'n Clann 'Icleoid Leodhais, siol Thorcuill,
agus Clann 'Icleoid an Eilein Sgiathanaich, siol Thormoid.

Fhuair Ruairidh Macleoid Eilean Leodhais 'n a làmhan
fhéin an uair a thainig cumhachd Tighearna nan Eileanan
gu neo-ni, agus bha 'theaghlach a' riaghladh an eilein
ciad bliadhna. An deireadh a latha bha e ann an sìth
ris an righ, oir tha cunntas againn an eachdraidh, gu'n
chuir e làmh ri cùmhnant a thug an righ do Iarla Earra-

ghàidheil.   An uair a chaochail e, ghabh a mhac Torcull
'àite, agus anns a' bhliadhna sin fhéin fhuair e 'n a
bhàillidh air Tròtairnis agus Dùnthuilm 's an Eilean
Sgiathanach.   Phòs e nighean Iarla Earra—ghàidheil,
agus mar sin rinn e taobh mór ri Domhnull Dubh, mac
peathar na mnà aige, agus oighre Tighearna nan Eileanan.
Bha Domhnull Dubh 'n a phriosanach fad a bheatha,
gus an do theich e do Leodhas 's a' bhliadhna 1501.   Chaidh
priomh-chinnidhean nan eilean fo bhratach Dhomh-
nuill, agus thòisich an cogadh mar b' àbhaist.   Rinn na
naimhdean ionnsaidh air caisteal Steornabhaigh 's a'
bhliadhna 1506, agus ghabh iad sealbh air, agus cha 'n
fhaic sinn an còrr mu Thorcull an eachdraidh.   Fhuair
a bhràthair Calum, cùmhnant sgriobhte air Leodhas
cóig bliadhna 'n déidh sin, leis an d' aisigeadh dha, cha'n
e mhàin Leodhas, ach Bhatairnis, Asaint bho Thuath,
agus a' Choigeach, le caisteal Steornbhaigh mar phriomh-
lùchairt.

Tha ùghdarras Chloinn 'Icleoid air Leodhas a nise
tighinn gu crìch, agus mar a ghabhas e creidsinn, cha
b' ann gun mhort no gun mhilleadh a leig iad ás an
gréim.

Phòs Ruairidh Macleoid, Triath Leodhais, Seonaid,
nighean Iain Mhicchoinnich, Chinntàile.   B'e Torcull
Con- nach a mhac 'oighre, ach tha e coltach nach robh e
gabhail ris mar oighre dligheach, agus mar sin rinn e
oighre do Thorcull Dubh, mac an treas mnà, nighean
Mhic 'Illeathain Dhubhairt.   Thòisich an sin cogadh agus
aimhreit eadar Torcull Conanach agus Torcull Dubh,
agus fad iomadh bliadhna bha Leodhas ann an staid
bhrònach agus bhuaireasach.   'S a' bhliadhna 1568,
ghlacadh Ruairidh le Torcull Conanach, agus rinn e
priosanach dheth ré cheithir bliadhna.   Thug e sin e
air beulaobh comhairle na rioghachd, agus thug e air
gu'n gheall e gu'n deanadh e oighre dheth.   Rinn Ruairidh
sin ach tharruing e air ais a rìs a chionn gu 'm b' ann bho

phéin a' bhàis a thugadh air a dheanamh. Ma bha
teaghlach riamh roinnte 'n an aghaidh fhéin b' e sud iad.
Bha cóignear ghillean aig Ruairidh Macleoid. Bha
triuir dhiubh air taobh an athar, agus lean dithis
dhiubh ri 'n leth bhràthair, Torcull Conanach. B' e
Niall Macleoid a' fear bu chumhachdaiche dhiubh so.
Bha esan an toiseach le 'athair, ach an déidh làimhe
thaobh e ri Torcull Dubh, agus mur biodh treubhantas
Neill tha sinn a' creidsinn nach robh e comasach do
Thorcull sealbh a chumail air Leodhas cho fada. Chaidh
Torcull Conanach do 'n Choigeich, agus shuidhich e e
fhéin 'n a uachdaran air sin, air dha cuideachadh fhaighinn
bho Chloinn Mhicchoinnich, Chinntàile. Timchioll air a'
bhliadhna 1595, thug Torcull Dubh ionnsaidh air a bhràth-
air, an Conanach ann an Strath-choigeach, agus cha d'
fhàg e mart no each, duine no bean no leanabh, aig Clann
'Icchoinnich Lochbhraoin nach do mharbh e. Airson an
ar-a-mach so, bha'n tùir air Torcull Dubh, agus air do
bhràthair gréim fhaighinn air, chuir e gu bàs e fhéin agus
a luchd-leanmhuinn, 's a' bhliadhna 1597. Bha mhac
Torcull, le cuideachadh Neill, 'n a uachdaran air Leodhas
an déidh sin.

Aig an àm so, chaochail dithis mhac Thorcuill Chon-
anaich. B' e a nighean mar sin a b' oighre. Phòs ise
bràthair Mhicchoinnich, Tighearna Chinntàile, agus le
sin thug an Conanach suas gach còir a bh' aige 'n Leodhas
do Thriath Chinntàile. 'S ann air an dòigh sin a fhuair
Clann Mhicchoinnich còir air Leodhas, ged nach do chuir
iad an còir an cleachdadh gus a' bhliadhna 1610.

'S a' bhliadhna 1596, thainig òrdugh bho 'n Chrùn
gu 'm feumadh gach ceann-cinnidh Gàidhealach an còir-
dhligheach air an oighreachdan thoirt am follais do'n
Rìgh, air neo gu'n d' thoirte uatha iad. Cha d' rinn
Clann 'Icleoid Leodhais so, agus mar sin thugadh an t-
eilean uatha, agus thugadh e do na Fiofaich. Thug na
h-uachdarain ùra so ionnsaidh gharbh air an eilean, agus

fad iomadh bliadhna chath iad fhéin agus na Leodaich
gu cruaidh, agus bha brùidealachd thar tomhais 'g a
dheanamh air duine agus ainmhidh.   Chuir Niall Macleoid
'n an aghaidh, agus a dh' aindeoin gach ionnsaidh
chumhachdaich a rinneadh air, cha d' thug e suas a
dhaingneach.   Bha Triath Chinntàile cuideachd a' cath
an aghaidh nam Fiofach, a chionn gu 'n robh shùil fhéin
air an eilean.   Mu dheireadh thall, 'n uair nach robh
'chùis a' dol leis na Fiofaich cho math 's bu mhath leotha,
ghabh iad blas a' chrogain do Leodhas, agus bha iad glé
thoilichte 'n còir air an eilean a' reic do Mhacchoinnich,
Triath Chinntàile, agus mar sin 's a' bhliadhna 1610,
chaidh an Ridire Ruairidh Macchoinnich, bràthair Triath
Chinntàile do Leodhas le arm cumhachdach.   Bha móran
de threun-fhir nan Leodach air a mort 's a' chath roimhe
so, agus mar sin cha robh iad ach lag fann airson coinn-
eachadh ris na Sàileich chumhachdach, ach bha ar
caraid Niall Macleoid cho treun 's a bha e riamh, agus
rinn e suas inntinn nach leigeadh e as a ghréim air Leodhas
fhads' a bhiodh an t-anam ann.   'N uair a dh' fhairtlich
gach gnothuch air, rinn e a dhaingneach làidir an eilean
Bhearnaraidh, far an do chuir e cruinn stòras mór de
bhiadh agus de dheoch, agus fad thri bliadhna thug e
dùbhlan do chloinn Mhicchoinnich.   Mu dheireadh thall
ghoid Ruairidh Chinntàile móran de na mnathan agus de
'n chloinn a bh' aig Niall am Bearnaraidh, agus chuir e
iad aig muir tràigh air eilean Bheireiseidh agus bhòidich
e gu 'm fàgadh e an sin iad gus am bàite iad mur géill-
eadh Niall agus a chuideachd.   Airson beatha nam mnathan
agus na cloinne shàbhaladh ghéill Niall, agus leis a' gheill-
leadh sin thug Clann 'Icleoid suas an còir gu bràth air
eilean Leodhais.

  Fhuair Niall Macleoid a shaorsa, agus ghabh e fasgadh
aig an Ridire Ruairidh Macleoid, Dhunbheagain, Dh'
fhiach Ruairidh ri thoirt an làthair an righ airson maith-
eanais fhaotainn, ach air a shlighe gu Sasuinn, fhuaradh

a mach gu'n robh Niall 'n a chuideachd agus ghlacadh
e, airson a thoirt suas do'n Chrùn. Chrochadh Niall
treun am baile Dhuneideann 's a' bhliadhna 1613. Cha
robh aon de'n chinneadh an Leodhas riamh a bu treuna,
's a bu dìlse na Niall còir agus tha deagh chuimhne air
an Leodhas fhathast.

'S e linn charraideach, bhuaireasach fhuileachdach a
bha 's na ciad bliadhna air an robh sinn a' bruidheann.
Bha na Leodaich a' cogadh an aghaidh an naimhdean,
agus timchioll an teallaichean fhéin cha robh sìth no
sonas a' riaghladh. 'N uair a ghabh Clann Mhicchoinnich
Chinntàile sealbh air Leodhas 's a' bhliadhna 1610,
fhuair iad gu'n robh spiorad agus cumhachd an t-soisgeil
marbh. Chuir iad mar sin 's a' bhliadhna sin fhéin an t-Urr.
Fearchar Macrath, do Leodhas, airson searmonachaidh an
t-soisgeil. Tha e coltach gu 'm b'e duine iomchuidh
a bha so, agus fo theagasg thainig an t-eilean air aghaidh
ann an eolas an Sgriobtuir.

Ged a chaidh Clann 'Icleoid Leodhais a chur fo chìs
le Macchoinnich Shi-phort, bha iad 'n an sgolb 's an fheoil
dha fad iomadh bliadhna. Gach uair a rachadh airm a'
Chrùin do Leodhas, bhitheadh Clann 'Icleoid a' dol fo 'm
bratach an aghaidh Shi-phort, agus bha so a' cumail
suas spiorad na ceannairc a' measg nan eileanach.

Bha Iarla Shi-phort dìleas do chùis Thearlaich a Dhà
an còmhnuidh, agus cheannaich a chuid fearainn agus a
shluagh air sin. Cha'n 'eil móran sam bith an each-
draidh mu chùisean Leodhais bho 1644 gu 1660, ach tha'n
cùnntas beag a leanas air a thoirt dhuinn leis an Ollamh
Macbheathain, agus tha e coltach gur h-ann an seann
leabhar-latha dh' fhàg neach eigin a fhuair e fhéin e.
"Air an deicheamh latha de'n Lunasdail 1653, ghabh
Còirneal Cobbet le arm Chromwell, sealbh air an tairbeart
(peninsula) air am bheil baile Steornabhaigh air a thogail
an diugh, agus air do gach inneal airm a bha 's an àite
bhi air an toirt suas dha, dhaingnich e 'n rudha, agus

dh' fhàg e Maidsear Crispe 'n a uachdaran air Leodhas
le ceithir reiseamaidean shaighdeirean, dà ghunna-mhór
agus ceithir chroinn-tabhaill.　Air an là mu dheireadh
de'n Fhaoilteach 1654, chuireadh sgeul neònach do
Dhuneideann, gu'n d' thug Shi-phort le ceithir chiad diag
fear, ionnsaidh air daingneach Steornabhaigh agus gu'n
do ghlac e am baile.　Ach air a' cheathramh latha diag
de'n Ghearran 1654, chaidh an sgeul a dhaingneachadh
mar so.　Chaidh Tormod Macleoid air tìr aig Loch Seil,
an Leodhas, le cóig ciad saighdear, agus air dha bhì
am feall—fholach ré cheithir là an àit'-éigin, thainig e as
am faireachadh air ar saighdeirean a bha air taobh a
muigh na daingnich an Steornabhagh, agus mharbh e
dusan dhiubh : chuir reiseamaid a bha 's an daingneach
ruaig orra so, thug iad cobhair do chàch, chuir iad am
biadh do 'n daingneach agus loisg iad na tighean.　Aig
deireadh a' Mhàrt thainig naidheachd gu Dailché gu 'n
do mharbh na saighdeirean a bha 's an daingneach an
dream a lean bratach Shi-phort, chath na Leodaich air
'aobh an airm againne, agus rinn na sgaraidhean sin
móran dolaidh anns na criochaibh.''

　　Sin ann am beagan bhriathran, neo-iomlan agus
cearbach, cunntas goirid air cuid de sheann eachdraidh
eilein Leodhais.　'N uair a smaoinicheas sinn air cor
buaireasach an eilein an uair ud—cor a bha fior mu na
Ghàidhealtachd air fad aig an àm, bu chòir dhuinn a bhi
taingeil do'n Fhreasdal gu bheil ar beatha-ne ann an
linn as sìtheile agus as soirbheachaile.

CALUM MACAOIDH

CALUM MACAOIDH.

SIOMADH litir Ghàidhlig air a deagh sgrìobhadh a fhuair sinn á Leodhas, bho 'n do thòisich sinn ri cruinneachadh bàrdachd an eilein sin, ach thug sinn an urram airson pongalachd sgriobhaidh 's a' Ghàidhlig do 'n neach air am bheil sinn a' deanamh iomraidh 's a' chùnntas so—Calum Macaoidh. Air a bhreith 's a' bhliadhna 1866 ann am baile Bhragair am Barabhas, agus 'n a choigreach do na goireasan agus do na cothroman ionnsachaidh sin a tha aig clann an àite 'n diugh, tha e gu mór ri mholadh airson oidheirpean araon ann am bàrdachd agus anns an t-saothair gu'n deachaidh e airson a' bhi comasach air a' chànain fhéin a' sgriobhadh agus a' leughadh. Na'm biodh gach croitear agus gach coitear ann an Leodhas cho dìchiollach agus cho dùrachdach gu an cànain fhéin a chumail air uachdar cha bhiodh eagal sam bith oirnn gu'm biodh dìth sgriobhadairean Gàidhlig oirnn fad iomadh latha. Nach bu thlachdmhor an ni e, na'n cuireadh gach fear agus bean, eadhon leth uair de thìde air leith, gach oidhche fhada gheamhraidh airson meòrachaidh air sgriobhadh agus leughadh na Gàidhlig, agus gu'n deanadh iad suas an inntinn ann am fìrinn, gu'm biodh iad comasach, air litir a chur a dh' ionnsuidh an càirdean, an dràsda agus a rithist anns a' chànain mhaithreil, gun a' bhi 'n eiseamail a dhol gu cànain nan Sasunnach. Na'n deanadh iad suas an inntinn coltach ri ar caraid, cha b' fhada gus am biodh iad 'n an deagh sgoileirean Gàidhlig, oir cha bu chòir gu'm biodh duilgheadas mór sam bith, aig neach a labhras cànain, 'n a sgriobhadh agus 'n a leughadh.

Cha do chuir e ri chéile móran òran, ach tha na th' ann airidh air an cumail air chuimhne, agus bho'n a thòisich e gleusadh a chlàrsaich, tha sinn an dòchas gu'n cùm e ceòl 'n a teudan, agus gu'n lean e ann a' bhi cur an tuillidh agus an tuillidh eisempleir maith roimh' choimhearsnaich ann an deanamh luaidh air feartan na Gàidhlig.

ORAN NAN COITEIREAN.

Air Fonn :—"*A Fhleasgaich an fhuilt chraobhaich chais.*"

'N uair 'shuidheas mi ri taobh an loch
Far 'n tric an robh mi 'm bhuachaill,
Bithidh mi cuimhneachadh na seòid,
Bhiodh còmhla ruinn an uair sin.

Tha cuid aca an diugh fo'n fhòd,
Tha cuid dhiubh 'seòladh chuantan,
Tha cuid eile nach' eil beò,
'Us Eilean Leodhais fuar dhoibh.

Carson a' rugadh sinn a riamh,
Mur d' ullaich Dia bith-suas dhuinn,
'S am fearann fàs fo chaoraich bhàn,
A dh' àithn' E 'thoirt do'n t-sluagh so.

Cha'n fhaigh iad fois no sìth gu bràth,
Gu'n tàrr iad thar a' chuain sinn,
A null do'n dùthaich 'dh' fhàg mór-thùrs',
Air iomadh fiùran buadhach.

Gu'n cuir iad sinn a null thar sàil,
Bho thìr na màthar uasail ;
An tìr a dh' àraich na fir threun,
Nach géilleadh anns a' hruadal.

Ar tìr a dh' àraich sinn 'n an déidh,
An tréig sinn i cho suarach?
'Us ged do thigeadh arm an righ,
Cha striochd sinn am fuil fhuar dhoibh.

☒ ☒ ☒

ORAN NA MUILLE.

A' mhuillean a dh' fhàgadh 'n a tàmh bho chionn fhada,
'S ann 'chithear gu h-aithghearr 'bhi tarruing a' ghràin
 thuic'.
Cha téid muinntir Arnoil gu bràth gu na Chaisil,
'S gu 'm faicear na cairtean bho'n chachalair bhàn aic'.

Toiseach na bliadhna gu'm faighear fir-iasgaich,
A' cruinneach' na dh' iarras i 'dh' iarunn do'n cheardaich,
Bi' mise le m' chliabh a' toirt thuice na criadhadh,
'S mu'n sguir iad de liachdradh cha'n iarradh tu sgàthan.

'N uair 'théid an roth ùr innt' gu mil i có-dhiù dhuinn,
Le sailean 'us cùb a réir tùr na fir cheairrde,
Tha té air gach taobh dhith a théid gu'n a' bhùbaidh,
Mur bi iad cho siùbhlach gu smùideadh na càthaidh.

Mur freagair an dàm aic' gu'n cuir sinn roth-gaoith' innt',
Sin pàtaran grinn far na Gàlltachd a thainig.
Cha'n fhada gu'n seall sinn nach 'eil sinn cho millte
An eanchuinn bhur cinn 's a tha muinntir ag ràitinn.

Cha chreid mi nach tòisich na tuathanaich mhóra,
'Tha thall air a' Mhór-thìr ag òrduchadh gràin thuic',
Sinne bhios dòigheil bi' airgiod 'n ar pòcaid,
A' reic na min eòrna 's bi' móran air dàil dhith.

Cha bhi sinn ro dhaor leis a' mholltair air daoine,
Bi' peile beag caol ann an taod a ni cearrd dhith,
Os cionn na sail aotromaich crochar e daonnan,
'S gach poc 'théid a thaomadh thig peile no dhà ás.

Bi' muillean a' bhualaidh 's na h-àthannan cruadhaich,
'Us obair a' bhuailtean cho luath 's a ni làmh e.
Chithear 's gach baile 'bhi lomadh le spaidean,
An tubanan daraich le cabhag nach b' àbhaist.

Gu'n tarruing i 'bhiadh na ni 'chùis do'n Taobh-siar dhuinn,
A Canada Iochdrach cha'n iarr sinne gràinne.
Ged 'tha 'chuid as briagha de'n Eilean bheag riabhach,
Fo fhrìth agus fiadh 's bi' e'm bliadhna gun àiteach'.

❁ ❁ ❁

COMPANAICH M'OIGE.

Air Fonn :—"*Mo Dhomhnullan fhéin.*"

O c' àit' 'bheil an còmhlan,
'Bhiodh againn 'n ar n' òige,
A' buachailleachd bhó 'muigh,
Air mòinteach nan gleann ?
Tha cuid dhiubh gun dòigh,
Ann an cogadh nam Boers,
'S tha cuid far nach eòl dhomh,
Bho'n sheòl iad a null.

Tha beagan diubh fhathast,
A dh' fhuirich aig baile ;
Ach bi' mise 'gearan,
Cho tearc 's tha iad ann.

Tha cuid dhiubh an Glaschu,
'S cuid eile 'n Sasuinn,
'S tha móran diubh 'n Canada,
'Gearradh nan coill.

Tha àireamh nach gann,
Anns a' chogadh á Leodhas,
A' cosanadh daimoin,
'Us saoibhreis do chàch.
Bi' mise 'g an caoidh,
'S mar is tric iad ri m' inntinn,
Am beath' ac 'g a call,
Airson ghleanntaichean fàs.

Gur tric 'bhios mo smaointinn,
'N uair bhios mi a' m' aonar,
A' leantuinn nan laoch ud,
Ri aodann a' bhlàir,
A' seasamh gu dìleas,
A' dionadh na rioghachd,
'S a dh' aindeoin na nì iad,
'S e caoraich as fearr.

'S e féidh air na beanntan,
As fhearr leis a' mhuinntir,
A dh' òrdaich na suinn ud,
A null ri uchd bàis.
Tha fios anns gach linn,
Air gur beag a tha 'shùim ac',
Dé 'dh' éireas do 'n dream,
'Thig a nall an droch shlàint'.

Gu'n dh' fhiachadh droch ceartas,
Ruibh 'toiseach na sabaid,
Bha gamhlas fir Shasuinn,
'G a thaisbeanadh tràth.

Bho'n 'chaidh sibh fo òrdugh,
Shir Eachainn Mhicdhomhnuill,
Gu'n ghlacadh leibh beò,
Earrann mhór de na nàmh.

Ged dh' fhàgadh 'n ar n' aonar,
Sibh 'cogadh gun fhaochadh,
Gun bhiadh dhuibh ri 'fhaotainn,
Gun aodach ach gann,
Cha d' fhuaradh 's an fheachd,
Air a' chuan no 's a' bhatal.
Cho cruaidh no cho sgairteil,
'S cho fallain 's gach ball.

Bha dùil aig Lord Lòbhat,
Gu'm faigheadh e òigridh,
Bha tapaidh gun fhòtus,
Fo chòmhdach nam beann,
Ach fhuair e 'chuid mhór dhiubh.
Bho'n dachaidh air fògradh,
A' cosnadh am beò-shlàint,
'S a còmhnuidh 'measg Ghall.

Mi'n dòchas nach fhada,
Gu'm faicear an làtha,
Gun fhéidh anns na beannaibh,
'S na srathan fo bhàrr.
'S na h-uile fear againn,
'N a thuathanach fearainn,
'S gun uibhir 'g a cheannach,
Leinn thairis air sàl.

✠ ✠ ✠

ORAN AN RADAIN.

AIR FONN :—"*Green grow the rashes, O.*"

O radain, fàg an tulach so,
Cha'n àill leam 'bhi 'n ad chuideachd ann,
Ma thòisicheas mi 'deanamh roinn,
Cha'n fhàg mi toll 's am fuirich thu.

'N am biodh tu ann an Stachdasheal,
'S ann ann a bhios na h-annasan,
Bhiodh do chòta sleamhuinn lom,
'Us dhannsadh tu ri d' fhaileas ann.

Na'n taghlaidh tu aig Loithaidean,
Crodh Eirionnach 'g am bleoghann ann,
Tha bainn' aca mar mhil fo céir,
'S gu'm faod thu fhéin a dheòthal uath'

Bithidh tu sùnndach éibhinn ann,
Na h-uile latha 'dh' éireas tu,
Bi' tea dhearg 's a tarruing dearbht',
Gun fhalbh ac' bho na h-éibhilein.

Thoir leam gur tu 'bha amaideach,
Nach robh thu dlùth do'n bhaile stigh,
'S na th' aig na ceannaichean de fhlùr,
De dh' im 's de shùgh nan dearcagan.

Ma gheibh thu fo na cabair ud,
Mo làmh-sa dhuit nach aithreach leat.
Bi' an t-airgiod geal 'us ruadh,
'Us òr 'n a chluasaig leap' agad.

Ma théid thu null gu Sùlagbhal,
O fiach gu'n lom 's gu'n spùinn thu iad ;
Cha mhór a bheir iad fhéin do chàch,
'S na fàg dad ach na rùsgan ac'.

A radain bhàin ma thachras tu,
An àirigh Tom-an-t-searraich rium,
Bheir mi gu do ghlacadh lion,
'Us théid an sgian air d' amhaich ann.

An t Urr. Domhnull Macchaluim.

AN T-URR. DOMHNULL MACCHALUIM.

CHA'N 'eil sinn a' gabhail ar leith-sgéil fhéin
aon uair airson cuid de bhàrdachd Mgr
Mhicchaluim ministear sgìre nan Loch a chur
taobh ri taobh ri bàrdachd Leodhais. Ged
nach Leodhasach e, gidheadh ann an spéis,
ann an dùrachd, agus ann an strìth airson agartasan
Ceist an Fhearainn a thoirt gu buil cheart, sheall e a
dheagh-ghean do'n eilean so mar a rinn e do'n Ghàidh-
ealtachd air fad. Cha'n 'eil sinne 'gabhail oirnn aon chuid
eachdraidh a bheatha no cunntas air a shaothair mhòir
a thoirt seachad an so. Fàgaidh sinn sin aig daoine 's
sine agus as fhaide sealladh air cùisean na Gàidhealtachd,
ach cha'n 'eil e mór dhuinn a ràdh gur h-ann tearc, ro-
thearc, a tha iad, ma tha iad idir ann, iadsan a chuireadh
iad fhéin a dh' ionnsuidh na trioblaid, agus a thilgeadh iad
fhéin cho aon-sgeulach anns an obair sin 's an do chuir an
t-Urr. Domhnull Macchaluim a bhuadhan inntinn agus
cuirp. A' sìor thoirt cluaise bhodhair do gach neach a
dh' fhaodadh a bhi sealltuinn sios air airson nan ceuman
a bha e 'gabhail a chum maith a cho-Ghàidheil, chaidh
e air aghaidh, chath e gu buadhmhor treun, chuir e caoin-
shuarach gach an-shocair, gach cosguis agus gach nàmhaid,
agus cha do mheas e 'n a dhi-meas a' bhi car tamuill 'n a
phriosanach Stàite, do bhrigh gu'n robh làn-fhios aige gu'n
robh e cath airson ceartais, agus gu'm b' e 'ghairm a dhol
air toiseach a luchd-dùthcha ann an gnothuch a bha chum
an leas aimsireil, a cheart cho math ris na cùisean spioradail
a tha 'n còmhnuidh an earbsa ri fear a chòta.

Bithidh a sheasamh dìleas air taobh a luchd-dùthcha,
iomraideach 's a' Ghàidhealtachd iomadh là, agus ged

tha mar tha, deagh-fhios air 'obair, gidheadh 's ann 's an
linn a tha ri teachd, 'n uair a sgriobhar eachdraidh Ceist
an Fhearainn's a' Ghàidhealtachd, a bhios ainm agus
euchdan an Urr. Domhnull Macchaluim, a' deàrrsadh le
urram agus le cliù nach searg.

NA H-EARRADH.

Ag éirigh suas gu móralach,
Le coran rioghail òirdheirc uirr',
'S le deise riomhach còmhdaichte,
Tha'n Cliseam glòir na h-Earradh.

Os cionn gach beinn mar dh' eirich i,
A' sealltuinn bho na nèamhan uirr',
Gur samhladh air na treubhan i,
A thùin bho chéin 's na h-Earradh.

'S gur fad 's an fhonn mu'n innsinn dhuit
A liughad buaidh a chi mi air
Na gillean òg 's na rìbhinnean,
A gheibh mi 'n tìr na h-Earradh.

'S na seann daoine na'm fàgainn-sa,
'S an òran ùr gun mhànran air,
An sonas a bhi 'n càirdeas riu,
Cha togainn àdh na h-Earradh.

A dh' aindeoin meud nan cruadalan,
Ar cor 's an t-saogh'l tha fuaighte ris,
A' gearan nach bi fuasgladh uath',
Cha'n fhaigh thu sluagh na h-Earradh.

Oir direach mar na faoileagan,
Gun eagal fuaim na faoiltich orr',
An lòn thar thonn neo-chaochlaideach,
Bheir fir mo ghaoil 's na h-Earradh.

Tha saoibhreas fada 's fearr aca,
Na bheir an t-iodhal Màmon dhoibh,
'S a' chridhe chaomh thug Nàdur dhoibh,
Riu 'chumail stàid na h-Earradh.

'Am buadhan cuirp no tàlanntan,
Ged 's mór a ni ri 'ràitinn e,
Cha'n 'eil 's an t-saoghal bheir bàrr orra,
'Chaidh àrach anns na h-Earradh.

Mar bhan-righinnean ard-inntinneach,
Gun spéis do phròis a' cinntinn leo,
Mar ainnir aoidheil shiobhalta,
Tha nigheanagan na h-Earradh.

Na sgiobairean as cruadalaich',
An domhainn mhór 'tha cuartachadh,
Gur fios do'n t-saogh 'l gu'n d'fhuaradh iad,
An eilean tuath na h-Earradh.

Do chuideachd àrd nam feallsanach,
'Ni nithe diomhair 'rannsachadh,
An àireamh nach bu ghann a bha,
Gu'n thog gach àm na h-Earradh.

O m' eòlas orr' gur cìnnteach mi,
'S a' chòmhraig chruaidh nach diobair iad,
Gu'm bi na féidh ge lionmhor iad,
A mach á crioch na h-Earradh.

'S gu'm faic sinn sluagh 'n an àite-san,
Gun eagal maoir no bàillidh orr',

Ag éirigh suas mar b' àbhaist 'bhi
Mu'n d'ith na màil na h-Earradh.

Ach thig an là gu sòlasach
'S nach faic sinn fiadh air mòintich ann,
Ach sean 'us òg a' còmhnuidh ann,
'S gun fear na cròic 's na h-Earradh.

⊠   ⊠   ⊠

" 'CUMAIL SUAS AN CLIU GU BRATH."

AIR FONN :—"*Anns a' ghleann 's an robh mi òg.*"

Gur h-e duinealas nan Leodh' sach
Anns na còmhragan le chéil',
Chuir iad 'n aghaidh feachd nan uachd' ran
Dh' iarr ar fuadachadh gu céin.
Shaor an t-Eilean 's grinne 'n cuan,
Fo na fòclain bho 'bhi fàs ;
'S chuir am bàrd ri 'chéil' an duan so,
'Chumail suas an cliù gu bràth.

Fonn—'Chumail suas an cliù gu bràth,
 'Chumail suas an cliù gu bràth,
  'S chuir am bàrd ri 'chéil' an duan so,
  'Chumail suas an cliù gu bràth.

Bho'n a dhiùlt iad 'reir an òrdugh,
'Chùirt nan dòrn-san ann an sìth,
'Dol a mach gu tuilleadh buaireis,
Feadh nam bruachan 'shireadh dion.
Air fir Bhearnaraidh bha'n tòir,
'S gu'n do chuir iad fodhp' an nàmh ;
'S toiseach bithidh ac' 's an duan so,
'Chumail suas an cliù gu bràth.

'Thogail a' chruidh 'bh' ac' air mòintich,
Chunnaic mór-fhir Bhaltois réidh ;
Bàta-smùid a' teachd gu h-uaibhreach,
Bho'n a fhuair i 'n lagh dhi féin.
Ach mu'n d' fhuair i 'chreach air bòrd,
Chuir ar 'n òigridh sgib' an làmh ;
'S glòir an gniomh gu'n téid 's an duan so,
  'Chumail suas an cliù gu bràth.

'G an cur lomnachd air an òtraich,
Sean 'us òg mar 'bha iad ann ;
Muinntir Chroisboist chual' am fuaim úd.
Aig na stuaidhean 'tighinn mu'n ceann ;
Ach an aoidheachd riamh bu leòr,
Fhuair na seòid a bhris an tàmh,
Bho na laoich do'm buin an duan so.
  'Chumail suas an cliù gu bràth.

'Dealradh ann an carbad òirdheirc,
'Shaoil iad air am feòil 'chuir gaoir,
Air fir Shiadair thainig uaislean,
'Us ri 'n guaillibh baineal mhaor ;
Ach ar gaisgeich chuir orr' cùl,
Agus chiùrr iad luchd na stàit,
'Us an euchd-san théid 's an duan so,
  'Chumail suas an cliù gu bràth.

Mu'n do ghéill iad anns a' chòmh-strìth,
Stad air fòirneart an dubh-mhàil,
Chuir na gaisgeich 'shealg an ruadh-bhuic,
Thog ri fuar-bheanna na Pàirc' ;
Fàgail do ar cinneadh glòir,
Thar gach pòr 's a' chruinne 'ta,
'S cha bhi di-chuimhn' orr' 's an duan so,
  'Chumail suas an cliù gu bràth.

Barrantas bho'n reachd 'n am pòcaid,
Le fir mhóra romp' 's 'n an déidh,
Aiginish a chur 'n a ghual dubh,
Earraidean bu luath an ceum.
Ach mu' n d' fhuair iad sradag beò,
Na fir mhóra thug dhoibh blàr,
Ann am buaidh 'ni ait an duan so,
    'Chumail suas an cliù gu bràth.

Mur b'e duinealas nan Leodh' sach,
Anns na còmhragan le chéil' ;
Chuir an aghaidh feachd nan uachd' ran,
'Dh' iarr ar fuadachadh gu céin ;
Bhiodh an t-Eilean 's grinne 'n cuan,
Aig na fòclain a nis fàs ;
'S teagaisgibh do 'r cloinn an duan so,
    'Chumail suas an cliù gu bràth.

⊕ ⊕ ⊕

MADUINN EARRAICH.

Maduinn òirdheirc, chùbhraidh earraich,
Thar gach aimsir àiream beannaicht',
Airson toirbheartais gach geallaidh,
Ann am anam beatha dhùisgear,
Anns an t-seirm as buadhmhor caithream,
'Thogas còisir àidh air crannaibh,
'S àrd air sgéith os cionn nam baideal,
So mar chanas i gu ciùin rium.

Their an tì 'ta baoth 'n a chridhe,
'S cinnteach nach' eil Dia ann idir,
Rinn an saoghal 's thig mar bhreitheamh,
'S crioch air bith dhuinn gur h-e 'm bàs e.

Ach tha'n solus mór 'tha briseadh,
Air an t-saogh 'l fo'n éid' as grinne,
Faotainn fàilt' 's a' cheòl as binne,
Teachd le fios gu'm bheil e làmh ruinn.

Anns an neòinean mhaoth 'tha mosgladh,
'S a tha 'm blàths a shùil a' fosgladh,
Ré nan làithean 's an robh gort ann,
Shios aig clos 'bha 'measg na h-ùrach.
Samhladh soilleir dhomh-sa nochdar,
As an uaigh 's an gabh sinn socair,
Dia mar ghairmeas sinn gu sonas,
'N uair thig coimhlionadh na h-ùine.

Sgeadaichte cho àillidh 'n cruinne,
Aon am measg deich mìle muillionn,
'N uair a thig fo làimh a' chruithfhear,
Aoibhneas muir 'us tìr a còmhdach.
O! có thuigeas dreach an ionaid,
Mar ris Féin a rinn E dhuinne,
Mu'n do leagt' air tùs a' bhunait,
Tigh nan iomadh àite còmhnuidh.

Dealradh ann an glòir an Earraich,
Ged is riomhach dreachan talaimh,
O, cha'n 'eil ann duinn ach sealladh,
Ite dh' fhalbhas mar 'ni bruadar.
Ach dhuinn féin an Tir a' Gheallaidh,
Sruthadh 'ta le mil 'us bainne.
Thar sruth Iordain làin 'tha thairis,
Gheibh sinn baile taimh nach gluaisear.

Oirnne gus an éirich maduinn,
Air nach caochail ùin' a maise,
'S air an cluinn sinn ceòl gun ghal ann,
Anns an dachaidh dh' ullaich Dia dhuinn.

Biodh sinn duineil, dìleas, tapaidh,
Toilichte 'bhi giulain tacan,
Crann a' cheusaidh mar ri 'Mhac-san,
'Choisinn Flaitheanas le pian duinn.

⊞ ⊞ ⊞

CLARSACH NAN GAIDHEAL.

———

Measg innealaibh teudach
  'N an ceudan a dh' àirear,
Luchd-ciùil chuir ri chéile
  Ge h-éibhinn a mànran,
A' plosgail fo mheuraibh
  Gu seunail ni 'tàladh,
'S i Clàrsach nan Gàidheal
  Do'n tug sinne gaol,

  'S i Clàrsach nan Gàidheal,
    Nan Gàidheal, nan Gàidheal:
  'S i Clàrsach nan Gàidheal
    Do'n tug sinne gaol.

Fo spiorad na séimheachd
  Air sgéith thig gu fàthlaidh,
A h-aon cha do ghleusar
  Gu séisd anns a' bhàrdachd,
Air aoibhneas nan Nèamhan
  'S a' ché so bheir iarlas,
  Mar Chlàrsach nan Gàidheal
    Do'n tug sinne gaol,
    Mar Chlàrsach, etc.

Tha mórachd nam fuar-bheann
　'Us uaineachd na fàs-choill',
Tha leithnead nan cuan àrd
　'Us uaibhreachd nan gàir-thonn,
Mar dheò-beatha gluasad
　'S an fhuaim fhoinnidh stàideil,
　Ni Clàrsach nan Gàidheal,
　　Do'n tug sinne gaol,
　　Ni Clàrsach, etc.

Tha eachdraidh nan euchdan
　Ar treubhan thar chàich thog,
An dìlseachd 'n àm deuchainn
　'Us treunachd an gràidh-san
Air chuimhne gu léirs'neach
　Gu sgeul thoirt gu bràth oirr'
　Aig Clàrsach nan Gàidheal
　　Do'n tug sinne gaol,
　　Aig Clàrsach, etc.

Na Romanaich rìoghail
　Gach tìr eile dh' fhàsaich,
O'n dream bheireadh dìth orr',
　An dìg mar a shàbhail,
An uaill 'n uair bu dìomhain
　Gu'n innsear 's an dàn thig
　Bho Chlàrsaich nan Gàidhea
　　Do'n tug sinne gaol,
　　Bho Chlàrsaich, etc.

Gur h-ait a bhi cluinntinn
　Na suinn mar nach d' fhàilnich,
'S an spéis thug iad aon uair,
　Cho diongmhalt' do Theàrlach,

'S an t-eug leo mar b' ionmhuinn
'S am Prionns' a bhi sàbhailt,
Air Clàrsaich nan Gàidheal
    Do'n tug sinne gaol,
    Air Clàrsaich, etc.

A' choill anns a' Chéitein
    'N àm gréin' a bhi deàrrsadh,
Air fhaotainn gun eun innt'
    An t-eug nach do shàmhaich,
B 'i tìr nam beann éibhinn
    Ge ceutach a càradh
    Gun Chlàrsach nan Gàidheal
        Do'n tug sinne gaol,
        Gun Chlàrsach, etc.

'N àm slàinte bhi riochadh
    No crìdhchean 'g am fàsgadh,
Toirt neirt do ar sinnsir
    'S gach tìr 's an do thàmh iad,
Le aiteas a h-inntinn
    'Us mìneachd a nàduir,
    Bha Clàrsach nan Gàidheal
        Do'n tug sinne gaol,
        Bha Clàrsach, etc.

A' cumail gun chaochladh
    Mar chaoin ghuth na làgraid,
Mar fhuaim eas a' taomadh
    Ri aodann nan àrd-bheann,
Gun bhuaidh aig an aois oirr',
    Gu saodar 's an là so
    'Tha Clàrsach nan Gàidheal
        Do'n tug sinne gaol,
        Tha Clàrsach, etc.

Gu binn mar an smeòrach
 Air òg mhios 's an fhàs-choill
Cho fad 's a bhith 's slòigh ann
 Ni còmhradh 'n ar cànain,
Thar ni fo na neòilibh
 Toirt sòlais nach fàilnich,
 Bi' Clàrsach nan Gàidheal
  Do'n tug sinne gaol,
  Bi' Clàrsach, etc.

⊞ ⊞ ⊞

AN T-EILEAN FADA

Mar ri gruagaichean 'us treun fhir,
Oidhche reoite na geal chléiteig,
O gur h-ait leam 'bhi 's a' chéilidh,
'Togail séisd do'n Eilean Fhada.

O na tonnan àrd 's na gaothan,
Chumadh sluagh Thir-mór 'n am faochag,
Tabhairt dion 'us fasgaidh daonnan,
Gu bheil faoir an Eilein Fhada.

Bàrr air glòir gach lus 'us craobhaig,
Gheibh an ti 'ni cuairt an t-saoghail,
Ann an anail chùbhr' 'us chaoin-deis',
A bheir fraoch an Eilein Fhada.

'S dé cho nèamhaidh leis a nitear,
Talamh tròm 'n a dheise rioghail,
O, cha'n fhaca riamh an ti sin,
Nach tug sgrìòb do'n Eilean Fhada.

'N uair a dh' eireas cogadh gaoireach,
Sasunnaich gun fheum ri 'aodann,
Eibh gu tigh 'nn ar glòir a shaoradh,
Bi'dh aig laoich an Eilein Fhada.

Uaterloo, Cuibec, Aird Alma,
Incerman, 'us Balaclàbha,.
O na naimhdean dhuinne shàbhail,
Neart nan sàr o'n Eilean Fhada.

'S cha'n 'eil leud de chois' ri 'fhaotainn,
Choisinn Breatunn feadh an t-saoghail,
Nach 'eil baiste le fuil chraobhach,
Fir mo ghaoil o'n Eilean Fhada.

O, cha'n ioghnadh mi 'bhi brònach,
Faicinn machair, ghleann, 'us mhór-bheann,
Naomhaichte do fhear na cròice
Fhuair fo sgòd an t-Eilean Fada.

Ach luchd-ciòsnachaidh gach nàmhaid,
Sheas 'n an aghaidh anns na blàraibh,
Laighe sios fo chasan bàillidh,
Chuireas fàs an t-Eilean Fada.

No 'n am feirg an toir iad dha-san,
Freagairt Nabot do Righ Ahab,
Chumail còir-bhreith do gach àl 'thig
Gu là 'bhràth 's an Eilean Fhada.

Bi'dh na riochdan 's treise réidh ruinn
Gus an cluinn iad gu'm bi 'n leir-sgrios,
Criochnaicht, thug gun iochd an déean,
Air gach treubh 's an Eilean Fhada.

Ach's an là sin cluinnear 'n éibh so—
" Leagamaid an riochd a dh' eirich,
Ann an uaill gu ruig na nèamhan,
Fo na féidh tha 'n t-Eilean Fada."

'Bhi toirt coirce geal 'us eorna,
'Chromas, dh' éireas mar na mór-thuinn,
'N uair a thig air gaillion dhòbhaidh,
Gur e glòir an Eilein Fhada.

Na 'bhi righ' chadh anns a' phàilis,
'S grinne thogte suas le màrmor,
Ann am bothan 's mór gu'm b' fhearr leam,
'Bhi gun stàid 's an Eilean Fhada.

Cha dean greadhnachas nan uaibhreach,
Gheibhinn ann an dùthaich m' fhuadain,
An toil-inntinn idir suas dhomh,
Gheibh mi'n suairc' an Eilein Fhada.

O, cha'n 'eil ann fuaim 'bheir bàrr air,
Aitearachd nan tonnan àrda,
Thogt' an luasgadh sior na làgraid,
Air gach tràigh 's an Eilean Fhada.

Gàir nan ional-ciùil as glòirmhor',
Chuir ri' chéil' na meuran 's seòlta,
Mar an oiteag fhaoin tha dhomh-sa,
'Dh' éisd ri òigridh 'n Eilein Fhada.

Oir 's e meud an neairt 's an sòlais,
'Theagaisg dhoibh-san fonn nan òran,
'Thogail suas le sgil na smeòraich,
Gheibh 'bhi beò 's an Eilean Fhada.

⊛ ⊛ ⊛

D

COISIR-CHIUIL GHAIDHLIG STEORNABHAIGH.

Deoch-slàinte na còisir,
An Grianaig a choisinn,
An sgiath bho na chog riu',
   Thoirt leo gu Leodh's.
Gur lùghmhor an deoch i,
Air iteig gu sonas,
Ar 'n inntinn gu togail,
   'S do'r coluinn toirt treòir.

Fo ghleusa b' e 'n coimeas,
Clann éibhinn na doire,
'S a' chéitein 'n a mosgladh,
   Mu'n soilleirich lò :
An Ti sin 'g a mholadh
'Rinn cuan agus monadh,
'S a dh' òrduich an solus,
   Tigh'nn orr' bho na neoil.

'N an co-sheirm gun inneal,
Gach nìghneag 'us gille,
Chuir biògadh 'n ar cridhe,
   'S thug sil' air ar gruaidh.
Gu'm b' fhurasd' do'n bhreitheamh,
Bhi 'g ràdh gur iad sud iad,
An crùn air an tigeadh,
   'S nach pilleadh gun bhuaidh.

Air àilleachd am binneis,
'Bha fòil agus sgileil,
Cho beò air am bilean,
   Gu mireach 'chur dhuan,
Gu mór gu'm bi inneas,
'S gach àit' 's am bi cinne,
A' bhàrdachd le 'm milis.
   'Ni fìlidh 'n Tuoibh-tuath.

Mar òrdugh nach lagaich,
An àire no 'n anail,
Cho fad 's air a' chladach,
 Bhios farum nan tonn.
Bi' còisir nan caileag,
'S nan òigeirean tapaidh,
An còmhrag na caithicim
 Nach gabh 'chur bho'n tòm.

Ach éireadh leo aiteam,
Gu siorruidh bhios taitneach,
Le ribheid nan Aingeal,
 Air rannan 'chur fonn.
'S e dùrachd an caraid,
An dàn so 'tha tabhairt,
'S le' n rùn iad 'bhi beannaicht',
 An anam 's an còm.

⊗ ⊗ ⊗

UACHDARAN LEODHAIS.

Rainn a rinneadh leis an Urr. Domhnull Macchaluim,
air dha cairt Ghàidhlig, fhaotainn bho Mhàidsear
Macmhathain aig a' bhliadhn'—ùir 1906.

Moch an diugh gu caomh dhomh guidhe,
Deagh bhliadhn'-ùr 'us Nollaig shubhach,
Ann an rannaibh 's bòidhche cumadh.
 Togte 'n ceòl.
'Sgriobht' le dheas laimh chuir sud thugam,
 Uachd' ran Leodh 's.

Agus 's mór an sòlas 'th' agam,
Nis ri 'chéile 'bhi cur rannan,
Anns am fill mi suas mo bheannachd,
  Féin le deoin.
Moch a' màireach chum mo charaid,
  Uachd' ran Leodh 's.

ᵻꞁꜳᵲ na fhuair sinn eòlas orra,
Thug o'n sìnnsireachd an onair,
Bheag na mhór do thìr nam bonnach,
  Bhi fo'n sgòd.
Leis an fhìrinn so dhuinn mholadh.
  Uachd' ran Leodh 's.

Agus 's ann le dùrachd chridheil
'Lionas sinn ar cuach de'n dibhe,
Chuîreas Gàidheil 'n diugh gu'm bilibh,
  Gu bhi 'g òl,
Slàinte mhór 'us sonas bith-bhuan,
  Dh' uachd' ran Leodh 's.

Ged ao bhiodh a' ghrian gu maiseach
'Dòrtadh teis air cuan 'us talamh,
O, 's ann fuar 's mi 'dol do'n bhaile,
  'Bhiodh an lò.
Air nach faicinn sgaoilte bratach
  Uachd' ran Leodh 's.

Ann an cùis nan dìbreach fhalamh,
Gu bhi 'còmhnadh leo gu flathail
Ann an diomhain cha robh tagradh
  Gu so dhomh-s'.
Ann an làthair Dhonnch'-'Ic-Mhathain,
  Uachd' ran Leodh 's.

AONGHAS MACCHOINNICH.

AONGHAS MACCHOINNICH.

CHA'N 'eil duine 's a' chruinne-ché nach 'eil a bhuadhan ann an tomhas air an cumadh ris an àite sin de'n chruitheachd 's an d' rugadh agus an d' àraicheadh e. Tha e fìor mu ar Gàidheil air fad gu'm bheil inneasan àraidh fuaighte riu a bu dual doibh do bhrìgh na tìre 's an d' rugadh iad. Tha fàsalachd agus tròm-shàmhchair nan gleann uaine, agus móralachd shiorruidh nam beanntan àrda, 'bha dhoibh tric 'n an dìdean éifeachdach bho 'naimhdean a' ginntinn annta mac-meanmna làidir agus farsuinn a tha gu tric 'g a nochdadh fhéin a mach ann am bàrdachd. Faodaidh sinn a' bhi cinnteach gur h-iomadh smuain bhàrdail a chuir Donnachadh Bàn ri chéile fo fhasgadh Bheinn Dòrain, agus nach iomadh smuain àluinn air an do chuir Iain Mac a' Ghobhainn loinn agus dreach am baile uaigneach Iarshiadair Uige. Dé 'n t-àite de Leodhas air fad 's am bheil sàmhchair obair nàduir cho aithnichte 's a tha sin an eilean creagach Bhearnaraidh? Tha e, mar gu'm b' eadh, glaiste bho'n chuid eile de mhór-thìr Leodhais, 'n a aonar, agus cha'n 'eil nì, a latha no dh' oidhche, 'bhriseas an t-sìor shàmhchair sin, ach tonnan uaibhreach a' chuain a tha cumail sior-charraid ri 'mhuil 's ri chleitean. Cha robh 'n t-eilean riamh gun bhàird a b' fhiach ainmeachadh orra agus dleasaidh Aonghas Macchoinnich, á Breacleit àite onarach 'n am measg. Bu fhior sgoilear Gàidhlig agus Beurla Shasunnach e, agus de 'eòlas maith air seana chànain na Roinn-Eorpa, rinn e feum cubhaidh 'n a bhàrdachd. Cha 'n 'eil facal a sgrìobh e anns nach 'eil eòlas math air eachdraidh ar tìre agus ar cànain air an seall tuinn, agus ni mò chaill e riamh sealladh

air an dìmeas a bha Gàidheil fhéin a sior-dhċanamh
air an cànain, agus air an dùthchasachd. Coltach ri
iomadh Gàidheal fiùghail eile, cha robh e gun fhéin-fhios-
rachadh air an inntinn an-shocrach, dhubhach, chianail.
Tha e 'cur so uile 'n céill gu h-òrdail anns "An Lionn-dubh,"
agus a' toirt dhuinn cùnntais air Gàidheil agus Goill ainmeil
a bha'n còmhnuidh air an sàrachadh leis an eucail so.
Tha lionn-dubh dualach dhuinn, mar Ghàidheil. Tha sinn
a' creidsinn gu'm bheil fàsalachd agus sàmhchair ar tìre,
'n an aobhar air so, agus cion nan sùgraidhean sin, mar 'tha
ceòl 'us dannsa, cruinnichidhean ciùil agus aighear, a bu
chòir a' bhi ni bu trice 'n ar measg airson ar deanamh
na's fhearr na 'tha sinn, agus a chum gu'm biodh ar
n-inntinnean, a tha gu nàdurrach, glé thric ro chumhann,
air an soilleireachadh, air an éideachadh, 's air an toirt gu
'bhi sealltuinn air dà thaobh puinge sam bith ris am bi
gnothuch againn.

Tha "Taghadh nan Caileag" agus "Cumha leannain"
fìrinneach agus eirmiseach, agus tha an ranntaireachd
annta eagnuidh. Tha aon òran gaoil a rinn e—"Caileag
Uidhist," air nach d' fhuair sinn greim ; ach bu toigh leinn
luaidh a dheanamh an so air an rann mu dheireadh 's an
òran sin, a chionn gu'm bheil gliocas mór agus tùr ann :—

" Freasdal caomh an Ti 'tha riaghladh,
Chum gu miorbhuilleach troimh 'ghràs sinn ;
Bheir E réir a rùintean siorruidh,
H-uile ni gu crioch mar 's àill leis."

SPIORAD NA GAIDHLIG.

An cànain aosmhor Tìr-nam-Beann,
An cànain sùnndach àghmhor sin,
An cànain milis blasda binn.
Their suinn gu'n d' labhair Adhamh i.

'Tha nis a' fulang fòirneirt chruaidh,
Tre uamharrachd 'us tràillealachd,
Muinntir 'mheasas 'n a mhi-chliù,
Na'n cluinnte dùrd de'n Ghàidhlig ac'.

Tha eachdraidh 's cunntasan luchd sgeòil,
'Toirt eolais dhuinn mar 'thainig i :
Ar sinnsirean b' i cainnt am beoil,
Aig beanntan móra Chaucasus.
Thriall iad ri Muir Mheadhon-tìr,
'S do Spàinn nan craobh gu'n d' thainig iad :
Melisus 's a mhic 'bha treun,
Roinn Eirinn 'n a ochd cearnaidhean.

Bha i 'm Breatuinn fad bho chian,
'N àm 'bha Criosd gun àrachadh,
'N uair thainig Caesar mór a nall,
B'i 'chainnt a bh' aig luchd-àitich ann,
An Alba bhruidhneadh i bho thùs.
Bha i 'n cùirtibh Innisfàil aca ;
'Naomh Pàdruig labhair innt' gu dian,
'Toirt fianuis air an Ard-Righ dhoibh.

Dh' innis Oisean, bàrd na Féinn,
Mu ghniomharaibh nan àrd-rìgh dhoibh,
Dhealbh e h-uile dàn 'us ceòl,
'S a' chànain ghlòirmhor àillidh sin,
Am fàidh Calum a bha'n I,
An soisgeul sgaoil 's gach àit' innte ;
'S bha Gàidhlig aig a' Bhrusach threun
'S cinn feachd a sheas ar làraichean.

'Sàr Cailean Caimbeul, ceann nan seòid,
An curaidh mór neo-sgàthach sin ;
A shaighdeirean dhùisg e mar leomh'nn,
'N uair 'thug e òrdugh Gàidhlig dhoibh ;

Suas Beinn Alma ruith na tréin,
Gu'n d' lot, 's gu'n d' reubadh nàmhaid leo :
Ni 'choisinn do gach Gàidheal cliù.
'S do dhùthaich ghrinn nan àrd-bheannaibh.

Maclachluinn a tha cnàmh fo'n fhòd,
Bha tòthadh guth na Gàidhlig ann,
'S Mac-ille-dhuibh nach maireann beò.
B'e 'shòlas de gach cànain i.
Gach còir 'th' aig Breatuinn fo'n ghréin,
'Us tírean céin tha Gàidhlig annt',
An Canada tha aice freumh,
'S tha Gàidheil an Australia.

An Innseachan nam beanntan mór,
Tha seòid againn.'g a h-àrdachadh,
'N New Zealand tha aice slòigh,
'S cainnt bheòthail an Otago i,
Gu'n labhair iad mu ghniomh na Féinn.
'S mu threubhantais an àlaich ud.
An Africa tha mìltean beul,
Le féill a tha neo-bhàsmhor oirr'.

Carson a shealladh sinn le spòrs',
Air cànain glòirmhor màthaireil ?
Carson a chuireadh sinn air cùl,
An dùthaich as an d' thainig sinn ?
Carson a dhalladh Goill gun diù,
Ar suilean mar gu'm b' tàmailt' dhuinn,
'Bhi beothachadh a' chànain aosd',
A bha ro-chaomh le'r pàrantan ?

⊞ ⊞ ⊞

MOLADH BHEARNARAIDH.

O'n dh' fheòraich mo bhràthair,
Mu dheidhinn mo bhàrdachd,
Gu'n seinn mi mu'n àite.
'N deach' m' àrach 's mi òg.
Mu'n eilean 'tha àluinn,
Làn chruinnte le Nàdur,
A laigheas gu sàmhach
Am bàgh Loch an Ròg.

Tha'n t-eilean sin àghmhor,
Far na thogadh a' m' phàisd mi,
Le Seana-bheinn 'us Cràgam,
Ri àird nan stuadh mór.
Tuinn uaibhreach a' bàirceadh,
Air gainneamh 'tha sàr-ghlan,
'Toirt maise 'tha àraidh,
Do bhàgh Loch an Ròg.

Tha caoimhneas 'us càirdeas
Gu dìlinn a' tàmh ann,
Tha òigridh cho àillidh,
'S a tha 's an Roinn-Eorp',
'S an t-samhradh 'n uair thàrlas,
Do spréidh 'dhol gu geàrraidh,
Bithidh òighean air àirigh,
Air bràigh Loch an Ròg.

Clann Domhnuill nan àrmunn,
Tha'n eilean mo ghràidh-sa,
Nach fuilingeadh an sgànradh,
Do bhàillidh 'bha beò:

'S tric chithear air sàl iad,
Ri cruadal 's a' ghàbhadh,
A' stiùireadh a' bhàta,
Gu bàgh Loch an Ròg.

Na suinn a rinn fàs ann,
As gibhteile tàlannt',
A' chuid dhiubh a dh' fhàg e,
'S gach àit' gheibh iad glòir.
'S an saoghal gun cearnaidh,
Nach fhaighear ann àireamh,
'Chaidh altrum le 'màthair,
Aig bàgh Loch an Ròg.

Bitheamaid 'nis làidir,
An cliù gus nach fàilnich,
Gu eachdraidh ar n' àite,
Gu bràth 'chumail beò.
'S a' ghlòir 'bh' aig ar pàrant',
Na leigeamaid bàs i,
Fad 's 'mhaireas sruth tràghaidh,
Am bàgh Loch an Ròg.

❂ ❂ ❂

AN LIONN-DUBH.

Bu tu dòruinn dhubh na deuchainn,
Làn do iargain agus cràiteach.
'S iomadh fear a rinn thu 'riasladh,
Rinn thu ciadan 'chur 'n an tràillean.
Le tròm-inntinn tharruing pian orr',
'Leag cho iosal ris an làr iad.
'S iomadh gaisgeach 'rinn thu 'fheuchainn
'Dh' fhàg gun chéill gun fheum gun stàth iad.

Uilleam Ros 'bha binn 'us ceòlmhor,
Leag do shlabhraidh mhór gu làr e.
Thug Thu acaid dha 'us dòruinn,
Dh' fhuadaich sòlas bho 'n a' bhàrd ud.
Lean ris Cupid tric 'g a leònadh,
Airson Mòir 'bha maiseach àillidh ;
'S cha robh lighich' 's an Roinn-Eorpa,
'Dheanadh fallain beòthail slàn e.

Cha'n 'eil sgoilear nach d' fhuair eolas.
Air Maciain mór nan cànain.
Chuir e foclair dhuinn an òrdugh,
Airson eolais cainnt ar màthar :
Ach bha eagal iomadh lò air,
'N uair bha Thu gu mór an sàs ann,
Gu'm fàsadh 'inntinn lag 'us gòrach,
Dh' fhàg thu 'n t-Ollamh leoint' 'us cràiteach

Milton—fòghlumaiche mór sin,
'N " Il Penseroso " tha e 'g ràitinn,
Gur h-e ghin Thu cuilean leomhainn,
Aig beul an t-sluic gach lò mar ghearrd air
Gu'n d' rug esan 's an rath-dhorch Thu,
Sud mar dh' ainmich Milton d' àrach,
Cerebus aig dorus Hàdes,
Thuirt an treun gu'm b'e do mhàthair.

Cha'n 'eil nàmhaid ann cho mór riut,
Do'n fhear spòrsail, mhireach, ghàireach,
Do'n fhear aighearach làn sòlais,
Bhiodh 's a' cheòl 's a' chluich 's a' mhànran.
Cuiridh iad-san Thus' air fògradh,
Cha bhi do chòmhnuidh faisg gu bràth orr',
Ach far am faigh thu'n inntinn leòinte,
Leumaidh tusa 'sheoid a' bheàrna.

⊞ ⊞ ⊞

BROSNUCHADH NA GAIDHLIG.

Sibhse 'chlannaibh nan Gàidheal,
Siol nam beus do'm bu dual,
Bho gharbh-ghaisgeich na Féinne,
'Bhi garbh-bheuchdach 'us cruaidh.
Rachaibh 'nise r' a chéile,
Mar 's an t-streupa gu buaidh.
'S ciatach cliuiteach an t-aobhar,
Cainnt nan treun 'chumail suas.

Togaibh bratach na Gàidhlig,
Sgaoilibh àrd i ri crann.
Dion ar cainnt bho gach nàmhaid,
Air a bàs a tha'n geall.
Cànain mhùirneach nan àrmunn,
A bha 'tàmh anns a' ghleann.
Tha'n diugh aonranach fàsail,
Tre laimh-làidir nan Gall.

Feuchaibh eachdraidh nan curaidh,
A chaoidh a' chumail glan beò.
Laoich gu tric a lot nàmhaid,
Le cruaidh stàillinn nan dòrn.
Stoc-nam-buadh air an toiseach,
A' toirt àrd-bhrosnuchaidh ceòl.
'S druma chruaidh a sior shlàcraich,
Fo shàr-bhratach de shròl.

⊞ ⊞ ⊞

SGIURSADH NAN GAIDHEAL.

O! gur truagh 'nochd mo chàradh,
'S bochd leam m' àmhghar 's mo leòn,
'S mi air m' fhuadach bho m' chàirdean,
Fo'n àit' robh mi òg.

Chaoidh cha'n fhaic mi na pàisdean,
Bhiodh a' mànran 's a' ceòl.
No Tìr nam Beann àrda,
'Rinn m' àrach 's mi òg.

Chaidh ar sgiùrsadh de'n àit' s',
Mar na tràillean bu mhò,
Tha ar fearann aig gàrlaoich,
'S e fàs airson spòirs'.
Anns na gleannaibh a b' àill leam.
Cha'n fhaigh blàths annt' na 's mò.
Fuar lom tha gach fàrdach,
Air am fàgail 'n an tòrr.

'Alba ghaolaich 'bu chaomh leam,
'S ann ort 'chaochail na neoil.
'N uair a' sgapadh na laoich leat.
Airson gaoil 'thoirt do'n òr.
Thogadh bratach na h-eucoir,
Air do shléibhtibh gu mór,
Chruinnich timchioll ort daormuinn,
Do thìr chéin 'chuir fir chòir.

Cha'n 'eil soisgeul no Sàbaid,
Cha'n 'eil càil ann de'n t-seors',
Cha'n 'eil urram do 'n Ard-Righ.
Cha tuig mi cànain nan slògh.
Bithidh eagal a' bhàis oirnn',
Anns an àit' s' ré ar lò.
Bho threubhaibh nam fàs-choill,
'S iomadh plàigh 'tha 'n ar tòir.

Ciad soraidh le Leodhas,
'S le òigridh mo ghràidh.
Ged nach faic mi ri m' bheò sibh,
Cha mhair fòirneart seach bàs.

Cha bhi cuan thonnaibh mór',
Eadar còmhlan an àigh,
'S aig na maoir cha bhi 'n òrdugh,
'S a' ghlòir 'bhitheas gu h-àrd.

❁ ❁ ❁

TAGHADH NAN CAILEAG.

AIR FONN :—"*Ochoin a rì, gur e mi 'tha muladach.*"

Ma chi thu maighdean,
'Tha caoimhneil cathrannach,
'Tha banail loinneil,
'S i aoibhneach maiseach leat.
Gun ghò gun fhoill innt',
'S i grinn gu pearsanta ;
Thoir leat air laimh i,
'S mar mhnaoi thoir dhachaidh i.

Ach an té ghòrach,
'Us fòtus aithnicht' innt',
Tha mealladh òig-fhir,
Le spòrs' 'us geallaidhean.
O ! fàg an seors' ud,
Tha gòrach aineolach,
'Tha deanamh bòsda,
A móran leannanan.

Tha cuid ro-ghòrach,
A' pòsadh chaileagan,
Ma chi iad stòras,
'Us móran beartais ac'.
Tha miann 'us tòthadh,
Air sòlas Mhammoin ac',
'Ni aonadh brònach,
Gun ròd air aithreachas.

Tha Cupid foilleil,
'S tha suinn cho amaideach,
Thog gaol nan nìneag.
Cath, strìth 'us carraidean.
'N cual' thu 'n sgeul,
Eilidh cheutach mhaiseach ud,
An cogadh Thròidh,
'Bha mór 'us farumach.

⊞ ⊞ ⊞

ORAN GAOIL.

AIR FONN :—"*Eilean an Fhraoich.*"

A nochd am Fort-George,
Nach brònach leat mi,
Gun mhireadh gun sòlas,
Gun chòmhnadh mo ghaoil.
Gu'm bheil mi fo bhròn,
Agus leoint' ann am chrìdh',
Ag ionndrainn do chòmhraidh,
'Bha dhomh-sa ro-chaomh.

Cha chadal 's cha tàmh dhomh,
'N uair 'thàrlas an oidhch'
'G ad fhaicinn 's tu làmh rium,
Cho bàigheil 's cho grinn.
Bithidh d' anail 'tha ùrail,
'G am chiùineadh 's an àm,
'S an uair ni mi dùsgadh,
Mo rùn cha bhi ann.

C' àit' 'faic mi do shamhuil,
Mar eala nan lòn,
Do shùilean ro-mheallach,
Gu fearaibh a' leòn.

'S tu 'chaileag 'tha maiseach,
Gun smalan gun ghò,
'S tu cosmhuil ri d' amharc,
Ri canach nan lòn.

Mur biodh an Sgìth-mhuir,[1]
Gu'n ruiginn thu null,
Gu'm faicinn an nochd thu,
Ged choisichinn oidhch',
Gu'n teannainn a ghràidh riut,
'S mo làmh fo do cheann,
'S tu labhairt gu tlàth rium,
Cainn't bhlàth 'bhiodh gun fhoill

'S e 'chaileag 'tha àluinn,
Rinn m' fhàgail fo thùrs'.
Nach cluinn mi do mhànran,
Do ghàire 's do shùrd.
Bithidh mise gach là,
Ann am pràmh agus sùil,
Ri litir bho m' ghràdh,
'S céir 'n a gearrd air a cùl.

'N uair 'thilgeas mi 'm breacan,
Gu 'm faic mi do ghnùis,
'N uair gheibh mi thar sàl,
Ann am bàta na smùid.
Gu'n cluinn mi mar b' àbhaist.
Do mhànran 's do chiùil,
O! b' ait leam 'bhi làmh riut,
Gu bràth 's tu mo rùn.

Ged gheibhinn an t-àite,
Th' aig Barlo 's an àm,
Gu'm b' àill leam am pàisde,
'Tha àluinn 'us grinn.

[1] Minoh.

Gu'n tugainn dhith fàinn',
'Us mo làmh chur 'n a laimh,
'S deise shìde gu làr,
Do mo ghràdh 'tha ro-ghrinn.

❧ ❧ ❧

EARAIL MU'N BHÀS.

O ! thus' 'tha laidir calm a' d' neart,
Gun uallach ort fo'n ghréin ;
'Tha deanamh brinneal baoth gach là,
Nach dean am bàs ort gréim,
Tha 'sàrachadh an deòraidh thruaigh,
'S do'n Ti 'tha shuas gun spéis ;
O, cuimhnich gu'm bheil romhad là,
'S an dean am bàs ort gréim.

Ged 'tha thu faicinn air gach taobh,
Am bàs a' gearradh ás,
Gu bràth cha toir sud dhuit-sa smuain,
Cha chuir ort gruaim am feasd.
Ni thu còmhradh ait leat féin,
Gu mair do thréin 's do neart ;
'S nach tig dòruinn chaoidh gu bràth,
No àmhghar ort air fad.

Ged dh' altrum Àgh thu greis le mùirn,
Na cuireadh sud ort pròis ;
O'n chi thu gu'm bheil romhad cùirt,
'S am bheil an ùin' mar cheò.
An Ti 'thug beatha dhuit bho thùs,
Gu'm faic do shùil an lò,
'Dh' éigheas trompaid àrd le fuaim,
A' dùsgadh suas nan slògh.

E

Bheirinn comhairl' ort 'n a thràth,
'Tha àrd os cionn gach té,
Dean thusa feum de latha slàint',
Mu'n dean am bàs ort gréim.
Na di-chuimhnich mar sin gu bràth,
Gu'm bheil am bàs 'n ad cheum,
'S gu'n toir thu cunntas ás gach là,
'S na tàlanntan gu léir.

Adamson.   Rothesay.

An t-Urr Domhnull Uilleam MacChoinnich.

AN T-URR. DOMHNULL UILLEAM MACCHOINNICH.

UGADH Domhnull Uilleam Macchoinnich ann an Airidhbhruthaich, an sgìre nan Loch 's a' bhliadhna 1868. Bha màthair chùramach aige a theagaisg dha eòlas mionaideach air an fhìrinn, agus tha sinn toilichte gu'm faod sinn aithris gu'n robh e comasach air am Bìobull Gàidhlig a' leughadh bho cheann gu ceann aig sia bliadhna dh' aois.

Cha robh e cho furasda fòghlum fhaighinn an uair sin, agus a tha e 'n diugh, ach fhuair ar caraid duais-airgid leis an deachaidh e gu sgoil Steornabhaigh agus á sin gu Ard-sgoil Ghlaschu, airson 'ullachadh airson an Oil-thigh, ach thainig camadh 's an fhreasdal d' a thaobh air chor 's nach d' fhuair e amas air an tomhas fòghluim a bha e 'sireadh.

Theagaisg e iomadh bliadhna ann an Sgoil nam Mnathan (Ladies' Highland School Association) ann an coachladh chearnaidhean de'n Ghàidhealtachd, agus an déidh sin bha e 'n a theachdaire soisgeulach (missionary) 's na h-Eileanan an Iar ré dheich bliadhna.

Cha'n 'eil móran againn aig an là 'n diugh a sgriobhas Gàidhlig cho blasda ris. Tha leithid de shnas sonruichte 'n a sgriobhadh 's gu'n deanamaid a mach a làmh a measg mhórain. Fhuair e iomadh duais aig Mòid a' Chomuinn Ghàidhealaich, agus 's tric a leugh sinn le mór thogradh cunntasan snasail air iomadh cuspair bho pheann siubhlach 's na paipeirean-naidheachd Gàidhealach. Tha sinn an dòchas gu'm faic sinn 'eachdraidhean Gàidhlig ann an clò, 'n uair a gheibh e fàth air an cur cuideachd.

Tha ar caraid a nis 'n a mhinistear ann an Eaglais Ghàidhlig Bhaile Bhòid, far am bheil e 'deanamh mórain airson cumail suas na Gàidhlig, cha'n e mhàin 's a' chùbaid, ach air an t-sràid agus aig an teallach cuideachd.

AN TEID THU LEAM A THIR NAM BEANN.

AIR FONN :—" *An téid thu leam a ribhinn òg ?* "

Fonn :—

An téid thu leam a thìr nam beann ?
An téid thu leam a thìr nam beann ?
An téid thu leam a thìr nam beann ?
'S an tìr nan gleann gu fuirich sinn.

An nigheanag òg tha 'm' baile Chluaidh,
As bòidhche sùil 's as àillidh gruaidh,
Is e na thug mi dhìth de luaidh,
A thug mo shnuadh cho buileach uam.

Tha i beusach banail ciùin,
Fiamh a' ghàire 'ghnath 'n a gnùis.
'S i leighiseadh an diugh mo thùrs',
Na'm bithinn dlùth do'n chruinneig ud.

Tha i dealbhach air an t-sràid,
Cha'n 'eil cron bho' ceann gu 'sàil,
Cuimir grinn am bòtuinn àird,
'S i laghach bàigheil, cuireadach.

Làmh as bòidhche 'sheolas peann,
Beul as binne 'sheinneas rann ;
'N uair chi mi thu air ùrlar danns',
Cha'n fhaic mi ann cho lurach riut.

Tha bothan beag an taobh a' chaoil,
'Us tha e còmhdaichte le aol,
'S ged nach' eil e pailt am maoin,
Bi' aighear faoilt 'us furan ann.

Gheibh thu càirdeas agus bàigh,
Bho na Gàidheil chridheil bhlàth,
'Us chi thu beanntan boidheach àrd,
'Us gleanntan àillidh lusanach.

Tìr ar sinnsir, tìr nan laoch,
Tìr nan ard-bheann, tìr an fhraoich,
Tìr nan armunn, tìr na saors',
'S gu tìr mo ghaoil gu ruith mi leat.

❂   ❂   ❂

A CHAILIN A MHEALL MI.

AIR FONN :—"*Hug so air nighean donn nam meal-shùil.*"

Oidhche dhomh-sa 's mi fo ghruaimean,
'S ann a smaoinich mi air gluasad,
Ach am faicinn fhéin a' ghruagach,
Do'n tug mi mo luaidh 's mo ghealladh.

'N uair a rainig mise 'n oidhch' ud,
Cha b' ann 'n a h-aonar a bha mhaighdean,
Bha i féin 's fear eil' air beinge,
'S iad gun solus coinnl' no gealaich.

Dh' fhoighneachd mi fhéin dhi gu h-òrdail,
" An e so a gheall thu dhomh-sa ?
Cha do chum thu ri do bhòidean,
'S gur a mór rinn thu mo mhealladh."

'S ann thuirt i rium nach robh mi ciallach,
'S nach d' thuirt ise facal riamh rium,
'S ceart cho math dhuit a bhi triall,
Cha'n fhaigh thu 'm bliadhna mi mar leannan

Sin 'n uair thuirt mi fhéin an uair sin.
Falbhaidh mi air eagal buairidh,
'S gheibh mi t'-eile bhitheas na' s suairce,
'S cha dean mi suas riut na 's fhaide.

Tha na nigheanagan cho seòlta,
Math gu mealladh gniilean òga,
'N uair as binne bhitheas an còmhradh,
'S ann as dòch' iad a' bhi magadh.

❂　❂　❂

MAIRI.

AIR FONN :—"*Hi horo 's na horo éile.*"

'Oigh mo rùin gu'n tug mi gràdh dhuit,
'S O! cha cheil mi nach tu 's fhearr leam.
'S ann 'n uair bha thu òg 'n ad phàisde
Rinn do ghaol gu tràth mo mhealladh.

Cha'n 'eil dealbh dhuit ach a' pheucag,
Cuimir grinn a measg nan ceud thu.
Cuailean òr-bhuidh' air dhreach sheudan,
Sìod' mar obair ghréis 'g a cheangal.

Tha do phearsa bòidheach àillidh,
Cha'n 'eil meang 'o d' cheann gu d' shàilean :
'S tu mar fhlùran ann an gàradh
Fàs fo'n driuchd fo bhlàth le maise.

Chi mi sneachd air bhàrr nan geugan,
Chi mi canach measg an t-sléibhe.
'S gile leam-sa cruth mo cheud ghaoil,
Thar gach té 's tu reult nan ainnir.

'N uair a chinneas luibhean samhraidh,
'S milis cir-mheala nan gleanntan,
'S milse leam-sa pòg bho m' annsachd,
Cùbhraidh mar fhion Frainge 'h-anail.

'S gòrach mi 'n uair thug mi luaidh dhuit,
Bho nach faodainn deanamh suas riut,
'S ann a sheolas mi thar chuantan,
Far nach cuir mi gruaim air t-athair.

'S diombach mise dhe do chàirdean,
'N uair a chum iad uam thu, 'Mhàiri.
Fiach nach dìobair chaoidh do ghràdh dhomh,
'S pillidh mi thar sàil g' ad amharc.

⊞ ⊞ ⊞

GLEANNAN A' CHAOIL.

A ghleannain bhig 'tha'n taobh a' chaoil,
Cha'n eòl do'n t-saoghal t-ainm no thu ;
Gidheadh is tusa gleann mo ghaoil,
Is òg a thug mi dhuit mo rùn.

Tha canach geal a' fàs air blàr,
Tha fraoch a' còmhdachadh nam bruach,
Tha 'n t-sòbhrach mhaoth, 's an neòinean bàn
A' cinntinn ann an gleann nam buadh.

Tha loch 'n a lùban bòidheach, sèimh,
Gu seòlt' a' cuairteachadh nam beann ;
Tha bradain tharragheal 'cluich 's a' leum
Air 'n abhuinn dhuibh 'tha ruith troimh 'n ghleann.

Tha air gach taobh dheth beanntan mór,
'Us stùchdan àrda 's am bi féidh ;
Is tric a leag mi damh na cròic'
Le m' ghunna caol air aonach réidh

Tha'n uiseag bhinn a' seinn air lòn,
'S an smeòrach air gach géig 'us craoibh,
Tha'n crodh air àirigh a' Ghlinn-mhóir,
'S na laoigh a' mireagaich ri'n taobh.

Air cluain tha caoirich 'us uain-òg,
'S am buachaille le 'chù 'g an dìon
Bho fhithich dhubh 's bho'n iolair-òir,
Tha 'còmhnuidh anns na creagan ciar.

Cha chluinnear fuaim no gleadhar ùird,
'S a' ghleannan chaomh an tìr mo ghràidh ;
Cha chluinn thu carbaid mhór na smùid
A' seinn a dùdaich 'n gleann an àigh.

Tha maise nàduir a' cur sgèimh
Air beinn, 'us glaic, 'us muir, 'us tìr,
Tha 'm Freasdal caomh a' dion fo' 'sgéith—
Gach creutair beò 'toirt dhoibh am bìdh.

Gheibhte caoimhneas, tlachd, 'us gràdh,
An tighean càirdeil ghlinn a' chaoil ;
Is tric a gheibheadh coigreach bàigh
Am fàrdaichean nan sàr, 's nan laoch.

Cha'n i Bheurla charrach, fhuar,
A chleachd ar sinnsir anns na glinn,
Ach Gàidhlig bhlasda, chaoin, nam buadh—
A' té bu dual 'bhi milis binn.

Cha leig sinn bàs a' Ghàidhlig chòir,
Ri 'r beò cha chuir sinn rith' ar cùl,
'S i dh' ionnsaich sinn 'n uair bha sinn òg,
Bu mhór am beud i 'bhi gun diù.

'S i chainnt a bh' aig ar sinnsir treun,
Is iomadh toradh bh' oirre 's buaidh ;
'S i bh' aig Oisein 'n àm na Féinn,
'N uair bha Fionn ri euchdan cruaidh.

Is iomadh riasladh, tàir, 'us beum,
A fhuair i riamh bho iomadh nàmh' ;
'S mar biodh gu'n robh i treun dhi féin,
Is fad' an cian bho 'n fhuair i bàs.

Ach cluinnear fhathast i 's na glinn,
A' Ghàidhlig aosda, mhaiseach, chòir,
'S cho fad 's a bhitheas an saoghal cruinn,
Gu'n labhrar i an tìr na h-Eòrp'.

Gus 'n tig an dìle bithidh i beò,
Tha i sgrìobhte bhos 'us thall,
Gheibhear i 's an Fhraing, 's an Ròimh
Air ainm nan cnoc, nan creag. 's nan allt.

Ach beannachd air na laoich tha treun,
A tha cho seasmhach air a sgàth,
Saoilidh mi gu 'm faic mi féin
A' Ghàidhlig tighinn 'n a leum an àird.

O, c' àit' am bheil na h-àrmuinn ghrinn
'Chaidh àrach ann an glinn nan caol ?
Tha cuid dhiubh 'n diugh 'n an laigh 's a' chill !
Cuid eile sgapte feadh an t-saogh'l.

Chaidh siol nan sonn a chur ma sgaoil,
Le coigrich bhorb nach b' fhiach, 's nach b' fhiù ;
Ach tillidh fhathast clann mo ghaoil
Do 'n àite féin le neart an dùirn.

Gheibh iad rithist mar a b' àill,
Na glinn a thug an nàmhaid bhuap',
Is cluinnear fhathast fuaim an gàir
Ag àiteach ann an gleann nam buadh.

Bithidh sùgradh, mire, 's spòrs,
Ri 'chluinntinn ann an gleann a' chaoil ;
Bithidh clàrsach, fiodhal, 's a' phiob-mhór
Air na mòid bhios 'n tìr an fhraoich.

O soraidh bhuam gu gleann a' chaoil—
An gleann 's na dh' àraicheadh mì òg,
Far 'n tric an robh mi-fhéin le m' ghaol,
'S mi 'g éisdeachd mànran binn a beòil.

Cha dìrich mi tuilleadh beinn no stùchd,
Bho'n tha mo cheum air fàs cho mall ;
Cha mharbh mi fiadh, 's cha leig mi cù,
Cha mhór nach 'eil mo léirsinn dall.

Tha nis mo chiamhagan cho liath,
'Us tha mo chridh' air fàs cho fann,
Is truagh gu'n dh' fhàg mi fhéin e riamh—
An gleannan briagh' 'tha 'n tìr nam beann.

Ach 'n uair thig oiteag chaoin a' chéit',
Fìridh mi fhathast le sùnnd,
Fàgaidh mi Glaschu 'n am dhéidh,
'S théid mi-fhéin le m' chéile null.

Cluinnidh sinn an sin mar b' nòs,
Ceilear eòin 's a' Ghàidhlig bhinn,
'S gus an caidil sinn fo'n fhòd,
Chaoidh cha 'n fhàg sinn fhéin na glinn.

✿ ✿ ✿

RIGH NAN SITHICHEAN.

Eadar-theangaichte bho " Erl King."

Có so marcachd air oidhch' dhorcha fhuair ?
Athair gràidh agus a leanaban luaidh.
Lùb e 'bhreacan teann mu'n bhalach chaoin
'G a dhìon o dhoinionn garbh na gaoith.
" A mhic, ciod e'n eagal mór a th' ann ? "
" 'S e Righ nan Sìthchean ; O Athair seall !
Tha crùn 'n a chearcal os cionn aodainn bhàin."
" A mhic, 'm bheil sin ach ceò na h-oidhch' mar sgàil."
" O leanaibh àillidh, thig mar rium féin,
Far bheil raointean agus dealradh gréin,
Buainidh mi na flùir as fhearr tha fàs,
'Us càirear iad air do bhathais bhàin."
" Athair 'n cual' thu rud thuirt Righ na Sìthche ?
Tha eagal 'lionadh suas mo chridh'."
" Gabh tàmh gu tèaruint' 'leanaibh gaoil ;
M bheil ann ach osnadh ghairbh na gaoith."
" Thig mo leanabh àluinn mar rium féin.
Gu'm bi mo nighean dhuit mar sgéith.
Stiuiridh i thu troimh bheinn 'us stùc,
'S 'n uair bhith's tu fann gu'n tàl' i thu,
'S 'n uair bhith's tu fann gu'n tàl' i thu."
" O athair ghràidh seall an sud 'us chì
Gruag òr-bhuidh' nighean Righ na Sìthche ! "
" A mhic, a mhic, cha'n fhaic mi ni sam bith
Ach craobhan 'crathadh anns a' ghaoith air chrith."
" Mo leanabh grinn, mo ghaol do shùilean blàth,
O, 's leam fhéin thu 's ni thu nochd leam tàmh."
" O, athair, athair ! Cum do ghréim gu cruaidh
'S mi'n glacaibh Righ na Sìthche cho fuar ! "

Mharcaich an t-athair luath mar ghaoith.
'S a làmhan paisgt' mu 'leanaban maoth.
Le fiamh 'us eagal mach air ròidibh garbh
Rinn e dhachaidh ach bha 'n leanabh marbh.

⊠ ⊠ ⊠

" NEOINEAN."

Eadar-theangaichte bho " To a Mountain Daisy."—*Burns*.

A fhlùrain bhig, dheirg-bhallaich, bhòidhich,
An uair ro-olc rinn thu mo chòmhdhail,
Oir feumaidh mi do cheann a chòmhdach
    A steach fo'n ùir ,
Do dhìon a nis cha 'n urrainn dhòmh-sa,
    Mo nèamhnaid chiùin.

Mo thruaigh', cha'n i do charaid grinn—
An uiseag bhòidheach, laghach bhinn,
'G ad thumadh anns an driùchd le loinn,
    Fo broilleach ballach,
'N àm éirigh suas gu ceòl a sheinn
    Gu moch 's a' mhaduinn.

Is cruaidh a shéid a' ghaoth a tuath
Air t'òg bhreith iosal, cheanalt', shuairc ;
Gidheadh gu aoibheil chum thu suas,
    A dh' aindeoin stoirm,
Do chaomh chruth gearr o d' mhàthair 'fhuair—
    An còmhnard gorm.

Na flùrain bhòsdail anns an lios,
Le'm balla àrd a' dìon am meas ;
Ach thus', gun sgàth o fhuachd no teas,
    Gun phloc, gun chlach,
'S tu air an raon 'cur mais' 'us meas,
    Gu ònranach.

Thu 'n sin, le d' thrusgan gann 'g a chòmhdach,
Do bhroilleach geal 's a' ghrian 'g a chòrdadh ;
A' togail suas do chinn gun mhórchuis,
                Gu h-uasal ciùin ;
Ach nis rinn soc a' chroinn gun tròcair
                Do chur fo 'n ùir.

'S e sud as dàn do'n mhaighdinn bhanail,
Am flùran grinn 'tha 'fas 's a' ghleannan !
Le sìmplidheachd a gràidh 'g a mealladh,
                Le earbs' gun fhoill,
Gus 'm bi i, mar tha thus', 's an talamh—
                'N a laigh' 's a' chìll.

'S e sud 'tha'n dàn do'n bhàrd bhochd shìmplidh,
Air tonnaibh cuan na beath' fo dhìmeas—
Mi-fhortanach, 's air bheagan innleachd
                Air e bhi maireann,
Fa-dheòidh, nì doinionn stoirm a shìneadh,
                'S a sgiùrsadh thairis !

'S e sud 'bu dhàn do iomadh fiùran,
'Rinn cogadh cruaidh an aghaidh chùisean,
Le uamhar dhaoine mór 'g a stiùireadh
                Gu bruaich na h-éiginn,
'S na h-uile cobhair air a dhiùltadh,
                Ach rùm 's na Nèamhan.

Eadhon thus' 'tha caoidh an fhlùrain,
'S e sud do dhàn—cha'n fhad' an ùine
Thig soc a' bhàis gun fhios o d' chùlaobh,
                'G ad ghearradh sìos :
Ni clais a' chroinn gu bràth ort dùnadh—
                'S e sud do chrìoch.

✷ ✷ ✷

AN T-ALLT.

Eadar-theangaichte bho " The Brook."—*Tennyson*.

Bho àite còmhnuidh ghrioch 'us lach
Tha mi tigh'nn mach gu h-aithghearr,
A' dealradh sios measg fheur 'us chlach,
'Dol 'n a mo dheann troimh 'n ghleannan.

'N am chabhaig sios deich 's fichead cnoc,
'Dol null troimh fhichead baile,
'Mi tigh'nn mu'n cuairt mu iomadh croit,
'S troimh leth-cheud àth gun mhaille.

Fa-dhcòidh aig fearann Fhionnlaigh chòir,
Gu'n aon mi ris an abhuinn,
O thig 'us falbhaidh daoin' gu leòr,
Ach 'so bi' mis' gu maireann.

Mi tòrmanaich air ùrlar ghlinn
Feadh ròidibh garbha carrach,
'N sin chi thu mi 'n am linne ghrinn,
'S mi crònan ri mo chladach.

O, sud mi sios 'n am lùban cruinn,
A' cnamh mo bhruach troimh 'n achadh,
'S mi toirt air iomadh rudha grinn,
Fàs suas le feur 'us canach.

Mi torman, torman mar bu chòir,
Gus 'n aon mi ris an abhuinn,
O thig 'us falbhaidh daoin' gu leor,
Ach 'so bi' mis' gu maireann.

Mi cuidhleadh sios, a stigh 's a muigh,
'Us flùrain orm a' seòladh,
An sud 's an so tha breac a' cluich,
'Us bradan tarragheal bòidheach.

An sud 's an so tha cobhar glan
Air m' uachdar féin air tional,
'S mi briseadh mach mar airgiod geal,
'S mi falbh os ciorn a' ghrinneil.

Bheir mi leam na h-uile seòrs',
Gus 'n aon mi ris an abhuinn,
O thig us falbhaidh daoin' gu leòr,
Ach 'so bi' mis' gu maireann.

O sgaoileam sios air liana 's raoin,
Bi 'n doire tric 'g am chòmhdach
Gluaisidh mi na flùrain ghaoil,
Tha fàs air son nan òighean,

Mi sleamhnachadh, mi dùr, mi snàg',
Na gobhlain-ghaoithe ma'rium,
Na gathain-ghréin' a' danns' o'n àird,
Ri m' chladach eu-domh 'n gainneamh.

Mi tòrman anns an fhàsach mhór,
Ri solus reult, 'us gealaich,
Mi deanamh dàil air grinneal òir,
'S mi snàgail ri mo chladach.

An sin gu'n cuidhill mi mach do m' dheòin
Gus 'n aon mi ris an abhuinn,
O thig 'us falbhaidh daoin' gu leor,
An so tha mis' gu maireann.

✠ ✠ ✠

A' MHAIGHDEAN GHAIDHEALACH.

Eadar-theangaichte bho " To the Highland Girl at ınver-
snaid."—*Wordsworth.*

An nighneag òg tha'n tìr nam beann,
Mar lilidh mhìn a' fàs 's a' ghleann,
Tha d' mhais' mar reult no mar dheò-gréin',
'S e sud do thochradh talmhaidh féin.
Na creagan ciara air gach taobh ;
Mar sgàil' tha duilleach gorm nan craobh ;
Tha torman eas, 'us cluaineag réidh,
'S iad dlùth air lochan sàmhach, séimh ;
Tha òban beag an ceann a' bhàigh ;
'S an fhasgadh ud tha d' àite tàimh.
Gu cinnteach 's coltach sud gu léir
Ri bruadar cadail chithinn féin.
Tha 'n dealbh a' tighinn a mach an tràth
Tha cùram talmhaidh 'dol mu thàmh.
Ach òighe, ged is bruadar thu,
Mo bheannachd dhuit 'us m' uile rùn !
Dia gu'n robh dhuit féin mar sgàil'
Gus an crìochnaich thu do là ;
A mhaighdean bhòidheach, bhanail, chiùin,
Cha 'n eòl dhomh féin do dhaoin', no thu
Gidheadh tha deòir a' ruith o m' shùil.

Le dùrachd mhath gu'n dean mi féin
Urnuigh leat ri Dia air Nèamh ;
Oir riamh cha b' eòl dhomh cruth, no dealbh
No té 's na chuir mi barrachd earbs'.
Tha tuigse, suairceas, agus cliù,
Gu h-iomlan abaichte 'n ad ghnùis,
'S tu 'n so a' fàs mar ghràinncin sìl,
Air leth o shluagh, mar lilidh mhìn,

Gun rudha gruaidh, gun eagal dhaoin',
Ag éirigh suas gu socair, caoin ;
'S tu giùlain saorsa 'n a do ghnùis,
A' falbh nam beann, nam gleann, 's nan stùc.
'N ad aghaidh chi mi cliù 'us ciall,
'Us caoimhneas blàth 'n ad chridhe fial ,
'S tu modhail, iomlan làn de dh' aoidh,
A mhaighdean, bhàigheil, àluinn, chaomh,
'S tu 'n sin gun fhiamh roimh neach no nì,
Ach 'smuain a dh' eireas suas 'n ad chrìdh'
'S i còmhnuidh fada shios 'n ad bhith,
Gun agad cainnt air ni air bith.
Tha sud a' toirt do d' ghiùlain féin
Mais', 'us beò, 'us móran sgèimh.
Mar sin, gun smuairein orm no fiamh,
Chunnaic mi eòin fhiadhaich riamh,
A' cogadh 'n aghaidh stoirm 'us sian.

Có 'n làmh nach buaineadh flùran duit,
A ta cho sgiamhach, bòidheach riut
Bu shonas mór dhomh bhi 's a' ghleann
A' fuireach ri do thaobh 's tu ann !
'S mi gu 'n cuireadh orm do dhòigh,
Bhiodh mis' a' m' chìobair 's tus' a' m' chòir.
Da rìreadh ghuidhinn sud gu fìor
Le dùrachd bho mo chridhe shìos !
'S ann tha thu 'n tràth-so dhomh mar thonn
A' gabhail seachad aig an àm,
Ach dh' iarrainn còir ort leis a' chléir ,
No eadhon fuireach laimh riut féin !
Gu 'm b' aoibhneas agus sonas mór
Bhi 'g éisdeachd mànran binn do bheòil,
'S a bhi 'g ad fhaicinn 'n a mo chòir.

'Nis taing do Dhia air son a ghràis.
A stiùir mo cheum do 'n àit' an tràth s'.

F

Fhuair mi sòlas ann gun dìth,
'S gur e mo thuarasdal mo shìth.
'S an àite dhiomhair so tha luach,
Tha sùil 'us cuimhne aig ar smuain.
Carson nach iarrainn as a' ghleann?
Air son gu bheil a' mhaighdean ann.
Na faighinn sòlas ùr ri m' réidh,
Mar fhuair mi anns an àit' so féin!
Ach ged tha móran aoibh 'n am chrìdh',
A chailin shùghar, feumaidh mi
Dealachadh riut féin, a luaidh,
Ach cuimhn' bi' agam ort bhios buan.
Bi 'n sealladh so 'n am chridh' gu bràth,
Do thigh, an loch, an eas, 's am bàgh,
'Us thus', an spiorad, os cionn chàich.

❈ ❈ ❈

AN CLUINN TIIU MO NIGHEAN DONN?

GLEUS A.

Fonn—

m	s.,s : s., f	m. d : d.,d	f., m : r. s	d . l, : s,
An	cluinn thu mo	nighean donn?	Eisd 'us thoir an	aire dhomh;

f,	s,. l, : d., r	f., m : r., m	s., m : f. r	d : d
Tha	móran ann am	barail Gur a	h-òg an leannan	dhomh-s' i.

'S ann an tìr nam beann a dh' àraicheadh
Mo chruinneag ghrinn nam blàth-shuilean,
Far an tric an robh mi mànran rith',
    'S a thug mi gràdh glé òg dhith.

Cha 'n 'eil cron r' a ìnns' oirre;
Gur banail, beusach, fìnealt i;
'S e cruth 'us dealbh na h-ìghneig ud
    A chuir mi fhéin an tòir oirre.

Gur tric mi oirre smaoineachadh,
'S ag aisling 'n uair nach saoil mi e :
'S an gaol thug mi cha chaochail e
    Do m' chailin chaomh, dhonn, bhòidheach.

O, 's truagh nach robh mi 'n tràth so leat
An gleann an fhraoich mar b' àbhaist dhuinn,
'S ged bhithinn tinn, bu shlàinte dhomh
    Bhi 'g éisdeachd, 'ghràidh, ri d' chòmhradh.

Ach rinn do chàirdean tàir orm,
A chionn nach b'e fear àitich mi ;
'S bho nach robh spréidh 'us bàrr agam
    Gu'n do dhiùlt do mhàthair dhòmh-s' thu.

Bheirinn gùn de 'n t-sìoda dhuit
'Us bheirinn breacan rìomhach dhuit.
'S a nàile, leughainn 's sgrìobhainn duit ;
    'S cha leiginn dìth do lòin ort.

Ach 'n uair a thig an samhradh oirnn
Gu 'n téid mi sgrìob a shealltuinn oirr'
Is O, gu 'm faic mi m' annsachd fhéin
    'S gun taing, gu 'm faigh mi còir oirr'.

⊗ ⊠ ⊞

DO LUCH.

Eadar-theangaichte bho " To a mouse."—*Burns*.

Gu de'n luasgan tha 'n ad bhroilleach,
A chreutair fhiamhail 's pianail coltas ?
Na ruith air falbh cho luath le boileis,
    A luchaig thruaigh.
Cha ruithinn thu 'g ad mhort le onas,
    Ged gheibhinn duais.

Bhris a' bhuaidh a fhuair an duine,
An comunn blàth 'thug nàdur dhuinne,
'S dh' fhàg sin thusa ann an innibh
      Teich air falbh bhuam—
Do cho-chreutair de'n a' chruinne—
      Do bhràthair talmhaidh.

Gun teagamh goididh tu air uairibh,
D' eile? feumaidh tu a thruaghain,
'S e craobhag bheag á bonn na cruaiche,
      'Tha thu 'tagairt.
'S a chaoidh cha 'n ionndrainn mise bhuam e,
      'S leis gheibh mi beannachd.

An dùnan beag de shràbh 's de dhuilleach,
A rinn thu shaoithreachadh gu buileach,
'S tu 'n diugh a muigh an cùl an tulaich,
      Gun tigh, gun fhàrdaich,
'S a' gheamhradh fhuar gun àite-fuirich
      'S truagh do chàradh.

Do dhearc thu machraichean fàs blian,
'S an geamhradh gruamach tighinn gu dian,
An so gu'n d' smaoinich thu do dhion,
      Gu sòghar, blàth;
Ach och! 's ann chaidh an coltair giar,
      A steach troimh d' àth!

Do thigh beag, bochd gun sop 'n a làrach,
A bhallaibh faoin 's a' ghaoth 'g an stràchdadh,
'S gun ni air fonn a ni thu ràsladh,
      A ni fear ùr,
'Us fuachd an Fhaoiltich tighinn an dràsd ort,
      Le reothadh dùr.

Ach 'luchaig cha'n e thusa h-aon,
Do 'm faod roimh-shealladh dearbhadh faoin,
'S tric bha dòchas luch 'us dhaoin',
     A riamh gun stàth,
'S an àite sùil ri nithean caoin,
       'S e fhuair iad cràdh.

Gidheadh 's ann dh' fhaodas tu 'bhi coma,
'S e 'n t-àm 'tha làthair tha dhuit dona ;
Ach och ! 'n uair bheir mi sùil mhi-shona,
     Air nithean cian,
'Us ged nach fhaic mi fada romham,
       Tha mi fo fhiamh.

DOMHNULL MACDHOMHNUILL.

DOMHNULL MACDHOMHNUILL.

S ANN an eilean Bhearnaraidh a rugadh ar caraid, Domhnull, 's a' bhliadhna 1856. Rinn sinn iomradh ann an àit' eile de'n leabhar so air seana bheachd a tha fhathast cumanta gu leoir ann an Leodhas, 's e sin ma bhitheas fiacail no dhà aig leanabh-gille 'g a bhreith, gu'm bi e'n a bhàrd no na dhìlleachdan. Có dhiù tha'm beachd sin ceart no cearr, tha e coltach gu'n robh dà fhiacail aig Domhnull 'g a bhreith.

'S ann an uair a bha e 'n a bhalach òg, a thòisich na deasbaireachdan eadar na croiteirean am Bearnaraidh agus air tìr-mór mu choinneamh, an aghaidh euceartan Dhomhnuill Mhic-an-rothaich, seumarlan Leodhais. 'N uair a rinn muinntir Bhearnaraidh suas an inntinn gu'n rachadh iad a dh' aon sgrìob, gu caisteal a' Ghearraidh-chruaidh airson an càradh innse do Shir Seumas, cha robh Domhnull air deireadh. 'S e 'n duine b' òige 'bha 's a' chòmhlan iomraideach sin, air am bi cuimhne iomadh là 'n Eilean an Fhraoich.

Thainig e do Ghlaschu bho chionn beagan bhliadhnachan, agus 's ann an sin a thòisich e ri bàrdachd. Tha dùrachd a chridhe gu h-iomlan ann an cùisean ar Gàidhlig, agus airson ar Gàidheil òga 'chumail cruinn còmhla ri 'chéile, gach oidhche Shathuirne 's a' gheamhradh, tha e 'n a fhear-cathrach air aon de na céilidhean Sathurnach an Glaschu bho chionn greise. Tha 'luchd-dùthcha a' cròth-adh an sin mu'n cuairt da, agus is toigh leo 'n còmhnuidh òrain fhéin a chluinntinn uaithe. Tha guth grinn, ciùin aige, agus tha na seann fhuinn Ghàidhlig aige, 's an dòigh anns am b' àbhaist iad a' bhi air an seinn 's na linntean bho shean. A dh' aindeoin agartasan laghan ciùil an ia 'n diugh, 's dòcha nach biodh sìnte ri stéidh-chiùil nam fonn sin, cha'n 'eil ni as taitniche le fior Ghàidheal na òran Gàidhlig air a sheinn 's an t-seann dòigh Ghàidhealach, gun fheadan-gleusaidh, gun cho-sheirm air an talamh, ach an guth 'n a aonar.

Tha sinn an dòchas gu'n téid ar caraid air aghaidh, agus gu'm bi iomadh bliadhna roimhe fhathast anns an cuir e clach air muin cloiche, air carra-bàrdachd na Gàidhlig.

MO DHURACHD DO'N TIR.

Mo dhùrachd do'n tìr,
Far 'bheil dùthaich mo shìnnsir ;
Tha sùil agam gu'n till mi,
'S cha tréig mi chaoidh a' bharail sin.
  Mo dhùrachd do'n tìr.

Is mise 'tha gu brònach,
Bho 'n dh' fhàg mi Eilean Leodhais,
An tìr 's an robh mi eòlach,
'N uair 'thogadh òg 'n am bhalach mi.

Tha iomadh ni air caochladh,
An eilean caomh mo ghaoil-sa,
An t-àite 'bh 'aig ar daoine,
Gun chàil ach naoisg 'us gearran ann.

Ged théid thu 'n diugh do'n aonach,
Cha'n fhaic thu bó no caor' ann ;
Fo tolach chearcan fraoiche,
'S coin shéilg aig sìlich Shasunnach.

'S e laghannan na truaighe,
Bha'n toiseach aig ar n-uachd'rain,
A sgap sinn airson ruadh-bhuic,
'S an diugh gur fuar ar cagailtean.

'S e dh' òrduich Dia nan gràs dhuinn,
An talamh 'bhi 'g a àiteach ;
'Us daoine bhi a' fàs ann,
'S ar saibhlean làn de aran air.

Nach cianail staid nan Gàidheal,
'G an ruagadh as an àite,
'S nach faigh iad ceann ri àiteach',
Gu'n ruig iad fàsach Chanada.

Na faighinn-sa mo dhùrachd,
Gu'm pillinn gu Sgìr' Uige ;
'S ann innte 'tha na fiùrain,
Bhiodh calm' air chùl nam marannan.

Mi 'dùnadh leis an dàn so,
'S mo shoraidh leis na càirdean,
A' sgapadh feadh gach àite,
'S nach pill gu bràth gu'n dachaidhean.

⊞ ⊞ ⊞

ORAN NA MUICE.

AIR FONN :—*Ma theid mise tuilleadh do Leodhas nan
cruinneag.*

Nach muladach mise an so gun duin' idir,
Nach muladach mise gun eathar gun ràmh
Nach muladach mise an so 's mi a' tuthadh,
'S mo nàbaidhean uil' anns na mucan an sàs.

'N uair chualas an naidheachd bha sùrd air na balaich,
Cur eudaich ri slatan a mach as a' bhàgh,
Gach eathar 's a' bhaile 'g a lionadh le clachan,
'S bha gobhainn a' bhaile 'n a cheannard air càch.

Nach mise 'tha duilich 's mo nàbaidhean uile,
A' marbhadh na muice an ceannaibh na sàil,
Iad duilich a lapadh, le olcas na h-acfhuinn,
'G a tolladh fo h-asainn, le speal agus gràp.

Bha gillean Mhicchoinnich an òrdugh 'n a coinneamh,
'N cuid fùdair 'g a losgadh cha d' thuit gin 's a' bhlàr ;
Toirt òrdugh do'n sgioba air ball 'dhol do'n luingeis,
A mharbhadh na muice, 's am muir diubh cho làn.

Cha ghabhadh iad mis' ann cho goirt 's a bha m' iosgaid,
Cha deanainn car sgiobalt' a' ruith ann mar chàch,
Cha b' lòir dhomh an combaist le dùbhlachd na h-oidhche,
Cha stiùirinn an long, 's am muir tròm bharr na h-Aìrd.

'S a' mhaduinn Di-sathuirn' gu'm faca mi marcaich,
Bu shamhail Mhicrath e air muin na làir' bhàin,
Ged b' fhuarail an latha le siaban do'n bhaile,
'S na mucan 'g an ceannach gu maduinn Di-màirt.

Gach uair anns an la 's mi fuarail a' feitheamh,
Ri bùidseirean reamhar le sporanan làn ;
Gu bòdadh nam mucan 's bi féill air an tulaich,
'S nach feumail an diugh i gu ceannach na teàrr.

Tha cuid aca mionnaicht' nach sealbhaich an cuspainn,
Aon òirleach de'n chulaidh mar gabh iad an càr :
Gu'n gearr sinn dhuinn féin iad, 's gu méinig iad bìth dhuinn,
'S gur fearr iad mar *grease* na ìm an dath bhàin.

'S e obair ro shalach dhuinn sìneadh gu 'feannadh
Bho 'n laigh iad ro fhada, 's a' chala 'n an tàmh,
Bi' fear na droch stamaig, 's an gòmadh gu 'anail,
" A mach as a' bhail' iad ma's tarruing iad plàigh."

An leigheas ro mhath iad bho'n fhuair sinn a mach e,
Gach siataig 'us cnatan 'us caitheamh 'us cràdh,
Cha ruigear an dotair cho tric leis a' bhotul,
Ni suathadh de'n ol' ud an goirteas na's fhearr.

❽ ❽ ❽

FUADACH NAN GAIDHEAL.

AIR FONN :—*'S e fàth mo mhulaid.*

Có 'n cridh' air an talamh nach deanadh e sgaradh,
'Bhi faicinn nan srathan 's nan àilean,
Gun duin' ann am baile g'a àiteach gu aran,
Ach féidh agus gearrain 'n an àite.

'N uair rinn iad ar sgiùrsadh gun bhàta na smùid ann,
Ach luing agus siùil ri croinn àrda,
Thug faisg air a' bhliadhn' oirr', an dòighean mhi-rianail,
'S gu'n bhàsaich na ciadan de Ghàidheil.

'N uair dh' fhàg i an cala, bha glaodhaich gach baile,
'Dol suas gu na cathrach as àirde,
Có 'n duin' air an talamh 'us teanga 'n a chlaigionn,
Nach labhradh air sgaradh nan Gàidheal.

'N uair rinn iad ar fuadach a null thar nan cuantan,
Ar dùthaich fo ruadh-bhuic 'n a fàsach,
Le laghan na truaighe 'bha riamh aig ar n-uachd' rain,
A' leantuinn air fuadach nan Gàidheal.

Nach bochd mar a liùg sinn, na Gàidheil 'bha fiùghail,
Ag éisdeachd ri bùireich an nàmhaid,
'Bha riamh air ar cùlaobh, 'g iarraidh ar sgiùrsadh,
Mu'm pilleamaid 'dhùthaich ar n-àrach.

Nach tigeadh an là anns am pilleadh sinn dhachaidh
A dh', àiteach nam bailtean 'tha bàn ann,
Gach fiadh agus bradan, cearc-fhraoich agus gearran,
Gu saor aig clannaibh nan Gàidheal.

☙ ☙ ☙

ORAN LUATHAIDH.

Air fà lé lu ho ro hù
'S i tìr mo rùin-sa 'Ghàidhealtachd.

Far am bi an crodh 's na laoigh,
Air feadh nan glinn air àirighean.

Bhiodh a' bhanarach 'dol fòpa,
'S peile mór 's gach làmh aice.

Gheibh thu pailteas dheth ri òl,
'S cha phàigh thu gròt no fàrdan air.

Bi' na boirionnaich a' sniomh,
'Chlann-nighean 's ciad a' càrdadh ac'.

Fear a' cur 'us fear a' buain,
'Us fear air chuan 's a' bhàt' aige.

Gheibh thu 'm bradan 's gheibh thu fiadh,
'Us gheibh thu iasg gu d' àilgheas ann.

Gheibh thu aran coirc' 'us eòrn',
'S òg a' rinneadh m' àrach orr',

Far an éireadh moch a' ghrian,
Gu' m b'e mo mhiann 'bhi tàmhachd ann.

Far an scinneadh moch na h-eòin,
Gur brònach mi bho'n dh' fhàg mi e.

'S tu nach faireadh fad' an oidhch',
Air feadh nan gleann am Bearnaraidh.

Bhiodh na caileagan a' luadh.
'S bu taitneach fuaim an gàire leam.

Théid mi cuairt ann 'n àm na féill',
'Us chi mi féin na 's fhearr leam ann.

⊞ ⊞ ⊞

ORAN NA H-AIRIGH.

AIR FONN :—"*Gun chrodh gun aighean.*"

Fonn —Ged a tha mi 'n diugh 's a' bhaile,
O, ma tha, cha bhi mi fad' ann,
Falbhaidh mi mu 'n tig a' mhaduinn,
'S bi' trì là mu 'm pill mi rìs.

Nighean donn a th' air an àirigh,
Tha a' buachailleachd nam bà ann,
'S òg a thug mi mo ghràdh dhuit,
'S theireadh càch nach d' rinn mi clìth.

'N uair a dh' fhalbh mi gu'n an iasgaich,
Leig mi beannachd le mo chiad ghaol,
'S cha'n urrainn domh 'chur a'm briathran,
Mar a lion sin mi le gaol.

Ma bhios cùisean mar is còir dhoibh,
Pailteas airgid 'n a mo phòcaid,
Ni mi 'chaileag sin a phòsadh,
Gu bhi còmhla rium a chaoidh.

'N uair a bha mi òg air àirigh,
Chluinninn anns gach gleann a' Ghàidhlig,
Ach an diugh nach truagh a tha mi,
'N a mo thàmh air sràid nan Gall.

Ma chluinneas iad focal Gàidhlig,
Casaidh iad an gnùis le àrdan ;
A' chainnt a dh' ionnsaich mi bho m' mhàthair,
'S nach leig mi gu bràth air chall.

Iain Mac a' Ghobhainn

IAIN MAC A' GHOBHAINN.

MEASG bhàrd Leodhais air fad, cho fad agus
as aithne dhuinne na chuala sinn, dleasaidh
Iain Mac a' Ghobhainn an t-àite 's àirde.
Rugadh am bàrd so an Iarshiadar an sgìr
Uige 's a' bhliadhna 1848. B'e athair,
Pàdruig Mac a' Ghobhainn, am fear aig an robh tuath-
anachas Iarshiadair aig an àm. Bha e 'n a dhuine gleusda,
tuigseach, agus 'n a dheagh bhàrd cuideachd ; agus tha
sinn a' creidsinn mar sin, gur h-ann bho dhualachas a fhuair
Iain, a mhac, an spiorad bàrdachd a bh' aige. Bhuineadh
a mhàthair—Seonaid Nicdhomhnuill—do bhaile Hàcleit,
am Bearnaraidh. Fhuair Iain Mac a' Ghobhainn toiseach
fhòghluim ann an sgoil bheag Chrùlibhic.

Bha e geur air an sgoil, 'us deas gu ionnsachadh, mar
is tric leo-san a tha 'n am bàird ged a bha an spiorad so
fhathast foluichte ann.

Aig ochd bliadhna deug a bh'aois, chaidh e 'Steorna-
bhagh do'n sgoil. Cha robh an Steornabhagh an uair
sin ach sgoil bheag a thog an Eaglais Shaor, ach is iomadh
duine comasach chaidh fhòghlum innte. Bha e an sin
dà bhliadhna.

Tha e coltach gur h-ann mu'n àm so a thainig spiorad
na bàrdachd am follais ann an toiseach. Bha nàbaidh
àraidh aige da'm b' ainm Calum Gobha. Rinn Calum
rud-eigin air nach do chòrd ris agus is ann a theann
am bàrd ri 'aoireadh. 'S e am " Pullaidh " an t-ainm
a tha e 'toirt do Chalum anns an òran so. (Tha
mi creidsinn gu'n robh am bàrd a' ciallachadh *bully*, no
" gaisgeach," leis an fhacal so). Có-dhiù, tha e 'deanamh
luaidh air treubhantas a' Phullaidh, gu'm briseadh e

sios a nàimhdean 'n an ciadan, gu'n robh buille bho
làimh chumhachdaich mar bhuille bho òrd mór a' ghobha,
gu'n robh crios òir mu mheadhon, mar onair 's mar chliù
air a bhuaidh an gleachd; agus ged do thigeadh treun
laoich thar chuain, nach bu chomasach iad air a thoirt
uaithe. Còmhla ris gach cliù a bh'air, b'e misneach na
Reiseamaid Ghàidhealaich air leathad Alma, agus le
eagal roimhe theich fir Shasuinn, agus thug iad an casan
leo, agus esan a' frasadh nan ceann gu làr le claidheamh
a' chinn òir. An déidh do'n bhàrd Calum a thogail do'n
treas néamh mar so, tha e nis 'g a leagadh chum an làir
air ball. Ars' esan :—

> " A Chaluim, cha b'fhiach thu na fhuair thu,
> 'S e fanoid an t-sluaigh a bha ann.
> 'S ann air Morsgail a thogadh tu suas,
> Le stapag 'us fuarag ghann.
> 'N uair thigeadh do nàmhaid dhuit dlùth,
> 'S tu 'g amharc 'n a ghnùis le greann.
> Cha b'fhearr am Pullaidh na 'n cù.
> Cha deanadh e tùrn 's an àm."

Nach b'fhurasd aithneachadh gu'n robh làithean móra
bàrdachd a' feitheamh air fear sam bith a dheanadh
aoir de'n t-seòrsa so aig sia bliadhna deug ?

An déidh dha sgoil Steornabhaigh fhàgail chaidh
e do dh' Oil-thigh Dhuneidinn a dh' fhòghlum airson an
eòlais-leighis. Bha so mu thimchioll na bliadhna 1870
Ré 'chuairt anns an Oil-thigh dh' oibrich e gu cruaidh.
Bha deagh cheann aige, ach bha e air a chumail air ais
le cion nan sochairean móra sin a bhi aige 'n a òige, a
bha aig na fòghlumaichean sin a bh'air an ionnsachadh
an sgoilean móra an Taoibh-deas. Coma có dhiù, bhua-
dhaich e anns a' cheud cheasnachadh ; agus an déidh
sin, chaidh e air aghaidh airson fòghluim lighiche.
Bhuadhaich e anns a' chiad cheasnachadh airson
lighichean, agus cha b'ann gun strìth. Ré nan cóig

bliadhna bha e an Duneideann, cha robh e aig an tigh
ach dà uair, a' sealltuinn nach b'ann diomhain a bha e
cur seachad 'ùine.   B'e an t-Urramach D. Macneacail á
Uidhist-a-Deas a bha 'n a chompanach agus 'n a charaid
dha.   Tha e toirt a' chunntais a leanas air an ùine chaith
iad cuideachd.   "B'e sgoilear Laidinu a b'fhearr na mise,
agus bha déigh mhór aige air leughadh—gu h-àraidh bàrd-
achd.   Bu toigh leis a' bhi leughadh eachdraidh ar dùthcha
cuideachd.   Is ann glé ainneamh a chunnaic mi diomhain
e, agus is iomadh uair a thuirt mi ris, 'n uair a chithinn
e cho dripeil ag obair, nach b'urrainn do 'bhodhaig seasamh
ris, mur gabhadh e tàmh agus mur toireadh e an aire
air a shlàinte."   Mar a thubhairt b'fhior : bhris air a
shlàinte an ceann nan cóig bliadhna.   Rinn tuilleadh
's a' chòir de'n chuing an gnothuch air.   Bha e làidir gun
teagamh ; ach ghabh e cus brath air a neart.   Cha
do shaoil e fhéin no càch gu'n robh an gnothuch cho
dona 's a bha e an toiseach.   'N uair a thòisicheadh e
ri gearan r'a chòmpanach, theireadh esan ris, " A lighiche,
leighis thu féin ! " a' fiachainn ri misnich a thoirt da,
ach cha robh math sam bith an sin.   Thromaich air
cho mór 's gu'm b'fheudar da Duneideann fhàgail, agus
'fhòghlum a thoirt suas.   Thòisich pian 'n a thaobh,
agus theann e ri cur a mach na fala.   Cha robh e fhéin
airson gabhail ris cho dona 's a bha e ; agus, mar sin,
cha robh e toirt an aire bu chòir dha air fhéin.   Thàinig
e dhachaidh do Iarshiadar, àite 'bhreith agus 'àraich :
chuir e seachad seachd bliadhna fada an sin mu'n do
bhàsaich e, timchioll air a' bhliadhn' ùir 1881, aig tri
bliadhna deug thar fhichead a dh' aois, air a bhriseadh
sios an toiseach a làtha 'n uair a bha 'ghrian fhathast
an àird nan speur.

Cha'n 'eil ni sam bith a tha toirt soluis cho math
dhuinn air inntinn duine ri 'sgriobhaidhean no 'bhàrdachd
ma tha sin ann ; oir tha an Sgriobtur ag ràdh, " á lanachd
a' chridhe, labhraidh am beul."   Mar sin, tha fior inntinn

e

agus tograidhean Iain Mhic a' Ghobhainn air an toirt a
mach gu soilleir 'n a bhàrdachd, agus tha mi smaoineachadh
nach 'eil duine a leughas òrain nach fhaic aon chruth có-
dhiù d'a inntinn a' dealradh a mach anns gach ceathramh
a chuir e r'a chéile,—'s e sin a chomh-fhulangas ri luchd-
dùthcha air an robh foirneart mór air a dheanamh le
uachdaran agus bàillidh ; agus gu bhi 'deanamh so na 's
soilleire, beachdaichidh sinn air staid sgìr Uige, agus
gu h-àraidh Bhearnaraidh, agus tir mór aig an àm.

Bho aimsir chian, bha muinntir sgìr Uige, 'cur an
cruidh gu àirigh air a' mhointich 's an t-sàmhradh.
A nuas gus a' bhliadhna 1872, is ann aig Beannaibh
a' Chuailein, faisg air crìch na h-Earradh, bha àirighean
Bhearnaraidh agus na tir-mór mu 'choinneamh. Bha
iad a' faighinn na mointich so leis na croitean gun tuilleadh
màil a phàigheadh. Anns a' bhliadhna 1871, thàinig
fios do'n ionnsuidh bho'n t-seumarlan, Domhnull Macan-
rothaich gu'n robh Beannaibh a' Chuailein gu bhi air an
toirt uatha airson an cur a stigh ri frìth fhiadh ; ach
'n an àite gu'n robh iad a' dol a dh' fhaotainn mòinteach
Iarshiadair. Bha móran deasbaireachd agus rann-
sachaidh a' dol air adhart mu thimchioll so eadar na
croiteirean agus an seumarlan, gus mu dheireadh na
bhuadhaicheadh air an tuath so an làmh a chur ri
paipeir an oifis an t-seumarlain an Steornabhagh. Thuirt
Domhnull Macanrothaich riu gu'n robh 'làmh a chur ris
a' phaipeir so a giulan ann, gu'n robh iad gu toileach a'
leigeil uatha Beannaibh a' Chuailein, agus a'.gabhail 'n
an àite mòinteach Iarshiadair, agus gu'n gleidheadh iad
sealbh air sin fhad 's a phàigheadh iad màl, agus a ghiu-
laineadh iad iad féin gu cubhaidh. Bha so a nis daing-
nichte mar gu'm b'ann le mionnaibh, agus cha robh
dùil aca gu'n cuirte an còrr dragha orra. Air an cosg
fhéin thog iad gàradh—seachd mìle dh'fhad—eadar
mòinteach Iarshiadair agus frìth Sgealiscro, gun taing
gun duais bho'n oighreachd. Phàigh iad am màl gu

cunbhalach, agus ghiùlain iad iad féin gu modhail, a'
creidsinn gu'm bitheadh iad air am fàgail an sìth. Bha
mòinteach Beannaibh a' Chuailein na b'fhearr air gach
dòigh, agus ni bu mhò na monadh Iarshiadair; ach cha
tugadh sgillinn ruadh sios dhoibh ás a' mhàl. Bha
so glé chruaidh air na daoine bochda; ach dh' fheumadh
iad striochdadh do bhrìgh nach robh suidheachadh seilbh
aca air a' mhonadh so. An déidh dhoibh a' bhi an seilbh
air a' mhòintich so fad bliadhna gu leith, thàinig fios
do'n ionnsuidh uile nach bu leo mointeach Iarshiadair
ni bu mhò—gu'n robh i gu bhi aìr a toirt uapa, agus gu'n
robh iad a' dol a dh' fhaighinn baile Hàcleit am Bear-
naraidh 'n a h-àite. Cha robh iad a' dol a dh'fhaighinn
bònn-a-sé dhioladh dhoibh airson na seachd mìle de
ghàradh a rinn iad air an cosg féin. Bha'm fearann a
bha iad a' dol a dh'fhaighinn móran ni bu lugha na
Iarshiadar; agus air a shon sin, dh'fheumadh iad an
sumachadh a lughdachadh, ach a dh'aindeoin sin uile,
cha robh màl gu bhi sgillinn ni bu lugha. Thòisich
deasbaireachd mhór eadar am bàillidh agus na croiteirean
—na croiteirean a' diùltadh gabhail ris a' chùmhnant so, do
bhrìgh gu'n robh e briseadh a' chumhnaint a chaidh á
dheanamh riu roimhe, agus an seumarlan a' maoidheadh
orra gu'n cuireadh e sios iad leis an arm. Cha b'urrainn
iad seasamh ris an fhoirneart so ni b'fhaide. Dh'eirich
iad ceart còmhla: thug iad Steornabhagh orra,—ceud gu
leth gaisgeach tapaidh le piobaire air an ceann, agus troimh
aon diubh fhéin—Aonghas Macartair nach maireann, á
Circibost am Bearnaraidh, mar eadar-theangair—
dh'innis iad facal air an fhacal do'n uachdaran, Sir Seumas
Macmhathain, mu'n fhoirneart a rinneadh orra. B'ann
gun fhios do'n uachdaran a thachair gach ni bha so; agus
'n uair a chual e an gearan, ghabh e riu gu càirdeil. Chuir-
eadh fios air Domhnull Macanrothaich, an seumarlan,
airson gu'n toireadh e cunntas air an obair bhrùideil so a
rinn e. Thugadh gu cùirt e, agus fhuaireadh ciontach

e. Tha fhios aig an t-saoghal gu'n d'thàinig crioch bhochd air.

Mar a thubhairt mi mar tha, tha co-fhaireachduinn Iain Phàdruig, ri 'cho-luchd-dùthcha 's a' chùis so ri fhaicinn 'n a òrain uile. Dleasaidh *Spiorad a' Charthannais* a' cheud àite 'measg a bhàrdachd. 'N uair a leughas neach na ruinn so, cuiridh e 'n a chuimhne air uairibh bàrdachd Iain Mhilton am *Paradise Lost* agus am *Paradise Regained*. Tha e 'labhairt ri spiorad a' charthannais mar gu'm biodh duine ann, agus ag innseadh dha gach ni ionmholta tha r'a innse mu'n cuairt da. Tha e tionndadh gu cor a dhùthcha, agus gu euceartan Dhomhnuill Mhicanrothaich, an seumarlan air an d'rinn sinn iomradh mar tha. Tha e sealltuinn gu soilleir nach robh gné spioraid a' charthannais an goill rògach an duine so, 'n uair a b'àill leis gu'm biodh gach Leodhasach air am fògradh do'n choill ; ni mò bha spiorad caoimhneis anns na bàillidhean agus anns na tigheàrnan a chuir ar Gàidhealtachd fo fhéidh 's bho chaoraich, air chor 's gu'm bheil tìr ar dùthchais an diugh 'n a fàsach dòbhaidh truagh 'n a leabaidh aig an fhiadh agus an ruadh-chearc. Tha a chridhe goirt a chionn gu'n do chuir iad fo naosgaichean an tir a bha àluinn, 's gu'n do bhuin iad cho brùideil ri daoine còire ; an aon fhocal, gu'm bu mhiosa na bruid Bhabiloin an diol a rinneadh orra. Anns na ruinn mu dheireadh, tha e tionndadh gu seumarlan Leodhais a rithist, agus a' cur an céill meud a dhorch-bheartan. Tha e sin ag ràdh gu'm bheil cumhachd ann as mò na seumarlan Leodhais, do'm feum gach glùn lùbadh, agus gach teanga aideachadh, gur h-e so Esan a bheir do gach neach a réir a thoillteanais ; agus ged bu mhór a chuid-san de'n t-saoghal, nach fhaigheadh e aig àm a bhàis, ach léine 's dà cheum de thalamh.

" 'N sin molaidh a chruimh-shnàigeach thu,
   Cho tàirceach 's a bhios d'fheoil,

'N uair gheibh i air do chàradh thu,
Gu sàmhach air a bòrd.
Their i," 'S e fear miath tha so,
Tha math do bhiasd nan còs,
Bho'n rinn e caol na ciadan,
Gus e féin a bhiathadh dhòmh-s'."

Bheireamaid an dara h-àite do *Spiorad an Uamhair.*
Tha'm bàrd anns an dàn so a' leantuinn a chùrsa th'aige
an *Spiorad a' Charthannais,* 's e sin a bhi labhairt ri cuspair
a bhàrdachd mar gu'm biodh e bruidheann ri duine. Is
e so an seòrsa bàrdachd ris an can iad *Apostrophe* anns a'
Bheurla Shasunnaich; agus tha Iain Mac a' Ghobhainn glé
dhéidheil air. Ghabh e cùrsa dha fhéin nach fhaic sinn ach
tearc de bhàird Ghàidhealach a' cleachdadh, agus mar so tha
ùrachadh agus atharrachadh taitneach anns a' bhàrdachd
seach a chuid as mò tha 'luaidh air gaol, am muir, am bàta,
am monadh, am fraoch, an crodh 's an àirigh, agus na cail-
eagan gràdhach, le "gruaidhean mar ròs bho bhlàth." Is
e so gu bitheanta na cuspairean bàrdachd a th'aig móran
d'ar bàird Ghàidhealach ; ach tha bàrdachd Iain Mhic a'
Ghobhainn, a' sealltuinn comais agus breithneachaidh
inntinn a tha dol fada na's doimhne na so, gu 'bhi
gairm air cuspairean gun bheatha, 'cur anama annta
airson tiota, agus a' luaidh air an cliù mar gu'm biodh
iad fo chomhair.

Ann a' bhi gabhail thairis air a bhàrdachd, cha'n fheum
sinn di-chuimhne a dheanamh air *Am Brosnachadh.*
Is e an aon ni a tha againn an aghaidh a bhàrdachd, gu'm
bheil gach òran as fheàrr na chéile ro fhada ; agus na'n
eireadh neach a sheinn aon dhiubh, ann an cuideachd
rachadh gach duine mach ma's biodh e ullamh. Cha'n
éisd ar n-òigridh an diugh ri bàrdachd dhomhain throm,
bhreithneachail : tha i car tioram leotha. Dh'fhàs
sinn mar Ghàidheil lag agus sgianach 'n ar n-inntinn,
agus cha'n urrainn sinn smuaintean tròma sòlumaichte

ar n-athraichean a shlugadh le tlachd. Ach saoilidh
sinn, nach 'eil Gàidheal a chluinneadh am *Brosnachadh*
air a sheinn gu fonnmhor air séisd " Eilean an Fhraoich"
nach bu chòir gàirdeachas a bhi 'n a chridhe gu'm bheil
againn iadsan a thogas ar cliù mar shluagh.

Cha'n 'eil cùnntas againn gu'n d'rinn e móran de òrain
aotrom, ach na tha againn, tha iad eirmiseach. Feumaidh
sinn a ghleidheadh 'n ar cuimhne gur h-ann an déidh dha
tighinn dachaidh á Duneideann, agus a shlàinte air briseadh,
a rinn e chuid bu mhò de na h-òrain ; agus 'n uair a bhitheas
neach breòite, tinn, agus an-shocrach, airtneulach 'n a
inntinn, cha bhi tografh aige ri sùgradh. So as aobhar
gu'm bheil cho beag againn de òrain spòrsail am measg
a bhàrdachd. Is e *Oran an t-seana-ghille* chuireamaid air
thoiseach am measg 'òrain aotrom. 'S e nàdur aoir do'n
t-seana ghille, agus moladh air an staid-phòsda 'tha so.
Tha e labhairt air na nithean matha dheanadh an òg-
bhean ; tigh a chumail comhfhurtail, glan, suilbhire, biadh
a fir a dheasachadh, an crodh a bhleoghan, cuideachd a
chumail ri' fear, agus gnothaichean mar sin. Tha e rithist
a' tionndadh air an t-seana-ghille, am fear a th'air dùil
'thoirt thairis. Tha truais aige ris. 'N uair a thig e
dhachaidh, bithidh a thigh gun teine gun tuar, feumaidh e
fhéin a bhiadh a dheasachadh, aodach a chàradh, 's a
léine 'nighe. 'N uair thig an aois air, gun duine a sheallas
ris, dé ni e ? Cha'n fhaigh e searbhant no sgalag ; cha'n
'eil e comasach air obair a dheanamh, agus feumaidh e dhol
an eiseamail airgid nan cailleach.

Bu mhór a spéis do eachdraidh a dhùthcha, agus am
measg nan òran a rinn e an co-cheangal ri eachdraidh
saorsa na h-Alba fo chùing Shasuinn, tha *Allt a' Bhonn-
aich*, cunntas a' chath fhuileachdaich sin a bha 'n a
mheadhon air a' bhi cosnadh saorsa dhùthchasach
dhuinn. Ged nach' eil an t-òran fada, tha e 'cur an
céill buadhan inntinn a tha làidir, domhainn, leirsinn-
each, agus eòlas mionaideach air ar n-eachdraidh mar

rioghachd.   'A moladh a' churaidh Riabeart Bruce, tha e
ag ràdh :—

" A Bhrusaich iomraidich nam buadh,
'S ann ort fhéin tha sgeul r'a luaidh;
Tha cliù do dhùthch' dol mar riut suas,
Gu Talla bhuan do shìth."

Agus tha e criochnachadh le 'bhi ag ràdh :—

" Na seall a nuas. a spioraid thréin !
Ma faic thu dial do dhùthcha féin,
Tha'n gleanntan làn do ' bhracsaidh' breun,
Na gaisgeich thréig an dùthaich."

Tha móran de na h-òrain aige chaidh air chall, agus
tha eagal oirnn nach gabh iad lorg. Is mór an rannsachadh
a rinn sinn mu'n d'fhuair sinn na tha 's an leabhar so
dhiubh.   Tha e glé iongantach nach do sgriobh e fhéin
iad uile, ach tha e coltach nach robh e dìreach ach a' cur
seachad na tìde 'n a thinneas le 'bhi cur ri chéile nan òran
so.   Tha fhios na'm biodh beachd aige an clò-bhualadh,
gu'n robh e air an sgriobhadh uile.   Na chaidh a sgriobh-
adh dhiubh, chailleadh cuid aca, ach tha leth-bhreac de
chuid eile ri 'faotainn aig duine no dhà am Bearnaraidh
fhathast.   Chuir e ri 'cheile mu'n cuairt air ceithear cheud
deug sreath-sgriobhaidh agus tha sinn toilichte gu'm bheil
a' chuid as mò de sin 's a' chomh-chruinneachadh so.   Ged
a bha sinn cho eagnuidh 's a b'urrainn sinn ann a bhi
fiachainn ri ceartas a thoirt d' a bhàrdachd, cha'n urrainn
sinn dearbhadh sam bith a thoirt gu'm bheil i air a' cur
sios mar a rinn esan i, oir 'n uair a ruitheas bàrdachd sam
bith bho bheul gu beul, bithidh e dualach gu leòr gu'n
lean faclan fuadain rithe, agus gu'm bi tulg no dhà innte
mar shuaicheantas an allabain a rinn i.   Cearbach 's mar
dh' fhaodas cuid dhith a' bhi 's an dòigh so, tha sinn

toilichte gu'm bheil i cruinn agus cha chuireadh Leodhas no
àite eile droch fheum air gu'n éireadh bàrd eile air an
tuiteadh falluinn Iain Phàdruig a bha 'n Iarshiadar.

SPIORAD A' CHARTHANNAIS.

GLEUS G.—*Gu mall tiamhaidh.*

{ :s₁ | d :—. t₁ | l₁ :—. s₁ | d :—s₁ | s₁ : m | s :—. s | l :—.s | d : }

{ :d | r :—. d | l₁ :—. s₁ | d :—.l₁ | s₁ :—. f | m :—.m | r :—.d | r : }

{ :d | r :—. m | l :—. s | s :—.m | d :—.s | s : f.m | f :—. l | s : }

{ :s | m :—.r | d :—.l₁ | d :—.l₁ | s₁ : f | m : r.d | l₁:—.t₁ | d : ||

O Spioraid shoilleir shàir-mhaisich,
A Spioraid ghràsmhoir chaoin,
Tha 'riaghladh anns an àros sin,
Tha uile làn de ghaol.
Na'n gabhamaid gu càirdeil riut
'G ad fhàilteachadh gu caomh ;
'S e sud a bheireadh àrdachadh,
Do nàdur chloinn nan daoin'.

Na'm b' eòl dhuinn thu 'n ad mhaisealachd,
'S na' m b' aithne dhuinn do luach,
'S e sud a bheireadh inntinn dhuinn,
Os cionn an t-saoghail thruaigh.
Gur sona iad 'fhuair eòlas ort,
'S le 'n còmhnuich thu gu buan,
'S ann tromhad 'tha na sòlasan,
Tha 'n tìr na Glòire shuas.

IAIN MAC A' GHOBHAINN.

'S tu phàirticheadh gu h-éifeachdach,
Ruinn gné nam flaitheis àird.
An àite greann na h-eucorach,
Bhiodh maise 's sgéimh nan gràs.
'S tu sheargadh gné na truaillidheachd,
'S a' nuadhaicheadh ar càil.
'S tu thogadh chum nan nèamhan sinn,
Le tarruing thréin do ghràidh.

O Spioraid chaoimh nan gràsalachd!
Na'm biodh tu 'tàmh 'n ar còir,
'S tu dh' fhuasgladh oirnn 's a shlànuicheadh,
An dream tha 'cnàmh le leòn.
'S tu thogadh cridh' nam bantraichean,
Gu seinn le aiteas mór ;
'S nach fàgadh gu neo-chaoimhneil iad,
An gainntir dorch a' bhròin.

'S tu mhùchadh teine 'n nàmhaideis,
'S an t-sùil as gràinde colg.
'S tu réiticheadh 's a chiùinicheadh,
A' mhala bhrùideil dhorch.
'S tu thogadh neul na h-aingidheachd,
Bharr gnùis nan ain-tighearn' bhorb ;
'S a' bheireadh gionach saibhreis uath',
'S gach aimhleas 'tha nan lorg.

'S tu bheireadh beachdan fìrinneach,
Do'n t-sluagh mu rìoghachd nèimh.
'S tu bheireadh soisgeul fìorghlan dhuinn,
Mar dh' innseadh e bho chéin.
'S nach fàgadh tu air luasgadh sinn,
Le foirmean truagh nam breug ;
A dhealbhadh gu h-eas-innleachdach,
Tre mhì-run luchd nan creud.

Na'n tigeadh saoghal dò-bheartach,
Gu eòlas glan ort féin ;
'S e sud a dheanadh sòlasach,
Na slòigh 'tha ann gu léir.
'N sin sguireadh foill 'us fòirneart ann,
'Us sguireadh còmhstrith gheur.
Bhiodh mealltaireachd air fògradh ás,
'Us theicheadh neòil nam breug.

Ach 's eagal leam gu'n d' thréig thu sinn,
'S do nèamh gu'n d' theich thu suas.
Tha daoin' air fàs cho eucorach,
'S do ghné-sa fada uath',
Tha seiche ghreannach féinealachd,
'G an eudachadh mu'n cuairt.
Cha'n eòl dhomh aon ni 'reubas e,
Ach saighead Dhé nan sluagh.

Ah ! 'shaoghail 's fhada tuathal thu,
O'n uair sin anns na thréig
Do charthannas 'us d' uaisleachd thu,
'S a ghabh thu Fuath 'us Breug.
Mar inneal-ciùil neo-cheòlmhor dhuit,
Gun teud an òrdugh réidh.
Cha seinn thu pong le òrdalachd,
'S cha deòin leat dol air ghleus.

Gu'n claoidhear am fear suairce leat,
Trath bhuàdhaicheas fear olc.
Gu 'n slìobar am fear suaimhneach leat,
'S gu'm buailear am fear gort'.
Gur fial ri fear an stòrais thu,
'S gur dòit' thu ris a' bhochd.
Gur blàth ri fear a' chòmhdaich thu,
'S gur reòt' thu ris an nochdt'.

IAIN MAC A' GHOBHAINN.

Cha 'n 'eil aon ni dhuit nàdurrach,
Ri 'n canar àgh air nèamh.
Cha'n fhaighear gnìomh gu bràth agad,
Ri' n can an t-Ard-Righ feum.
Ach 's leat na h-uile diomhanas,
'S a' phian 'tha teachd 'n an déidh.
Do dhòruinnean 's do ghàbhaidhean,
Cha tàrr mi 'chur an céill.

Gur leat-sa neart nan ain-tighearnan,
'Us géimhlichean nan tràill.
Gur leat guth treun nan ain-neartach,
'S guth fann an fhir 'tha 'n sàs.
Gur leat-sa spìd 'us uamharrachd,
An t-sluaigh 'tha 'n ionad àrd ;
'S a mheasas cho mi-fhiùghail sinn,
Ri sgùileach air an tràigh.

Gur leat am batal déistinneach,
Le toirm a reubas cluas.
Tha glaodh a' bhàis 's na péine ann,
Gu nèamh ag éirigh suas.
'N uair théid na prionnsan fòirneartach,
Dha'n spòrs' an cogadh cruaidh ;
A' chosnadh saibhreis eucoraich,
'An éiric fuil an t-sluaigh.

Gur leat an togradh aimhleasach,
'S na miannan teinnteach caothaich ;
A bheir bhàrr slighe na còrach sinn,
Air seachran gòrach claon.
A dhùisgeas gaol na truaillidheachd,
'Us fuath do nithean naomh ;
A neartaicheas 's a luathaicheas,
An truaighean air clann dhaoin'.

Gur leat an creideamh buaireasach,
A dhùisgeas gruaim 'us greann ;
An creideamh nach dean suairce sinn,
'S nach dean ar 'n uamhar fann.
An creideamh th' aig na diadhairean,
Le 'miann a' chòmhstrith theann.
'N an laimh-san dh' fhàs a' Chriosdalachd,
Mar bhiasd nan iomadh ceann.

An searmonaiche prèisgeil ud,
'S ann dh' éigheas e le sgairt ;
Gur mallaicht' sinn mur éisdear leinn,
R' a chreud-san an té cheart
An àite 'bhi sìor-éigheach ruinn,
Mu'r dleasnas féin 's gach beart,
A dheanamh daoine céillidh dhinn.
An làthair Dhé nam feart.

An Criosduidh dubhach gruamach ud,
A chnuasaicheas gu dian ;
A chuireas aghaidh chràbhach air,
Mar fhàidh ann an nial :
'S e 'deanamh casgairt uamhasaich,
Air uamharrachd 'n a chliabh,
Cha 'n aithnichear air 'n a dhéiliginn,
Gu 'n d' ghéill Apoleon riamh.

An duine caomh a dh' éireas suas,
Gu nèamh air sgiath a' ghràidh ;
Cha deasbair dian mu chreudan e,
'S cha bhi e beumadh chàich.
Cha 'n Easbuigeach 's cha Chléireach e,
Cha Ghreugach e 's cha Phàp ;
Ach fear a' chridhe dhaonntachail,
'S am faighear gaol a' tàmh.

O 'Charthannais ! gur h-àluinn thu,
A ghràis as àirde luach !
Ach 's lìonmhor nach toir àite dhuit,
Gu bràth 'n an cridhe cruaidh.
Na'n deònaicheadh a' cheòlraidh dhomh,
Mo chomas beòil car uair ;
Gu'n innsinn pàirt de ghnìomharan,
Nam biasd thug dhuit-sa fuath.

Cha robh do ghné-sa 'n Domhnull bochd,*
Am fear bu rògaich goill,
Bha 'n dùil gu'm biodh gach Leodhasach,
Air fhògaradh do 'n choill.
Ach phàigh e pàirt de dhò-bheartan,
'Us gheibh e'n còrr a thoill.
Gu'n aithnich e gu dòruinneach,
Gur fearr a chòir na'n fhoill.

Cha robh do ghné-sa riaghladh.
Ann am broilleach iaruinn cruaidh,
Nam bàillidhean 's nan tighearnan,
'Chuir sios an tìr mu thuath.
Bu charthannach na fàrdaichean,
'Bha seasgair blàth innt' uair :
'S tha tìr nan daoine còire 'n diugh,
'N a fàsach dòbhaidh truagh.

Gu'n chuir iad fo na naosgaichean,
An tìr a b' aoidheil sluagh,
Gu'n bhuin iad cho neo-dhaonntachail,
Ri daoine 'bha cho suairc'.
A chionn nach faoidte 'm bàthadh,
Chaidh an sgànradh thar a' chuain ;
Bu mhìosa na bruid Bhabiloin,
An càradh sin a fhuair.

* Domhnull Macanrothaich, seumarlan Leodhais.

IAIN MAC A' GHOBHAINN.

Gu'n mheas iad mar gu'm shnàthainn iad,
Na còrdan graidh 'bha teann,
A' ceangal cridh' nan àrmunn ud,
Ri dùthaich àrd nam beann.
Gu'n d' thug am bròn am bàs orra,
'N déidh cràbhaidh nach bu ghann ;
'S an saoghal fuar 'g an sàrachadh,
Gun ionad blàth dhoibh ann.

Am bheil neach beò 's an linn so,
Leis an cuimhn' an latha garbh,
'S na chuireadh an cath uamhunn—
Uaterloo nan cluaintean dearg.
Bu tapaidh buaidh nan Gàidheal ann,
'N uair dh' éirich iad fuidh 'n airm ;
Ri aghaidh colg nan treun-fheara,
Gu'n ghéill ar naimhdean garg.

Dé'n sòlas a fhuair athraichean,
Nan gaisgeach thug a bhuaidh ;
Chaidh tighean blàth a' charthannais,
'N am baidealaich mu' n cluais
Bha 'macaibh anns an àraich,
'S iad a' tearnadh tìr gun truas.
Bu chianail staid am màthraichean,
'S am fàrdaichean 'n an gual.

Bha Breatunn 'deanamh gàirdeachais,
Bha iad-san 'deanamh caoidh.
Cha robh an tìr an àraich ac',
Na dheanadh sgàth bho' n ghaoith,
Gach fuiltean liath 'us luaisgean air,
Le osag fhuar a' ghlinn ;
Na deuraibh air an gruaidhean,
'S an fhuar-dhealt air an cinn.

A Bhreatuinn ! tha e nàrach dhuit,
Ma dh' àirmhear ann do sgeul,
Gu'n bhuin thu cho mi-nàdurrach,
Ri d' fhior-shliochd àluinn féin.
An tìr bha aig na gaisgeich ud,
A theasairg thu 'n ad fheum,
A thionndadh gu blàr-spòrsa,
Do na stroidhealaich gun bheus.

Nach dìblidh cliù ar mór-uaislean,
Na fir as neònaich méinn,
Carson a tha iad mór-chùiseach,
'S iàd beò air spòrs' gun chéill ?
Na'n còmhdaicheadh na ruadh-chearcan,
Le'm buachar uachdar sléibh,
'S e sud a b' fhearr a chòrdadh riu',
Na sràidean òir air nèamh.

O criothnaich 'measg do shòlasan.
Fhir fhòirneirt làidir chruaidh !
Dé'm bàs na'm pian a dhòirtear ort,
Air son do leòn air sluagh.
'S e osnaich bhròin nam bantraichean,
'Tha séid do shaoibhreis suas.
Gach cupan fiona 'dh' òlas tu,
'S e deòir nan ainnis thruagh.

Ged thachradh oighreachd mhór agad,
'S ged ghéill na sloigh fo d' smachd ;
Tha 'm bàs 'us laghan geur aige,
'S gu feum thu géill d' a reachd.
Sud uachdaran a dh' òrduicheas,
Co-ionnan còir gach neach ;
'S mar oighreachd bheir e léine dhuit,
'S dà cheum de thalamh glas.

IAIN MAC A' GHOBHAINN.

'S e sud as deireadh suarach dhuit,
Thus', fhir an uamhair mhóir,
Le d' shumanan 's le d' bhàirlinnean,
A' cumail chàich fo bhròn.
'N uair gheibh thu'n oighreachd shàmhach u
Bithidh d' àrdan beag gu leòir.
Cha chluinnear trod a' bhàillidh ann
'S cha chuir maor grànd' air ròig.

'N sin molaidh a' chruimh shnàigeach thu,
Cho tàirceach 's a bhitheas d' fheoil ;
'N uair gheibh i air do chàradh thu,
Gu sàmhach air a bòrd.
Their i, " 'S e fear miath 'tha 'n so,
Tha math do bhiasd nan còs,
Bho'n rinn e caol na ciadan,
Gus e féin a bhiathadh dhomh-s'."

⊗ ⊗ ⊗

OIDHCHE NA BLIADHN' UIRE.

Fonn—Gu ma slàn do 'n chomunn chiùin,
    A thachair cruinn aig àm bliadhn' ùir'.
    Gu ma slàn do 'n chomunn chiùin,
    A thog as ùr dhuinn fasan còir.

Fleasgaich a bha fialaidh fiùghail,
Leis nach b' fhiach aig tùs bliadhn' ùire,
Bhi a' siomanaich 's an t-sùithe,
'S iad gun ghuth air sùnnt no ceòl.

Dh' innsinn féin mu chliù nan gruagach,
Bha iad siòbhalt', banail, suairce,
Cha 'n aithne dhomh có bheireadh buaidh orr',
Air taobh tuath na Roinn-Eorp'.

Gruagaichean le cliù ro fhallain,
'S e 'n fhìor shlaightear thogadh all' orr'.
Béil le milis cup an sgannail,
Siubhlaibh seachad air an t-seors'.

Saoilidh foirmealaich a' chràbhaidh,
Gur h-e sprochd 'us bròn as fhearr dhuinn.
Gur h-e gaoth nan osnan làidir,
Soirbheas fàbharach gu Glòir.

Mhill an dòigh ud iad gu buileach,
Dh' fhàg e'n inntinn mar chloich-mhuilinn,
'S ged thigeadh bliadhn' ùr 'us Nullaig,
Cha tog sud orr' suigeart còir.

Guidheam féin do' n chomunn shuairce,
Saoghal fada 's sonas suaimhneach.
'S ruthadh slàinte 'bhi 'n an gruaidhean,
Gu'm bi 'n gruag cho geal ri clòidh.

Bliadhna 's bliadhna 'bhi dol seachad,
Gun aon smuairean air na fearaibh;
'S ma thig cùisean cruaidh 'n ar caraibh,
Righ nam Feart bheir dhuinn ar còir.

❋ ❋ ❋

AM BROSNUCHADH.

AIR FONN :—" Eilean an Fhraoich."

A chlanna nan Gàidheal,
'Bha treun anns gach beairt,
Nach facas a' géilleadh,
'S an t-streup ri uchd faachd;

Ciod uime nach gléidh sibh,
An treubhantas 'chleachd ;
'N uair chi sibh an eucoir,
Ag éirigh le neart ?

Nach cum sibh gu daingeann,
An sealladh 'ur sùl,
Gu'm bheil sibh 'n ar cinnich,
Ro mheasail an cliù ;
Bha subhailcean gràsmhor,
'N ar nàdur bho thùs,
Bha 'n onair 's an càirdeas,
A' fàs ruibh cho dlùth.

Rinn eascairdean treubhach,
Bhur feuchainn gu cruaidh ;
Ach phill sibh gu léir iad,
'S cha d' ghéill 's cha do ghluais :
Cho duilich 'ur crathadh,
Ri carraig 's a' chuan,
A chumas buan charraid,
Ri slachdraich nan stuadh.

Bu chinneach mór ainmeil,
'S an aimsir bho chéin,
Na Romanaich chalma,
Le' n armailtean gleust' :
An cinneach 'thug buaidh,
Air gach sluagh 'bha fo'n ghréin,
'S a cheannsaich an saoghal,
Le faobhar lann geur.

Ach thachair riu tìr,
Anns na dhiobair an lùths.
Cha deanadh na legionan,
Treun aca 'chùis :

'S ann ghlaodh iad ri Iobh,
E 'g am fòir air an cùl,
'S na Gàidheil 'g an ruagadh,
'S bu ghruamach an gnùis.

Treun righrean a' chuain,
'N uair ghluais iad a nall,
A Lochlunn nam fuar-choill,
Le sluagh nach bu ghann ;
Le luingeas cheann dràgoin,
A' ràcadh nan tonn,
'Cur geilt air gach dùthaich,
Le mùiseag nan lann.

Na h-ùmbaidhean mór ud,
Nach sòradh am mort,
Nach iarradh de 'shòlas,
Ach còmhrag 'us fuil ;
'N uair choinnich fir Alb' iad,
'S a' gharbh-chath le stuirt,
A dh-aindeoin a mórachd,
'S ann 'phòg iad an dusd.

Fhuair Sasunn 's an àrach,
Lot cràiteach gu leòr,
'N uair dh' fheuch iad làmh-làidir,
A ghnàthachadh oirnn'.
Rinn cath Allt-a'-Bhonnaich,
An gonadh cho mór,
'S nach tàghladh iad Alba,
Gun bhalla-chrith 'n am feòil.

Bho'n dh' iòbraich na laoich ud,
Dhuinn saorsa cho mór,
Bha sinne ro fhaoin,
'N uair a chaochail sinn dòigh.

Cha b' ann airson mhang,
Agus sgall air an tòin,
A dhòirt an fhuil chraobhach,
'S a thaoisg i na lòin.

An cumhachd 'us an sluagh,
A b' àird uaill 's an Roinn-Eòrp;
'N uair 'bhuaileadh na faobhair,
Cha d' fhaod iad 'bhi beò.
'S ann thuit iad 'us dh' aom iad,
'Us sgaoil iad mar cheò.
Cha ghabhadh e àireamh,
Na bhàsaich dhe 'n slòigh.

O! mallaichibh 's luathaichibh,
'N uair anns na liùg,
Na Gàidheil 'bu chruaidhe,
Do shluagh 'bha gun diù;
'N uair thainig am " Factor,"
Am bracsaidh 's an cù,
A thogail an àite,
'Bh' aig àrmuinn mo rùin.

Nach amaideach cianail,
An rian 'us an dòigh,
Leis na mhill ar luchd-riaghlaidh,
Tìr chiatach nan seòid.
Na h-ùmbaidhean diomhain,
'G a h-iarraidh gu spòrs;
'S a' pùnndadh an t-sluaigh,
Le lagh cruaidh ann an crò.

B'e laghan na truaighe,
'S b'e 'n uachdranachd dhall,
A cheapadh an sluagh,
Airson ruadh-bhoc 'us mhang;

A' mhuinntir a dhealbh,
An lagh cearbach a bh'ann,
Gu cinnteach 's ann meirgeach,
Bha 'n eanchuinn 'n an ceann.

Có dh' fhògradh air falbh sinn,
Do gharbh-thalamh céin,
'S ar dùthaich gun àiteach
'N a fàsach aig féidh ?
Dé 'chuireadh na suinn,
As na glinn aca féin,
Gus an còmhdaich iad Alba
Le arbhar 's le feur ?

Tha'n Sasunnach dòbhaidh,
Gu gòrach an dùil,
Gu'n striochd sinn d' a mhórachd,
'S gur còir dhuinn 'bhi diùid.
Gu'm fuireadh an Gàidheal,
Dha féin ann an cùil ;
B'e sud a' bhi cròthadh
Na leòmhainn le cù.

Tha guin a tha iargalt,
Aig tighearnan dhuinn,
Cha lùigeadh iad lionmhor,
Ar n-iarmad a chaoidh,
'S e bochdainn an àite,
Cho àrd 's a tha 'n cinn ;
Mar dhroighinn a' mùchadh,
Bàrr sùghmhor an fhuinn.

Na'm faighinn air m' òrdugh,
'S ann 'sheòladh iad luath,
Gu rioghachd an athar,
'S tha 'chathair glé bhuan :

Cha tigeadh an geamhradh,
Le greann orr' bho thuath,
'S cha'n fhuilingeadh iad clàbhadh,
Gu bràth ann le fuachd.

⊞ ⊞ ⊞

ORAN AN T-SEANA-GHILLE.

A fhleasgaich gun chéill gur beag a tha dh' fhios agad,
Fhleasgaich gun chéill nach tuigeadh tu chòir,
Mur h-aithne dhuit fhéin e, innsidh mise dhuit,
Liuthad rud ceanalta dheanadh bean òg.

Ged bhiodh tu brònach 'n àm tighinn dhachaidh dhuit,
Thilgeadh bean òg dhiot eallach a' bhròin :
'S ged rachadh an saoghal truimeach air h-earrach ort,
Gheibheadh tu cadal an achlais mnà òig.

Dheanadh i càrdadh, dheanadh i callanas.
Dh' fhuineadh i aran 'us bhleoghnadh i bó.
Dheanadh i eibhinn 'n àm dol a chadal thu
'S iomadh rud beannaicht' bhiodh agaibh gu lò.

Chuireadh i teaghlach briagha mu'n teine dhuit,
'S b' éibhinn an sealladh am faicinn mu 'n bhòrd ;
Oganaich fhior-ghlan sior dhol am fearachas,
Maighdeannan beadarrach, leadanach òg.

Ged bhiodh fear-pòsda greis air an allaban,
'N uair thig e dhachaidh bi'dh 'aitreabh air dòigh ;
Ach 's ann tha mo thruas ri fàrdach an t-seana-ghille,
Bi'dh i gun teine gun duine 'n a còir.

LAOIDH AN DOCHAIS.

A DHUINE! tha beò le saothair gheur,
'S tu gearan péin an còmhnuidh ;
G'e doirbh do staid cha chreid mi'n sgeul,
Gu'n d' rugadh dh' ionnsuidh bròin thu.
Ged tha thu dh' oidhch' 's a latha fo chual,
A' gleac 's a' spàirn ri saoghal cruaidh,
Tog do shùil 'us amhairc suas.
          Seinnibh laoidh an dòchais.

Tha daoin' air bhoil' mu ni gun stàth,
'S an ni as feàrr gun tòir air.
A' saothair chum 'n uair gheibh iad bàs,
Gu'm fàg iad càrn de stòras.
Ach ged tha Mamon mór an tràth s',
'S a' chathair rìoghail dhaingeinn àird,
Riaghlaidh fathast Dia as feàrr.
          Seinnibh laoidh an dòchais.

Ged chi thu 'n daoi an ionad àrd,
'S an sàr a' fulang fòirneirt ;
An duine glic a' fulang tàir,
Bho' n neach tha àrd am mórachd.
Ged chi thu 'n t-ùmbaidh àrd an glòir,
A' deanamh tàir air daoine còir,
Tuitidh e 's bithidh 'thuiteam mór.
          Seinnibh laoidh an dòchais.

Ged thuit am mallachd oirnn glé thràth,
A thug gach àgh dhinn còmhla,
G'e treun an t-olc gur tréine 'n gràdh,
A rinn bho'n àirde fòir oirnn.
Ged shearg blàth Edein sìos gu làr,
'S ged rinn an dris 's an droigheann fàs,
Tha meanglan Iese 'chaoidh fo bhlàth.
          Seinnibh laoidh an dòchais.

An teisteas buan ar beatha féin,
Gur tric a dh' iadhas ceò oirnn,
Cha'n fhaic sinn ceart le neòil nam breug,
An reult le'n dean sinn seòladh.
Ach anns an dùbhlachd chitear leus,
O'n Reult as dealraich na gach reult,
A las am Betlehem bho chéin.
       Seinnibh laoidh an dòchais.

Gu'm feum sinn siubhal luath no mall,
Gu tìr mu'n gann ar n-eòlas ;
'S na neòil as tighe gruaim 'us greann,
A' folach ceann an ròid oirnn.
Ach ged tha 'n dorus doilleir dall,
Bithidh e fosgailt' romhainn thall.
'S e dorus Tìr-na-Glòire th' ann.
       Seinnibh laoidh an dòchais.

Tha soills' air cùl nan neulaibh tiugh',
Ged tha iad dubh 'us dòbhaidh.
An sud tha 'n t-slàint' as àillidh cruth,
'Us seinnidh guth an t-sòlais.
Ged a ghluaist' an cruinne-cé,
Tha dachaidh shuaimhneach agam féin,
Fada shuas os cionn nan reult.
       Seinnibh laoidh an dòchais.

⊞ ⊞ ⊞

MOLADH A' " PHULLAIDH."

'S ann agam bha'n gaisgeach ro threun,
A dh' imich an dé do'n dròbh,
Cha ghabhadh e gealtachd leis féin,
'G an leagadh nan ceud mu'n bhòrd,

'N uair dh' fhairicheadh iad cudthrom a laimh
Mar bhuile gu teann bho' n òrd,
'N uair dh' éireadh iad suas, air gach taobh,
Bhiodh gaisgeach mo rùin 'n an tòir.

Mar onair 's mar chliù air do bhuaidh,
Bha crios ort mu'n cuairt de'n òr,
Ged thig iad a nall thar a' chuain,
Cha toir iad e uat le còir.
Tha t-iomradh air sgaoileadh 's gach taobh,
Do d' fhin' thug thu cliù gu leòr,
'S a' mhuinntir a chleachd 'bhi ri uaill,
Cha toir iad orr' luaidh na's mò.

Air leathad beinn Ailma dol suas,
Bu tu misneach an t-sluaigh anns a' chàs,
Fir Shasuinn cha sheasadh 's an uair,
'S ann dh' fhalbh iad gu luath bho 'n àr,
Air " Highland Brigade " bu tu'n ceann,
'S tu gaisgeach a shanntaicheadh iad,
Le claidheamh chinn òir 'u a do laimh,
'S tu frasadh nan ceann gu blàr.

A Chaluim cha b' fhiach thu na fhuair thu,
'S e fanoid an t-sluaigh a bha ann,
'S ann air Morsgail a thogadh tu suas,
Le stapag 'us fuarag ghann.
'N uair thigeadh do nàmhaid dhuit dlùth,
'S tu 'g amharc 'n a ghnùis le greann,
Cha b' fhiach an gaisgeach na'n cù,
'S cha deanadh e tùrn 's an àm.

⊞ ⊞ ⊟

NA H-EILEANAICH.

AIR FONN :—" *Hò ro Eileanaich ho gù.*"

C' uim' am maslaicht' sliochd nam biasd,
Sliochd nan treun a bh' ann fo chian,
Fàth mo bhròin, an tìr an Iar,
Bhi'n diugh gun triath gun cheannard.

C' uim' am faicte aon do'n treubh,
'Thainig bho na gaisgeich thréin,
'N diugh gun sgoinn gun rian gun ghleus,
Fo chìs aig beusdaibh sànntach.

Fo chìs aig ruidhtcirean neo-chaomh,
Their gur h-ann leo féin tha'n saogh'l ;
'N anam ann an tòir circ-fhraoich,
'Us daoine leò 'n an anntlachd.

C' àit' 'eil treubhantas Chloinn-Leoid,
Fir do'm biodh an cath 'n a spòrs.
Cinneach nam fear meanmnach mór,
A leanadh tòir a naimhdean.

Domhnullach—cinneadh an àigh,
Thainig bho shliochd nan ciad blàr.
Bu chuimhne leo ar n' eilean là,
Nach faigheadh nàmhaid teann air.

Tha beithir anns an neul 'n a suain,
Ach thuiteadh i gu grad a nuas,
Mur buineadh dhuinne féin a' bhuaidh
Air uamhar luchd an ain-neirt.

Mur biodh comas againn féin,
Thuiteadh gath loisgeach nan speur,
Ma's biodh muinntir tìr nam beus,
Aig sluagh nam beud fo ain-neart.

Glacaibh airm an reusain chaoin,
'S cùis-eagail do luchd eucoir chlaoin ;
B' fhearr dhuibh sùd na claidheamh laoich,
Ged dh' éireadh Domhnull Cam leis.

OIDHCHE SHUIRIDHE.

Domhnull agus Tormod,
Bu chalma na fir gu astar.
Chunnacas anns an anamoch
A' sealg iad air cùl a' bhaile.
Sheachain iad na ròidean,
'S e mhòinteach a ghabh na balaich,
Bho nach 'eil 's an t-suiridhe,
Ach iomaguin 'us obair fhalaich.

Linneachan a' beucail,
'S mi leum annta mach gu m' amhaich,
'S cha 'n 'eil càs bho 'n ghréin,
Nach feuchainn 's mi dol gu m' leannan.
Fiach am faigh thu nuas dhomh,
A' ghruagach air am bheil Anna.
So an turus thug a nall mi,
Thar bheanntan a dh' iarraidh leannain.

Chuireadh fios os iosal,
A dh' iarraidh oirr' tighinn le cabhaig,
Agus fleasgach fìnealt',
An tì air a dhol 'n a caraibh,

Sin 'n uair thuirt Noah ;
'S e 'n t-òlach tha'n Domhnull Chailein,
Ged tha dheud cho bearnach,
Ri gàradh air am biodh cannon.

Thug e mach air sgòrnan,
A pòcaid a bha 'n a achlais,
Botul dubh de' n Toiseachd,
'Us thòisich e 'riaghladh drama,
Chuala sinn mu thàillear,
Bha tàmh air taobh thall na h-abhuinn,
'S ionmhuinn leat an t-snàthad
'S mo bhàta-sa leigeadh seachad.

Tha mo bhàt' air chuantan,
'S gur h-uallach i 'tighinn gu cala,
Saoil am pòs thu tàillear,
Ged chàireadh e briogais lachdunn,
Tàillear dh' fhuaigheas bréidean,
'S a' reubas am breacan ballach,
Ged tha cheairrd sin feumail,
'S e 's treubhaiche fear na mara.

Ach ma's e siosar meirgeach,
Is ionmhuinn leat-sa na' m barca,
'S e turus gun bhuannachd,
A ghluais mi cho fad air astar,
Fhreagair Anna 'n uair sin,
" An cuala sibh mar a thachair,
Gu'n d' rinn fear eile suas rium,
Is cruaidh shnaim a chur mu m' amhaich."

GAISGEACH MOR NA FEINNE.

'S e gaisgeach mór na Feinne bh' ann,
Gu'n d' thainig àm dhuinn luaidh thoirt air.
Air flùr nan gaisgeach thug e bàrr,
'S cha deanadh d' àrmunn buaidh thoirt air.
Choisinn sud dhuit gean 'us gràdh,
'S gach àite rinn thu chuartachadh,
Gu'n d' thug e onair dhuit gu leòr,
Cha b' ann gun chòir a fhuair thu sin.

Bu sgiobair calm thu 'n stoirm fo sheòl,
Bu mhath gu seòladh chuantan thu,
B' eòlach thu air Bàgh Ceylon,
'S Ceap an Dòchais chuartaich thu.
'N uair bha thu 'n cuan nan Innsean thall,
Gu'n dhearbh thu dhoibh do chruadal ann.
Thug thu fo chìs gach aon ni 'bh' ann,
'S le neart do laimhe bhuadhaich thu.

Bha Neptune, ceannard àrd a' chuain,
A' togail stuadh mar shléibhtibh ann,
'S Eolas, righ nan doinnean gharbh,
Chaidh builg na stoirm a shùghadh leis.
Le osag thréin 'us onfhadh thonn,
Gach seòl bho'n chrann do reubadh leis,
Ach mhionnaich thu nach gabhadh tàmh,
Fhad 's a bhiodh clàr r' a chéile dhith.

'S e do mhisneach thréin 'thug buaidh,
'S a ghléidh an uair a' ghàbhaidh thu.
O mhìle cunnart 's gàbhadh cuain,
'S an fhairge bhuan thug sàbhailt' thu.
Ach mhaslaich thu gach ionnsaidh chruaidh,
Thug dia a' chuain le 'àrdan ort.
'S Eolas phill le rudhadh gruaidh,
Bho'n bhuadhaich duine bàsmhor air.

Ge fada fuaim do chuantan thall,
An cabhlach Frangach dh' fhuadaich thu.
Le smùid do ghunna-mór mu'n ceann,
'S tu dh' fhàgadh fann fo uamhunn iad.
'N uair théid thu mach le d' chabhlach ghleust'
'S tu 'n àrmunn treun 'g an cuartachadh.
Gu'n sgaoil thu mach do bhratach àrd,
'S cha dean do nàmhaid buaidh thoirt ort.

Do sgil 's do thùr air stiuireadh airm,
An garbh-chath cha dean diobairt ort.
Leag thu na Ruiseanaich gu làr,
'S an àraich rinn iad striochdadh dhuit.
Le gunna 's claidheamh geur 'thug buaidh,
Air raontaibh cruaidh nan Innseachan ;
'S uamhar Shìna thug dhuit géill,
'S Neptune féin gu'n chìosnaich thu.

Leag thu na Ruiseanaich gu làr,
Le faobhar stàilinn reub thu iad ;
Air raointean fuilteach Bhalaclàbha,
Sud an t-àit' na ghéill iad dhuit.
'N uair rinn thu tional dlùth mu'n cuairt orr',
Bhuail thu le tur leir-sgrios iad ;
'S 'n uair ghlac thu ceannas air an t-sluagh,
Bu treun bha buaidh nan Gàidheal ann.

Tha Pharlamaid uil' ort an geall,
Gu àrd-thighearnas an t-sluaigh 'thoirt dhuit.
Na Frangaich ghabh iad eagal mór,
'Us sguir am bòsd 'n uair chual' iad sud,
'N uair théid Bhictoria air chùl,
Sin oighre chrùin bu dìbireach,
Air cathair Bhreatuinn mhóir an t-sluaigh,
Gu'n téid thu suas 'n ad Iompaire.

❋ ❋ ❋

COINNEACH ODHAR.

Bha'n sgeul so air aithris 'n ar tìr,
'N uair bha sìthich anns gach tom,
Glaisrig anns gach gleannan fàs,
'S maighdean mhar' air bàrr gach tonn.

Sgeul bh' air aithris agus seanachas,
Nuas bho chian nan aimsir bhuan,
Mar a shoillsicheadh air tùs,
Fàidh cliuiteach an Taobh-Tuath.

'S ann an Uig nam fuar bheann àrd,
Tha'n tràigh bhàn as gile snuadh:
Eadar machair nan ùir bhlàth,
Agus bàrcadh trom a' chuain.

Sgaoilte 'n a clàir fharsuinn réidh,
Tha ghainneamh as gile dreach;
Air gach ceann dhith sruthan fuar,
'S air a h-uachdar cluaintibh glas.

B' eagal le daoinibh o chian,
Imeachd oirr' mu chiar nan tràth
Air son leus de sholus loinnreach,
Chiteadh boillsgeadh air a' bhàgh.

Chit' e lasrach, chit' e mall,
Null 's a nall air feadh a' bhàigh;
Uair air chrith air bharr nan tonn,
'S uair air gainneamh lom 'n a thàmh.

Theicheadh fear siubhail an anmoich,
Le luathas earb a mach do'n t-sliabh,
Bhiodh na bodaich uime 'seanachas,
'S bhiodh na cailleachan 'gabhail fiamh.

Ach cha robh geilt air Coinneach Og,
Roimh fhuath, roimh bhòcan, no roimh thaibhs'
Shiubhladh e 'n oidhche leis féin,
Ged nach faicteadh reult no soills'.

An oidhche bu duibhe gruaim
Shiubhladh e gun luaisgean crìdh':
'S e theireadh cuid de shluagh an àit,'
Gu'n d'fhuair e fàbhar nam ban sìth'

Oidhche dha 's e air an tràigh,
Mu'n d' eirich an la 's an ear,
Nochd an nì roimh 'n teicheadh càch,
Solus dealrach 'tigh'nn bho'n lear,

Chaill an solus pàirt de las,
Tigh'nn a steach gu beul nan stuadh :
Dh' fhàs e air dhreach nam fir-chlis.
Chithear tric 's an àirde tuath.

Solus leathann fann-gheal mór,
Chomhdaich e mu ròd de'n tràigh,
'Us sheas e an sin 'n a chuairteig,
Mar bhuaile mu ghealaich làin.

Anns a' chrò bu shoilleir gàradh
Bha tùr àluinn seasamh suas,
Air dhreach bogha-frois nan àrda,
'N uair as dealraich bhios a shnuadh.

Cha d'mhair an tùr-soluis fada,
Ged bu shealladh e bha àillt' ;
Dh' iompaich e gu cruth na's bòidhche,
'S sheas e mar òigh air an tràigh.

Thainig Coinneach dlùth gu stòlda,
Dh' fhaicinn òigh bu bhòidhche dreach,

Ged b'aithne dha math gu leòir,
Nach b'e fuil no feòil a pears'.

" Dé do sgeul á tìr nan sgleò ? "
Arsa Coinneach Og gun fhiamh ;
" Am bheil thu'n sìth ri daoine beò,
'M bheil guth no còmhradh ann a' d'chliabh' ? "

Ged bha chridhe làidir cruaidh,
Phlosg e' n uair chual' e guth a beòil,
Oir le fuaim mar ghuth nan teud,
Labhair i gu séimh 's gu fòil.

" Thig faisg orm 's innsidh mi dhuit sgeul,
Ris nach d' eisdeadh riamh le cluais ;
Cha b'aithne do neach fo'n ghréin,
C'àit' an d'eug an Oigh mu Thuath.

Mu'n do thilg mi'n t-slige chré,
B'e Lochlunn nan treun mo thìr ;
'S mise Gràdhach nighean Shuarain,
Bha 's an àirde tuath 'n a rìgh.

'N uair bha talla fial nan còrn,
Air shaod am Mor̶bheinn nam flath,
'N uair bha Fionnghal ceann nan seòid,
A' treòrachadh a shluaigh gu cath.

Sud an linn 's an robh mi beò,
Linn nan seòid bu mhórachd airm,
Linn nan treun gun fhoill gun ghò,
Linn nan òigh bu bhòidhche dealbh.

Ach ged thogadh mi le muirn,
'S ged choisinn mi cliù nan saoi
Bha mo dhàn 'us m' fhortan cruaidh,
'G a mo ruith gu luath gu caoidh.

'S beag a shaoileadh Suaran treun,
'G am fhaicinn gu h-eibhinn mear,
Gu'm b'e aigeal dorch a' chuain,
Leabaidh phòsaidh luaidh nam fear

Bha Suaran 'n a rìgh bho chian,
Air Lochlunn nan sliabh 's nan caol,
Gheilleadh dha na slòigh le fiamh,
Oir bu triath e nach robh faoin.

Ach cha gheilleadh Struman Mór,
A bha còmhnuidh anns a' Bheirbh.
Thog e bratach ceannairc suas,
Làn de uamhar 'us de cheilg.

Las cogadh 's an tìr mu thuath,
Thug Suaran a shluagh gu blàr,
Feachd nach do chiosnaicheadh riamh,
Ach le Fionn na Féinne 'mhàin.

Chuairtich iad baile na Beirbh,
'S bha còmhrag searbh aig na laoich,
'N uair a chog iad leis na h-airm,
Bha 'tighinn dearg bho theallach Luinn.

Thachair Struman Mór le airm,
Ri Suaran nam fearg 's nan strìth.
Chuireadh an Lochlunn latha garbh,
'S thugadh Struman garg fo chìs.

Am measg nam braighdean bha Arna,
Sagart Odainn àrd nan Uall,[1]
Odainn an cruth ainmeil mór,
Do'n géilleadh na slòigh mar dhia.

Ualhalla—Nèamh nan Lochlunnach far an robh dùil aca bhi 'g òl fiona gu bràth à sligean eanchuinn an naimhdean.

Bha Arna 'n a fhiosaiche geur
O'n bha aige " Leac nam Feart,"
Clach bha iomraiteach bho chéin,
'S a bheireadh do'n leirsinn neart.

Tholl cruth Odainn féin le mheòir
Clach bhòidheach nan iomadh buadh,
A' chlach a sgaoileadh an tiugh-cheò,
Tha cuir sgleò air aimsir bhuan.

'N uair dh' iarradh neach sealladh ùr,
Chuireadh e shùil ris an toll,
'S na bliadhnachan bhiodh fada uainn,
Thigeadh iad gu luath a nall.

Thugadh Arna liath a nall,
'S a dhà làimh gu teann an glais.
Sheas e air beulaobh an rìgh,
A bha gu binn thoirt air a mach.

Bha Suaran an corruich ro mhór,
'S thug e òrdugh chur a dhìth.
" Mhuidein as cinntiche beum,
Leig an t-saighead gheur g'a chrìdh' "

Thiomaich mo chridhe le truas,
'N uair chuala mi binn cho geur,
Rinn mi cabhag gus a dhion,
Rinn mi sgiath de m' bhroilleach féin.

Sheas Muidean 's am bogha 'n a làimh,
'S cha do leig e nall an gath :
Chiteadh mór ioghnadh 'n a ghnùis,
'S thug e sùil air rìgh nan cath.

'N sin thubhairt Suaran ri Arna,
" Ghleidh Gràdhach thu gun do leòn,

Bho'n ghabh mo nighean-sa riut truas,
Teasairgear thu 'n uair so beò."

Thainig sin am fiosaich' nall,
Chrom e cheann 'us lub e 'ghlùn,
Labhair e gu briste mall,
'S na deòir mar allt a' ruith bho shùil.

" 'S mise do sheirbheiseach gu bràth,
Bho'n thug thu mi bho'n chàs so beò,
'S ge b'e nì dh' iarras do chrìdh',
Ni mi dhuit e, 'Ribhinn chòir."

" Ma fhuair mi deagh-ghean a' d' shùil,
'S gu'n luighigeadh tu orm-sa duais,
Aon iarrtus ni mi ort a chaoidh,
Thoir dhomh-sa clach ghrinn nam buadh."

" 'S truagh leam d'iarrtus," fhreagair Arna,
" Dh' iarr thu Ghràdhach gibht' a' bhròin.
An gibht' a dh' iarras tùs do là,
Bheir thugad am bàs 's tu òg."

" Cha do chreid mi'n sgeul 'n a thràth,
Bho nach b'e mo dhàn bhi buan,
'S bho'n a b'e mo chuid am bàs,
Bu diomhain dhomh tearnadh uair.

Fhuair mi chlach-sheallaidh dhomh féin,
'S mi bha aoibhneach leatha 's an àm ;
Thaisg mi suas i measg mo sheud,
Mar an leac a b'àirde luach.

Latha dhomh 's an talla 'm aonar,
Chuir mi chlach bhòidheach ri m' shùil,
Dh' fheuch an aithnichinn air mo leirsinn,
An robh a h-éifeachd mar a cliù.

Fhuair mi mach gu'm b'fhiach na chuala,
Bhi 'g a luaidh mu'm nèamhnaid ghrinn,
O'n bha buaidh orr' os cionn nàduir
'S os cionn gliocais àrd nan draoidh.

Chunnaic mi taisbeanadh neònach,
Beanntan móra 's cluaintean gorm ;
Oitir bhàn 's na tuinn 'g a bualadh,
Shaoil leam gu'n cuala mi 'n t-airm.

Dé chunnaic mi ach Magh Léinidh,
Magh air bheil mór sgeul r'a luaidh,
Far na bhuadhaich Fionn na Féinne,
'S far na ghéill mo dhream gu truagh.

Chunnaic mi sealladh mór ioghnaidh,
Chunnaic mi na Fiannaidhean garbh,
'Tional chum na tràgh'd 'n an ceudan,
Nuas bho shleibhtibh nan damh dearg.

B'fhaoin mo mhuinntir féin a' m' shealladh,
'N uair chunnaic mi dreach nan suinn,
Chaidh saighead de'n ghaol gu m'anam,
'Gabhail beachd air Diarmad Fhinn.

Thuig mi gu'm b'e sud an t-àrmunn,
Mu'n cluinninn na bàird a' luaidh ;
Dh' fhalbh an cridhe bha a' m' chliabh,
'S ghabh e sgiathan thar a' chuain.

Na'm faighinn-sa do dh' Alb' aon uair,
Dh' fhàgainn Lochlunn fhuar gu bràth,
'S ghabhainn aiseag nan tonn uaine,
Ged thachradh rium tuaileas blàir.

Cha b'ionann sin 's do Shuaran borb,
Thigeadh teine 's colg 'n a ghnùis,

Cha luighigeadh e do neach fo'n ghréin,
Barrachd thoirt air féin an cliu.

Dh' iarr e feachd a chur air dòigh,
'S luingeas mhór a chur air sàl,
Gus na Féinn a chur 'n a smùid
'S Fionn a chur 's a chùl ri làr.

Bha choille 'g a gearradh shuas,
Chaidh a chuaille chur gu saoth'r ;
Ghreasadh luchd liobhaidh nan arm,
'S chaidh gach teallach dearg 'n a chaoir.

Chaidh Suaran 's a' shluagh air bòrd
Luingeas mhóra nan seòl bàn.
Thàmh iad 's a' chala troimh 'n oidhch',
Gu seòladh le soills' an là.

'S an oidhche sin cha d'fhuair mi tàmh,
Ged a laigh mi sìos gu suain,
Cha robh sìth dhomh anns an là,
'S bha aislingean gràidh a' m' shuain.

Thilg mi mo thrusgan a thaobh,
Ghabh mi deise laoich 'us airm :
Ruith mi sios gu beul a' chaoil,
'S siùil 'g an sgaoileadh ri croinn gharbh.

Ged nach ro mobh ruith ach fann,
Airson lann a chumail suas,
Ghabh iad rium mar ghiullan òg,
Ruiteach bòidheach gun fhàs cruaidh.

'S a' mhaduinn roimh éirigh gréin',
Thogadh siùil bhréid-gheal air chuan,
A' fàgail Lochluinn as ar déidh,
'S ar cùrs' air Eirinn nan gorm-chluan.

Maduinn ghrinn 's a' chuan-an-iar,
Dh' éirich grian bu deirg' na 'n ròs
Ag innseadh gu'n robh neart nan sian.
A' tighinn a riasladh a' chuain mhóir.

Dh' iadh na neoil mhóra mu'n cuairt,
Chòmhdaicheadh le gruaim na speur,
Am muir ghàireach thog a cheann
'S bhagair gach nì bh' ann an eug.

Dh' fhalbh an stoirm le cuid de'n chabhlach,
Sgap e air sàl nan sruth garbh,
Dh' iomaineadh e le tonnaibh bàrcach,
'S cala sàbhailt fad air falbh.

Leis na tuinn bu ghile bàrr,
Luaisgeadh mo long làidir threun :
Lùb na croinn 'us shrac gach seòl,
'S am muir mór gu bòrd bha 'leum.

Goirid bho an tràigh so féin,
Dh' eirich doinionn 's ghéill mo long,
'S fhuair nighean Lochluinn leabaidh fhuar
Anns a' chuan as uaibhrich' tonn.

Feuch a' chlach so air an tràigh
Am measg chàich gun mheas gun nhiadh,
Far na laigh i dh' oidhch' 's a' là
Bho linnibh àrsaidh sin nam Fiann.

Thilg am muir borb air uachdar,
Gainneamh luaisgeanach na tràigh ;
'S fhad' bho'n uair a chaidh a folach,
Thig 'us seallam dhuit an t-àit'."

Chunnaic e coslas a' caochladh,
O staid dhaonntaich gu leus soills',

Mar choinneil no lòchran iùilidh,
Am measg dhùbhlaidheachd na h-oidhch'.

Ghabh an leus gu fòil a null,
'S Coinneach le mall cheum 'n a dhéidh,
Dh' ionnsuidh 'n àit' 's an robh chlach aosd'
Ri faotainn fo'n ghainneamh réidh.

Stad e tamull beag air uachdar,
Leabaidh cloich' nam buadh 's an tràigh,
Phlosg an solus geal trì uairean,
'S chaidh e 'n uair sin as gu bràth.

Chladhaich Coinneach sìos an t-àit',
'S an deach' an leus àluinn uaith',
Gus an d'fhuair e nèamhnaid chòir,
Air nach ruigeadh òr no luach.

⊞ ⊞ ⊞

SPIORAD AN UAMHAIR.

'S mór thu, Spioraid an uamhair !
Bha Thu buadhach anns gach àite.
Bha Thu rìoghachadh bho 'n uair sin,
Anns an d' thug thu buaidh am Pàras,
Ged nach faigh thu làmh an uachdar,
Air an Tì tha shuas 's na h-àrdaibh,
'S iomadh soirbheachadh a fhuair Thu,
'O 'n a bha thu cruaidh 'us dàna.

Fhuair Thu 'bhi 's na nèamhan sàr-ghlan,
Cheart cho àrd ri Reult na maidne.
Shuidhich Thu cath ris an Ard-Righ ;
Chaidh do dhànadas cho fada :

Ach 'n uair shaoil Thu bha Thu làidir,
Rinn an tàirneanach do shadadh,
'N uair a thuit Thu 'shlochd an léir-sgrios,
Tharruing Thu na reulta mar ruit.

Ged a thuit Thu 's an t-slochd éitidh,
Cha do ghéill a riamh do nàdur :
'S e do ghné 'bhi 'g iarraidh 'n uachdar,
Ged tha leagadh buan an dàn dhuit.
Thug Thu oidheirp chruaidh air éirigh,
'S fhuair Thu rithist ceum an àirde ;
'S daingeann ghlac Thu gréim do 'n t-saoghal,
Anns am bheil clann dhaoine 'tàmhachd.

Fad 'us farsuing tha do rioghachd,
'S cha'n 'eil i siochail no suaimhneach.
Dh' fhòghluim Thu cogadh 'us strìth dhuinn,
'S chuir Thu mìltean ann an tuasaid.
" Neart thar cheart " is lagh do ghnàth dhuit,
'S thugadh cathair làidir bhuan dhuit ;
Cridhe 'n duine—talla 'n àrdain,
'S bunaiteach do thàmh ann—'Uamhair !

Rinn Thu còmhnuidh bhuan 's an tall' ud,
'S chuir Thu 'n a dheannaibh an gràdh ás.
'S thug Thu mar riut ann an Fhéine,
O'n 's e sud a chéile 'b 'fhearr leat,
Ann an lorg a' phòsaidh thruaigh ud,
Fhuair Thu clann 's cha robh iad àluinn ;
Teaghlach de aignidhean deamhnuidh,
'S de thograidhean aingidh gràineil.

Sud na spioradan neoghlan,
'Tha mealladh nan slògh 's nan cinneach,
Chuir Thu mach mar armailt ghleust' iad,
Gu saoghal glan Dhé a mhilleadh.

'S iomadh innleachd dhubh a fhuair Thu,
Gus an duine truagh a' ribeadh ;
'S bhiodh do shlàbhraidh teann gu bràth air,
Mur biodh gràs ann gus a sheirceadh.

Togaidh Tu suas sinn gu àirde,
Bheir Thu àilgheas dhuinn 'us mórchuis ;
Gus am faigh sinn leagadh gàbhaidh,
'S gus an cràidh ar tuiteam mór sinn.
Oir tha 'n dòruinn air do shàil-sa,
Anns gach àit' an téid Thu chòmhnuidh.
'N uair a théid Thu steach do 'n chridhe,
'S Tu roimh-ruithear an eu-dòchais.

Theagaisg Thu 'n duine gu mi-rùn,
'S chuir Thu 'n ciosnachadh 'n a nàdur ;
'N uair thogas e féin a chìrean,
Bithidh e 'g ìsleachadh a bhràithrean.
'N uair a gheibh e chùing mu'n guaillean,
Cha bhi truas aige ri 'n àmhghair ;
Marcaichidh e iad gu h-uallach,
Gus an lùb a chual' gu làr iad.

Cuiridh Tu an t-ùmbaidh 'riaghladh,
'S bheir Thu sealladh iargalt' àrd dha.
Sìnidh e mach slat iaruinn,
Chum ar riasladh mar is àill leis.
Na' m faigheadh e sud a dhùsachd,
Mar a lùigeadh cridhe 'n àilgheis.
Bhiodh e féin air cathair shoillsich,
'S daoine 'us ainglean 'chaoidh nan tràillean.

Cuiridh Tu na rìghrean móra,
Mach a' shireadh glòir 'us beartais.
Cruinnichidh iad am feachd gu còmhraig,
'S fiachaidh iad có'n t-òlach 's neartmhor.

Deasaichear innealan bàis leo,
'S cuiridh iad na blàir gu tartar,
'S cluichidh iad le anamaibh dhaoine,
Cheart cho faoin 's ge b' ann le cairtean.

Bho thog Cain leis an uamhar,
Air a ghuaillibh cuaille mhortaidh,
Cha do sguir clann dhaoine 'bhuaireadh,
'S iad fo bhuaidh an Spioraid *churs'* ud.
Cha do sguir an fhoill 's an fhòirneart,
Do 'bhi leòn gun dòigh air furtachd ;
Gus an d' fhàs ar turus talmhaidh,
Cheart cho searbh ri batal Turcach.

Chaidh an saoghal tur á òrdugh,
Thug an fhoill 's an fhoirneart buaidh ann ;
Dh' fhalbh an t-Iochd 'us dh' fhalbh an Trocair,
'S aon bhlàr còmhraig farsuing buan e.
Thréigeadh le spiorad a' Ghràidh sinn,
Sgaoil e 'sgiathan àluinn 's ghluais e,
'S chaidh e do na Flaitheas àrda,
Far am bheil a thàmhachd uasal.

Dh' àicheidh sinn an spiorad gràsmhor.
'S e th' againn 'n a àite 'n t-uamhar.
Cha do rinn sinn roghainn dhàicheil,
'N uair a thug sinn gràdh do'n uamh-bhiasd.
'N spiorad a thionndaidh ar nàdur,
O bhi àluinn gu 'bhi duanaidh.
Cha bu chaochladh e cho grànda,
Lili bhàn a dh' fhàs 'n a cluaran.

Thug e dhinn ar maise nèimhidh,
'S dh' éidich e sinn leis a' mhi-rùn :
Lùireach mhàileach chruaidh na Féine,
Oirnn a h-uile ceum a ni sinn.

Airm na h-eucorach mu'n cuairt duinn,
Cheart cho cruaidh ri bioran diògain.
Mo thruaigh 'm fear a tha gun armachd,
Gheibh e bioradh searbh 'us bìdeadh.

Onair dha-san thug an t-òrdugh,
Do na seòid a bha 'g a leanmhuinn.
Iad a thilgeadh dhiubh a' chòt' ud ;
Ged rachadh an leòn 's ged mharbht' iad.
Ged a bhuaileadh fear gu fiadhaich,
Air an gial gun tionndadh garg ris,
Gus am faic an saoghal brùideil,
Iad cho ciùin ri sliochd a' cholumain.

Faic mar chaidh clann-daoin' an òrdugh,
'N an réisimeid mhóra spìdeil,
'N an seasamh os cionn a chéile,
'S iad ro theum' air nochdadh dìmeis.
O bhothan iosal an fhuar shluic,
Suas gu ruig an talla rioghail,
Cha'n fhaigh thu ann ach tarcuis fuaraidh,
O'n fhear a fhuair air ceum a dhìreadh.

An àite daoine 'bhi mar bhràithrean,
Saoilidh tu air pàirt gur dée iad.
Na h-uile h-inbhe dhiubh mar 's àirde,
'Dol na's stàtaile 's na's féineil.
Their iad féin gu bheil iad airidh,
'S an càch nach 'eil ach seòrsa spréidhe.
Sud mar a tha mic an àrdain,
'Dòrtadh tàir' air cinn a' chéile.

'N uair 'thig fear tha ceum an àirde,
Gheibh thu àrdanach gu leòir e.
Gheibh thu 'n dìmeas 'n a fhior-nàdur,
'S e 'n a thamhasg grànd gun eòlas.

Aithnichidh tu a' falbh na sràid e,
Bithidh e cumail àrd a shròine.
'S coltas aodainn riut ag ràitinn,
'S mise 's fearr na aon dhe d' sheòrsa.

'S amaideachd tarcuis nan uaislean,
Air obraichean cruaidh an làmhchair,
Ged bhitheas obair orr' air uairibh,
Sud an sluagh as fhiach an àite,
Na'n tuigeamaid ceart an fhìrinn,
'S gu'm b' eòl dhuinn gach ni mar tha e,
'S e bunait sheasmhach gach mórachd,
Obair fir nan dòrnaibh cràgach.

Iadsan a rugadh 's na caisteil,
'S a phaisgeadh an clobhdan mìne,
Ged nach dean iad feum na cuileig,
Their iad gu bheil a fuil-san prìseil,
A mach o' n riomhadh tha 'g an còmhdach,
Cha 'n 'eil òirdheirceas ri inns' orr',
'S ni iad tarcuis air a' mhór-shluagh,
'G am meas neòghlan agus dìblidh.

Ged bheirte fear á measg an ailgheis,
'S beag is fhearrd' a nàdur don' e,
Dé a' chòir a th' aig an ùmbaidh,
A bhi 'g iarraidh cliù no molaidh ?
An spiorad a dh' òrduich an t-Ard-Rìgh,
Thighinn a dheanamh blàth na coluinn,
Cha do dh' fheòraich dheth mu'n d' thainig,
Có a b' fhearr an rìgh no 'm bodach.

Rannsaichibh eachdraidh an t-saoghail,
O'n bhliadhna 's an thraògh 'n tuil mhór air,
'S chi sibh nach bu tric do'n laochan,
Tighinn fo sheircin faoin fear-pròise.

'S ann a chleachd e 'bhi r' a fhaotainn,
Measg nan daoine bhiodh fo fhòirneart ;
Far an ionnsaicheadh e' n cruadal,
'S cha b'e uamhar dhaoine spòrsail.

'S dìmeas luchd uaill an stòrais,
Càirdean Mhamoin mhóir a dhall e.
'S fhada thug an saoghal gòrach,
Ag aoradh do'n t-seòrsa mheallt' ud.
C' uim' an smuainicheadh a' ghràisg ud,
Bhi na's fearr na muinntir eile ;
Ged bhiodh faileas ás an còta,
Ròic 'us pòite do na ghoile.

C' uim' am biodh an duine bòsdail,
Ged 'bhiodh aige 'n t-òr 'n a chruachan.
Ged a bhitheadh na méinean dubha,
'Cur an t-salachair bhuidhe nuas dha.
Miotailt chruaidh nan creagan aosda,
Leantuinn nan saogh'ltach fuara,
'S freagarrach an cuspair gràidh e,
Do chridhe pràiseich clann an uamhair.

Ged dh' fhosgiadh fortan a stòr dhuit,
Gus an saoìbhreas mór a chàrnadh,
Tha latha air do chùl a dh' fheuchas,
'N ann bho chéill a thug thu gràdh dha.
Ged a bhiodh tu cheart cho maoineach,
'S gu'm bu leat an saogh 'l mar tha e,
Dheanadh car a dhol 'n ad chaolan,
Cheart cho faoin dhuit ri buntàt' e.

'S fhad bho chaill an duine 'shonas,
Le spiorad malluicht' an uamhair,
An spiorad a dhùisg an conas,
'S a chuir a dholaidh a shuairceas :

An spiorad a thug iomadh càs air,
'S a chuir air gach àgh e tuathal,
Sireadh sonais anns a' ni sin,
Anns a' bheil fior-bhrìgh na truaighe.

C' uim' an leanadh sinn cho buan e,
'S e cho fuaraidh 's cho neo-chaoimhneil.
Na'n tréigeadh sinn gu tur an t-uamhar,
Dh' éireadh an uair sin ar n-aoibhneas.
Fhad 's a bhitheas ar tlachd 's an uamhar,
Cha'n fhaic sinn gu buan ach aimhleas.
'S faisg' na bhitheas sinn air suaimhneas,
'N àirde tuath air grian a' gheamhraidh.

'S bochd nach b' urrainn sinne 'fhàgail
Aig tighearnan àrd a' stòrais.
'S gu'n cuireadh sinn cùl gu tràth ris,
Gus an àrdaichte ar sòlas.
Gleann na h-irioslachd a thaghadh,
'S e sud an roghainn bu bhòidhche,
'Sona 'fear aig am bi oighreachd,
Ann an gleann nam firean còire.

Ach cha'n e luchd stòir 'us stàite,
Sluagh a mhàin aig 'bheil an t-uamhar.
Gheibh thu e aig bodaich ghròigeach,
Agus smùid asd' leis an luathaidh.
Tha e duilich do na daoin' ud,
Uaill an t-saoghail a' bhi shuas ac'.
'S e uaill an Pharisich cheilgich,
Uaill as calma tha mu'n cuairt doibh.

Uaill an Pharisich mhóir dhùbhlaidh,
Uaill an ùmbaidh 's a' mhoit ghràis air,
Uaill ro chunnartach 's ro fhéineil,
'S cealgair dha féin 's do chàch e.

K

Meallaidh e 'anam le sòlas,
'S e làn dòchais dol gu Pàras.
Ni e brionnal air an dòigh so,
'S math a chòrdas sud r' a nàdur.

'S cinnteach mi gur leanabh gràis mi,
'S gu'n d' àirmheadh mi 's an taghadh bhuan,
O'n a tha mo chreideamh làidir,
'S bho'n as gràineil leam an t-uamhar.
Tha mi mothachadh a' ghràidh sin.
Thug an Spiorad nàdur nuadh dhomh.
Molam 'n Tì a cheannsaich m' àrdan,
Gheibh mi fhàbhar bho 'n as uan mi.

B' fhearr dhuinn an uaill a bh' aig Caesar,
Na'n uaill bhreugach ud 'thighinn dlùth dhuinn.
Bheir e chreidsinn oirnn gur Dée sinn,
'S gu bheil càch gu léir fo'n diomba.
Thig i steach mar nathair liùgach,
'S iathaidh i mu'n cridhe 'n a bùban ;
'S tha i 'measg bhochdainn agus bhréidean,
Na's tréine na anns a' lùchairt.

C' uim' am biodh an duine bòsdail,
'S gur faoine na ceò air beinn e.
Ciod a dh' àraich an tart glòir ann,
'S a leag air' air stòradh saoibhreis.
Their e féin gur cuspair mór e.
Ach 's e 'th' ann dheth seòrsa taibhse,
Eiridh 's théid e ás an t-sealladh,
Chithear air thalamh dheth boillsgeadh.

C' àit' 'eil Napoleon nan garbh-chath,
Le chuid armailtean 'us chabhlach,
Le chuid teine 's le chuid stararaich,
'S le 'bhatalan gailbheach sgathaidh,

An geall air glòir 'us onair fhaotainn,
Rinn do' n t-saoghal-Aceldàma.
An t-siorruidheachd do shluig i suas e,
'S 'n a sàmhchair uamhasach thàmh e.

C' àit' an diugh a' bheil a' mhórachd,
Aig Alasdair Mór na Gréige ?
C' àit' am bheil an làmh a ghluaiseadh,
Claidheamh uamhasach an léir-sgrios ?
C' àit' an t-sùil a lasadh dearrsant',
'Deanamh tàir' air prionnsaibh treuna ?
C' àit' an cridhe mór do-riaraicht',
Nach do lion an cruinne-cé so ?

Chaidh am buadhair 'n a mheall-duslaich.
An diugh ni e dhuit ceap-gàraidh.
Och nan och ! nach truagh an caochladh,
'Dhuine, faic cho truagh 's tha t' àrdan,
Ciod e onair àrd an t-saoghail.
'N uair 'chaochlaidhear sinn gu clàbar ?
Nach b'e 'n t-amadan an t-uaimhreach,
'S an sgrios truaillidh a tha'n dàn dha ?

Thuit na h-uaimhrich mhóra làidir,
Chunnaic sinn mar chàch 's an uaigh iad.
Dh' iadh an t-sìorruidheachd a sgàilean,
Air a' phàirt neo-bhàsmhor bhuan dhiubh,
Chaidh iad thairis air a chùirtean.
Cha'n fhac' sùil 's cha chluinn cluas e.
Dé cho fada sios do'n ath-bhàs,
Théid tuiteam oillteil sin an uaimhrich.

◌ ◌ ◌

ORAN A' BHATA.

Fonn—Theireadh iad gur tu mo bhàta,
'S tu mo bhàta, 's tu mo bhàta,
'S e their caileagan an àite,.
Gur thu fhéin mo bhàta grinn.

A' chiad Di-luain de mhios na Màighe
Fhuair mi fuadach bho 'n a' Ghràdair,
Chaidh mi Bhallasae gu sàbhailt,
Leis an iùil-chairt agam fhéin.

Ged a bhiodh an oidhche dùbhlaidh,
Dheanadh maraichean an cùrsa,
Na' m biodh solus air poll-iùil,
Dheanainn tùr air beul a' chaoil.

Thug mi sgrìob ud le droch làmhan,
Bho'n a bha iad soirbh ri 'm pàigheadh,
Cha b'e m' athair fear a b' fhearr dhiubh,
'S mór gu' m b' fhearr leam e air tìr.

'S iomadh latha bha mi 'g iasgach,
Eadar a' sgeir 's càrn na riabhaig,
Tràghadh mara 's gaoth an iar-dheas,
A' cur siabain ás na tuinn.

Na' n tigeadh Seumas Og mo bhràthair,
Tha tùr ann gu stiuireadh bàta,
'S rachadh m' athair dheth a phàigheadh,
Bho' n cha b' fhearr e na mi-fhéin.

Cha téid mise chaoidh do'n Ghràdair,
Gus an tràigh am muir gu Màisgeir,
B' fhearr leam a' bhi buain nam bàirneach,
Fad 'o ghàbhadh fairge 's tuinn.

Ghabh an tàilleir geilt an uair sin,
'N uair chunnaic e an tràigh fad uaithe,
Shaoil leis gu'n robh 'm bàs mar thuaileas,
Tighinn mu'n cuairt da air gach taobh.

⊗   ⊗   ⊗

SGOIL A' CHRUADAIL.

Guidheam slàn do mo charaid Domhnull,
'S e sgoil ro-bhuadhmhor do 'n chuir e òg mi ;
Do sgoil a' chruadail 's gur gasd an' oilthigh,
Gu àrach laoich agus dhaoine còire.

'S e sgoil ro-òirdheirc tha 'n sgoil a' chruadail,
Gur h-iomadh treun-fhear a thogadh suas innt' ;
'S á measg nan daoine sin 'bha air chuairt innt',
Gur tearc r' a fhaotainn fear maol no tuaisdeil.

Théid ciall 's a' bhaothair an sgoil a' chruadail,
Gu'n téid an slaodair a chur air ghluasd' innt'.
Gu feum sinn faoineas 'chur fada uainn innt',
'S am fear 'bhios maol gheibh e faobhar cruadhach.

'S iomadh treun fhear a dh' fhaoidte 'luaidh leam,
Fhuair tuigse 'us eòlas an sgoil a' chruadail,
Am Brusach treun 'us an gaisgeach Uallace
Bha iad le chéil' ann an sgoil a' chruadail.

Sibhs' 'tha cadal air leabaidh shuaimhnich,
Nach d' fhiosraich eòlas air sgoil a' chruadail,
'N ar talla sheasgair cha chosg e smuain dhuibh,
Ged robh ar bràthair 'dol bàs 's an fhuaradh.

O sibhs' rinn beartas 's cha'n ann le cruadal,
G'a chur 'n ar pòca 's g' a stòradh suas ann,
'S e 's dual gu' m breòth e 'n a thòrraibh ruadha,
De thodhar fàis de chraoibh ghrànd' an uamhair.

ORAN MOLAIDH DO SHEUMAS OG AM MARAICHE.

Fonn—Fil o ro fil o ro,
    Fil o ro ug éileadh,
    Air fal-il o, agus hò rò ug éileadh,
    'S e dh' fhàg do dhùthaich brònach,
    Thu 'sheòladh an céin uainn.

'N uair chaidh do long air chuan
Thog thu suas na siuil bhréid-gheal,
Shuidhich thu do chùrs',
Air Hondùras 'g am feuchainn.
Le combaist 'us cairt-iùil,
Deanamh tùr mar bhiodh feumail,
'N uair shuidh thu aig a' stiùir,
Fad a cùrs' bha thu treubhach.

Mo ghillean bithibh treubhach,
Deir Seumas r' a làmhan,
Ma chi sibh ball gun lùghs ann,
Fear úr biodh 'n a àite.
An t-òrdugh 's gann gu'n cual' iad,
Le cruaidh fhead nan càball,
Le bàrcadh trom na fairge,
'S le stoirm thonnaibh àrda.

Cha deanadh Neptune beud dhiot,
Ged dh' fheuch e gu mór ris,
Ged thog e cuan 'n a gàir-ghil,
Cho àrd ris na neòilibh.
Cha d' fhuair e uiread tàire,
Bho'n àirc' bha aig Noah,
Gu'n d' thug e géill ged fhuair e,
Na cuantan fo 'òrdugh.

Bha Eolas ceannard fiadhaich
Nan sian dhuit mar nàmhaid,
'N uair leig e osag thréin ort,
Do reub-ghaoth nan àrdaibh.
Ach bha do long cho treun,
Is nach géilleadh tu'n tràth ud.
'S do mharaichean cho gleusta,
'S cha b' bheud dhoibh 's a ghàbhadh.

Bha Ruisia bho uamhunn,
'N uair chual' iad gu'n dh' fhalbh thu ;
'S gu'n d' thug thu mach a' bhuaidh,
Air rìgh uaimhreach na fairge.
Feumaidh sluagh gach rìoghachd,
'Bhi sìthte ri Alba
D'am buin an gaisgeach treun ud,
'Bheir beum air gach armailt.

♩ ⊞ ⊞

ORAN LUCHD AN SPORS.

Is muladach mise 's nach faod mi,
Alba ! cliù ceutach a' luaidh ort.
'S grànda ri 'Innse do bheusan,
Bhuin thu cho neo-ghnéitheil 'us suarach.
Ged a bha sliochd agad sàr-ghrinn,
Ochan ! bu mhàthair gun truas thu.
Thilg thu do chlann bhàrr do bhroillich,
Gu rùm do na bodaich a thruaill thu.

Bodaich a thruaill thu gu mór,
Bho 'n a bha 'm pòca làn òir.
Roghnaich thu bodaich an airgid,
'S chuir thu air falbh na fir chòir.

Chuir thu air falbh na fir chòir,
Rìgh ! cha b' e chòir ach an eucoir,

Eadar iad 's dùthaich an eòlais,
Tha fairgeachan móra ri beucadh .
Muinntir gu d' shaoradh bho 'n fhòirneart,
'Rachadh gu deònach 's an t-streupa.
Muinntir 'dol eadar thu 's toisgean,
Chuireadh 's a choisneadh an treun chath.

Muinntir gu tric anns na blàir,
'Dhòirt an fhuil chraobhach gu làr :
'S leibideach phàigh thu an duais dhoibh,
Dh' fhògair thu uat iad gu bràth.

Có nise 'théid dàna 'n ad aobhar,
Tha Gàidheil nan eug air an ruagadh.
Na' m biodh iad an guaillibh a' chéile,
Có 'ta fo'n ghréin 'chuireadh ruaig orr'.
Nise bho 'n chuir thu air chéin iad,
Cha " dùthaich nan treun " a so suas thu :
Dùthaich nan ruinnseirean Sasunnach,
Dùthaich nam madraidh 's nan ruadh chearc.

'N uair 'dh 'éireas an cogadh 's an àr,
'S a théid luchd nan gadhar gu blàr,
'S mór m' eagal gu'n géill iad 's a' chùis sin,
Ged sgiobalt' a chiùrras iad gearr.

Tha Gàidheil a nis air an sgiùrsadh,
Gun aobhar á dùthaich an àrach,
Peanas luchd uilc ac' 'g a ghiùlan,
Ged is ann cliùiteach a bha iad,
Air seacharan 's na fàsaichean dorcha,
'Measg fhalbharach bhorba na fàs-choill,
A' tilgeil an saighdean gu millteach,
Gu d' chridhe le cinnt 'tha ro-bhàsmhor.

. . . .

. . . .

. . . .

. . . .

Bha uair gu'm b' e aiteas chinn-feadhna,
Còmhnuidh nan daoine 'bhi teann orr',
B' ait leò 'bhi faicinn gach taoibh dhiubh,
Fàrdaichean faoillte nan gleanntan,
Thionndaidh na h-uile car claon oirnn,
Thainig oirnn caochladh bho 'n àm sin :
Rinneadh ar gleannan fuar fàsail,
Dh' fhairich sinn làmhan nan ain-tighearn.

  Làmhan nan ain-tighearnan truagha,
  A chuir ás am fearann an sluagh,
  Daormuinn an ionad nan àrmunn,
  A chinnich le fàrdaichean fuara.

Dh' fhalbh uainne na ceannardan uasal,
Anns an robh suairc agus fìrinn.
Thainig 'n an àite luchd fuadain,
Chuir iad don-bhuaidh air an tìr so.
Thainig luchd-brachaidh an eòrna,
Stailleirean dòite nam pìoban ;
'Rinn beartas air creachadh luchd-pòite,
A' cur an dubh-dhòlais air mìltean.

  'Sud na garraich a tha,
  An àite na muinntir a bha,
  A' riaghladh air Gàidhealtachd Alba,
  Cha'n urrainn g' 'eil sealbh dhuinn an dàn.

Bha cuid aca 'malairt an opium,
Thional iad móran de ionntas,
Dh' fhairich na Sìneich an dò-bheart ;
Sgrios iad na slòigh leis a' phùinnsean,
Muinntir gun chaoimhneas gun tròcair,
Duilich an leòn anns a' chaoimhseas.
An éiric na rinn iad de robaireachd,
Thoill iad an stobadh le cuimhsear.

'S cianail fear saoibhir 's e baoth,
Gun fhios de càradh chloinn daoin',
Ged chuireadh e mìltean gu truaighe,
Gu mealltuinn aon uair de spòrs caòich.

An ti sin a dh' atas mar uamh-bhiasd,
A' fàs suas an uamharrachd stòrais,
'S fior chulaidh eagail 'measg sluaigh e,
Mur bi a ghluasadan stòlda.
Mar gharbh—lebhiatan nan cuantan,
'S fior chulaidh uamhais ri spòrs e.
Faodaidh aon bhuille dé 'eàrra,
Dochan 'us bàs 'thoirt air mòran.

. . . .

. . . .

. . . .

. . . .

'N Ti 'shocraich bun-daingeann na talmhainn,
'S a thug am muir gailbheach gu òrdugh,
'N Ti 'shuidhich bun-daingeann nan àrd-bheann,
'S a dh' àrdaich am bàrr gu na neòil orr' :
An Ti a chuir ùir air an aigeal,
'S a sgaoil brat maiseach an fheòir air ;
'N uair chunnaic e 'n domhainn so criochnaicht',
Dh' iarr gu'n lionte le slòigh e.

Eiridh fear-riaghlaidh nan dùl,
'S tagraidh e fhathast a' chùis ;
'S théid uamhar luchd nan cairt odhar,
Le bruaich an t-sluichd dhomhainn 'n am
brùchd.

✠ ✠ ✠

AN SAMHRADH.

Fonn.

Gleus G—Gu sunndach suigeartach.

{ : | s : — . s | s : — . f | m : — . f | s : }

{ :d | d : r . m | r : — . r | d : — . l₁ | s₁ : }

{ : | s₁ : — . s₁ | s₁ : — . l₁ | d : — . r | m : }

{ :f | s : — . m | r : — . r | d : — | d : }

An Rann.

{ :s | s : — . s | ta : — . l | s : — . d | d : }

{ d | r : — . m | r — . r | d : — . l₁ | s₁ : }

{ :s₁ | s₁ : — . l₁ | d : — . d | r : — . m | r : }

{ :l.l | s : — . f | m : — . r | d : — | d : }

Fonn—Eiribh rachamaid do'n ghleann,
　　　'S gu faic sinn ann na caileagan,
　　　Eiribh rachamaid do'n ghleann,
　　　'S gu faic sinn ann na h-òighean.

Tha 'n samhradh cridheil éibhinn ann.
Tha tlus 'us blàths nan speuran ann.
Tha gathan grinn na gréine.
Air na speuran 'cur dreach òir orr'.

Bi'dh crodh 'us buair 'us treudan ann,
Mar dh' òrduich Righ na speuran dhuinn,
Chaidh crioch air uaill nan eucorach,
A nis bho cheusadh Domhnull.

Na beanntan bòidheach gaolach ud,
O ! marbhaisg air na daoine sin,
Le'm b'àill gu 'm biodh na h-aonaichean,
Fo aolach damh na cròice.

B'e fleasgach amh neo-threubhach e,
A bhiodh gu ruighinn éislinneach,
Aig baile 's tlàth nan éibhlean air,
Nach sireadh éimh na h-òige.

Tha gruagaichean cho lionmhor ann,
Le gruagan dualach sniomhanach.
Có 'shealladh air an sgiamh a th' orr',
Nach miannaicheadh am pòsadh.

A' mhaise 'bhuilich nàdur orr',
Cha b' usgraichean 's cha b'fhàinnichean,
'S cha b' iomhaigh bréid no tàileasgan.
Mar tha aig luchd na pròise.

Bu ghoirid cuairt na h-oidhche leinn,
Gu'n deanadh latha soillseachadh,
A' leannanachd 's a' coimhnealachd,
'S gur fada thall bha bròn uainn.

✪ ✪ ✪

AM " PULLAIDH."

AIR FONN :—" *Gu ma slàn a chi mi.*"

Am Pullaidh a bha Bhàcasaidh,
A thug air càch a' bhuaidh,
Bu sgiobair treun neo-sgàthach e,
Gu seòladh bhàrr nan stuadh.
Gur fada nis bho'n dhearbhadh leis,
Gu robh e calm air chuan,
Le sìth an ti nach géilleadh dha,
Có dh' fheudadh tearnadh uaith'.

Dh' fhalbh e nis a sheòladh uainn,
B'e sud bho òig a mhiann.
Gu'n thogadh suas a sheòladh leis,
Air fairge mhór gu triall.
'S e seòladh cuan nan àrd-thonnaibh,
A' cheairrd 'bu mheasail riamh ;
Cha b' ionnan sin 's a' ghràisg,
A bhiodh a' spàgail bheann 'us shliabh.

Tha 'n oidhche nochd gu luaisgeanach,
Tha smuairean oirnn' gu léir,
Ma bhàthadh 'measg nan stuaghan thu,
Air chuan a Phullaidh thréin.
Cha chualas sgeul cho brònach ris,
Am Breatuinn mhór bho chéin,
Bho 'n thuit an righ le 'mhór-uaislean,
Air Flodden searbh nan treun.

'N uair theannas beul an anamoich oirnn',
Thig luchd na fairg thar chuain,
Gu beul na seòlaid tarruingidh iad,
'S bithidh strìth air calm-fhir chruaidh.

Bi' dh bàt' a' Phullaidh mheanmmaich ann, .
Gun chearb orr' no cion-luaiths ;
'S aig àird a seòlaidh aithnichear i,
Le sròlaibh balla-bhreac shuas.

Bithidh nigheanagan a' feòrachadh,
Mu'n fhleasgach òg bha treun,
Na bhuinnigeadh an t-seòlaid leis,
'S na dh' fhàg e slòigh 'n a dhéidh.
'S ann ris a ni iad gáirdeachas,
'S cha'n ann ri càch gu léir.
'S 'n uair chluinnear leo gu 'n d' thainig e.
Bi'dh 'n ceum gu tráigh an éisg.

Gu'n innsinn sgeul bheag àmhachdail,
Mu'n Phullaidh làidir chruaidh,
Ged dh' aithrisean 'measg chàirdean i,
Cha b' àill leam 'bhi 'g a luaidh.
Tha fir nach 'eil cho cliùiteach ris,
'S an dùthaich deas 'us tuath,
'Tha ciontach anns a' chùis 'tha so,
'S e " Cupid " thug air buaidh.

Gur tric 's an oidhche ghluaiseas e,
'S bi'dh 'n sluagh 'n an suain gu léir,
A shealltuinn air na gruagaichean,
'S gur h-uallach bhios a' cheum,
Gus an ruig e 'n t-àite sin,
'S an tàmh a leannan féin,
'Us théid e steach gu stàtail ann,
'S gu'n cuir e 'ghràdh an céill,

Bha ise ma b' fhior àrdanach,
Cha d' thug i dha-san loinn.
'S ann thuirt i gu làsdail ris,
" 'S ann thainig thu 's an fhoill

A fhleasgaich tha e dàna dhuit,
Bhi so mu 'n tràth so dh' oidhch' ;
Ma dh' fhidireas mo mhàthair thu,
Bi'dh mi fo nàire 'chaoidh."

"A nigheanag tha e gòrach dhuit,
Do chòmhradh rium cho fuar,
'S a liuthad caileag bhòidheach,
A thug dhomh-sa gean 'us luaidh,
Do ghaol thug mi do 'n àite so,
'N dùil cairdeas fhaotainn uat,
O leig a steach mi làmh riut,
'S mi 'g am chlàbhadh leis an fhuachd."

MURCHADH MAC A' GHOBHAINN.

MURCHADH MAC A' GHOBHAINN.

RUGADH Murchadh Mac a' Ghobhainn ann an Liuirbost, an sgìre nan Loch, 's a' bhliadhna 1880, agus air dha dhol troimh chùrsa abhaisteach an fhòghluim an sgoil na sgìre, bha dèidh mhòr aige air 'leantuinn air aghaidh a' sireadh an tuillidh agus an tuillidh eòlais, ach bha e an toiseach air a bhacadh, ann an tomhas, le dìth nan goireasan sin a tha co-cheangailte ri oidh-irpean gach balaich Ghàidhealaich do 'm miann a bhi 'g eirigh suas gu inbhe chliuitich.

Air dha an sgoil fhàgail, chaidh e 'theagasg do Sgoilean Comunn Gàidhealach Mnathan Uaisle Dhuneideann (Ladies' Highland Association Schools). Tha fhios againn uile am feum mór a rinn na sgoilean so do chlann bhailtean iomallach ar Gàidhealtachd. 'S iomadh duine còir a theagaisg annta—cuid dhiubh a tha 'n diugh 'n an seasamh an iomadh cùbaid urramach 'n ar tìr, agus àireamh eile ann an àrd-inbhe ann an iomadh gairm eile. Bha e ann an sgoilean a' Chomuinn, an Airdmhùirlidh, Loch Sciport, Loch Euraboll agus Gramasdal an Uidhist a Tuath. Cha'n aithreach leis fhéin air dòigh, gu'n robh e 's na h-àitean iomallach sin, oir rinn e feum cubhaidh de 'ùine: fhuair e fiosrachadh mór air suidheachadh ar Gàidhealtachd ann an iomadh cearnaidh, fhuair e eòlas air gach cùil agus diomhaireachd a tha ann an cridhe 'luchd-dùthcha, agus cha mhisde 'bhàrdachd sin.

'S ann 'n uair a bha e 's na h-àitean iomallach so, a thòisich e a' bàrdachd. Dé bu bhuadhmhoire gu spiorad na bàrdachd a bheothachadh no sàmhchair iomlan machraichean Uidhist, agus mórachd uasal beanntan na

H-Earradh, no duanag bhinn Ghàidhlig na caileig' luraich,
ag iomain na spreidhe gu gearraidh air feasgar àluinn
samhraidh.   Rinn ar caraid còrr math agus deich thar
fhichead òran mar tha, agus ged nach 'eil aige ach toiseach
tòisichidh fhathast, tha e soilleir dhuinn, bho na chuir e
ri 'cheile cheana, gu'm bheil aige fior bhuadhan a' bhàird.
Tha 'ghràdh do dhùthaich daingeann agus gun cheilg, agus
coltach ris gach Leodhasach eile, 's e Eilean an Fhraoich
dha-san, " an t-eilean as àillt air na dhealraich a' ghrian.''
Tha eòlas farsuinn aige air eachdraidh a dhùthcha, agus
is tric e 'deanamh luaidh air na h-euceartan a rinneadh
oirnn, 'n uair a chuireadh ar glinn 's ar srathan fàs gu
raoin a dheanamh do'n fhiadh agus do'n ruadh-chirc.

Dhearbh e mar tha gu'm bheil e 'n a sgriobhadair
Gàidhlig dealasach agus eagnuidh, oir aig Mòd Ghlaschu
's a' bhliadhna 1911 fhuair e 'chiad duais airson cunntais
Gàidhlig air, " Saothair nan Gàidheal 's a' mhachair
feadh ceithir ràidhean na bliadhna."

Tha sinn, gun teagamh, an dòchas gu'n téid e air
aghaidh, a' sior chur dòirneig mar so air carra-buaidhe
na Gàidhlig.

AN TE BHAN.

Air Fonn :—" *A fhleasgaich an fhuilt chraobhaich chais.*"

Fonn—Té bhàn, té bhàn, té bhuidhe bhàn,
Té bhàn a rinn mo bhuaireadh,
Cha chreid mi fhéin nach fhaigh mi làmh,
Té bhàn as àillidh cuailean.

Gur mis' 'tha cianail 'n a mo thàmh,
An tràth so ort a' smuaintean,
Na'm biodh an cuan 'n a thalamh tràight',
Gu 'n ruiginn tràth Di-luain thu.

Bha móran òigridh anns an àit',
Le 'm b' àill do thabhairt uam-sa.
Cho fad 's a ghléidh mi féin do làmh,
Bha d' inntinn blàth ri m' ghuallainn.

Bho rinn mi gluasad ás an àit,'
'S an robh mi làmh ri m' ghruagaich ;
Tha m' inntinn luaisgeanach gun tàmh,
Gun chàil a thogas suas i.

Na 'm bithinn-sa mar eala bhàin,
A shnàmhas thar nan cuantan,
Gu 'm bithinn oidhche riut-sa làmh,
'Us càch 'n an cadal suaimhneach.

'N uair a bhios mi leam fhéin,
'S neo-shìtheil 'bhios mo smuaintean,
A' smaoineachadh mu d' aodann,
Gus an sgaoil mo bhruadar.

An uair a théid mi cuairt an t-sràid,
'S a chi mi càch ri m' ghuallainn,
Bheir e 'n a mo chuimhne 'n tràth,
A bha sinn anns a' bhuaile.

Nach truagh nach robh mi anns a' ghleann,
'S am b' annsa leam 'bhi gluasad.
'Us ged bhiodh m' inntinn dubhach tròm,
'S e thogadh sùnndach suas i.

Gach eala bhàn a théid air snàmh,
Gach faoileag bhàrr nan cuantan,
A' giulain uam-sa soiridh slàn,
Do' n àit' 's am bheil mo ghruagach.

Gach creag 'us allt 'us cnoc 'us gleann,
Air feadh nam beann 's na ghluais sinn,
'Toirt fianuis air na thuirt sinn ann,
Ma bhios am bann air fhuasgladh.

FOGRADH AR GAIDHEIL.

Mo shoraidh leis na fuar-bheannaibh,
'S na glinn 's an robh mi 'buachailleacdh,
Is duilich leam mar dh' fhuadaicheadh,
An sluagh 'bha annta 'còmhnuidh.

Tha sliochd nan suinn a dh' àiticheadh,
Na glinn ud a chaidh fhàsachadh,
An diugh mar Ghoill gun Ghàidhlig ac',
Air sràidibh bhailtean móra.

B' eigin doibh an cùl a' chur,
Ri sléibh 'us glinn an dùthachais,
Airson gu'm biodh na stùcannan
'N an lùchairt chaorach mhóra.

Tha na sléibh a dh' àraicheadh,
An treubh a ghleusadh stàilinnean,
An diugh fo fhéidh 'n am fàsaichean,
'S fo chaoraich bhàna bhòidheach.

Cha'n fhaic mi feadh nan garbhlaichibh,
Ach clobairean 'us sealgairean,
Nach buin do thìr nan Albannach,
Ged 'fhuair iad sealbh 'us còir oirr'.

An t-iasg 'tha snàmh 's na h-aibhnichibh,
'S am fiadh 'tha tàmh 's na staingeanaibh,
Thug Dia nan gràs do 'oighreachd iad,
A dheanamh saoibhreis lòin dhoibh.

Dh' eirich pàirt an ùghdarras,
Do'm b' eigin càch 'bhi 'g ùmhlachadh,
'S na sléibh a b' fhearr 's na dùthchannaibh,
Gu 'n ghabh na h-ùghdair còir orr';

Spùill iad iad bho 'n dìleabaich,
'Us dh' fhàgadh iad nan dìlleachdain.
A fàrdaichibh an sinnsiribh,
Gu 'n sgrìobadh iad le fòirneart.

Tha 'n diugh na bothain àluinn ud,
'S an deachaidh òg an àrachadh,
Air torradh suas nan càrnaichibh,
'Us còinneach bhàn 'g an còmhdach.

Bu sheasgair blàth 's a' gheamhradh iad,
Le còta bàn de 'n chonnlaich orr',
'Us sioman fraoich gu teann orra,
Le clach air ceann gach sgòid dheth.

Bu bhòidheach anns an dùdhlachd iad,
'N uair 'lasadh iad na crùisgean annt',
'S iad crochte anns an t-sùich ac',
'S bu chùbhraidh smùid na mònadh.

Mu'n cuairt air lic nan teinnteanaibh,
Bhiodh mnathan suairce 's maighdeanaibh,
Le fuaim ac' air na cuibhleachaibh,
A' sniomh gu grinn a' chlòtha.

Na h-iasgairean le snàthadaibh,
A' càradh lìn 's na fàrdaichibh,
Bhiodh acfhuinn iasgaich bhàtaichean,
Roimh mhios na Màigh an òrdugh.

Na pàisdean gniomhach àbhachdail,
'S iad mar bu mhiann le 'm pàrantan,
Gu h-umhail, ciatach, tàbhachdail,
Gu rianail, bàigheil, òrdail.

Bhiodh pailteas bìdh 'us annluinn ac',
A dh' fhàgadh fallain sùnndach iad,
Bhiodh feoil 'us iasg 's a' gheamhradh ac',
'Us bainne ghamhnach òga.

'S an t-samhradh cha bhiodh dìth orra,
Bhiodh uibhean chearc 'us ìm aca ;
'S bhiodh gruitheam blasd 'g a shliobadh **ac'**,
Air aran mìn min' eorna.

Ged bhleitheadh anns a' gheamhradh i,
Bu treise 'n teas an t-samhraidh i,
Na mhin a thig bho 'n Ghalldachd,
Oir bi' pàirt de 'n chonnlaich mhóir innt'

Bi' m' inntinn trom 's mi deur-shùileach,
'N uair chi mi Gall 'us féileadh air,
A' dìreadh ghleann 's a' Ghàidhealtachd,
'S a ghunn' air ghleus gu spòrsail.

Na h-éildean aig na fuaranaibh,
Ag òl na biolair uaine dhiubh,
Na caoraich mhaol 'us uain aca,
'S na coilich-ruadh a' bòileich.

'N uair thòisicheas na tuasaidean,
Cha sheas am fiadh na cruadalan ;
A' chaora mhaol bu shuarach i,
A' bualadh anns a' chòmhraig.

Cha b' ioghnadh ged a' bhàsaicheadh,
An cànain milis màthaireil ;
Cha labhair féidh nam fàsaichean,
'S tha 'chaora bhàn gun chòmhradh.

Brisibh sios na h-oighreachdan,
'Us roinnibh oirnn' gu caoimhneil iad ;
'Us àirichidh sinn saighdeirean,
A chumas naimhdean fòpa.

Biodh maighstir-sgoile bàigheil ann,
A labhras Beurla 's Gàidhlig ruinn,
'S a dh' ionnsaicheas na pàisdean,
'S a' chànain Ghàidhlig bhòidhich.

Na 'm biodh gach frìth air àiteachadh,
Le fir 'tha strìth ri bàtaichean,
Bhiodh suaimhneas feadh na Gàidhealtachd
'S bhiodh fuaim na Gàidhlig beò innt'.

❁ ❁ ❁

SAIGHDEIREAN LEODHAIS.

AIR FONN :—" *Gu ma slàn a chi mi.*"

Tha sgeul a thogas aoibhneas,
'G a sheinn anns an Taobh-tuath ;
A' luaidh air cliù nan òigear,
A thug am bòid gun ghruaim :
An uair a thainig òrdugh,
Airson Fort George 'thoirt suas,
Gu 'n fhreagair iad gu deònach,
Gu seòladh null thar chuain.

'S ann gu tìr na h-Eiphit,
Chaidh 'n eubhach aig an àm,
Bi' iomradh air an treubhachd,
A nochd iad féin nach gann.
Cha b' e h-uile réis 'maid,
A ghéilleadh anns an àm,
Mur biodh iad air an eigneach',
'S gu 'm feumadh iad 'dhol ann.

Chuir misneach ghlan nan òigear,
Cliù Leodhais fada suas ;
Ged 'tha aobhar bròin ac',
Na seòid 'bhi fada uath'.

Cha b' ioghnadh sin bu bhòidheach,
Gach fear 'n a chòta-ruadh,
'N uair 'chaidh an cur an òrdugh
'Fort-George airson gluas'd.

Bu chruaidh air cridhe pàrant',
Na sàir a thoirt do'n arm ;
A' faicinn falamh làraich,
Bha làn mu 'n d' rinn iad falbh.
Ged is aobhar gàirdeachais,
Gu 'n thog e àrd an ainm,
Bi' iomadh tigh 'n a fhàsach,
'S luchd-àitich' fad air falbh.

Tha e bochd ri aithris,
Na fearaibh 'chaidh a null,
Nach 'eil de thalamh àitich' ac',
Na chumadh là ri crann.
Ma thogas neach dhiubh àite,
Gu 'dhol a thàmhachd ann ;
Thig seumarlan 'us bàillidh,
'Ni càrr dheth sios mu 'cheann.

Bhiodh iomadh saighdear feumail,
'S na h-eileanan a tuath,
Na'm biodh gach fonn 'us fearann,
'G a leagadh air an t-sluagh.
Ach bi' sinn ann an dòchas,
'N uair 'thig na seòid 'tha uainn,
Gu' m faigh iad cead air mòintich,
Tighean-còmhnuidh a' chur suas.

Bu tric a sheinneadh òran,
An Leodhas nam beann fuar ;
Mu ghillean tapaidh bòidheach,
'Bha 'n còmhnuidh 'togail buaidh.

'S e 'dhol gu fearann Ghòshein,
'Ni 'n ceòl a thogail suas ;
A' luaidh air cliù nan òigear,
Aig nach robh còir air gluas'd.

Bha iomadh curaidh àluinn,
An àireamh na chaidh 'null ;
Bu shnasail air na sràidean,
'S air sàl cha robh iad mall :
Tha iad a nise sàbhailt',
An dùthaich Pharaoh thall,
'Us cha chùis fharmaid nàmhaid,
'Thig làmh riu 'tharruing lann.

Ma thig iad dhachaidh sàbhailt',
An slàinte do 'n Taobh-tuath,
Bi' aighear agus gàire,
'S gach àit' a measg an t-sluaigh.
Bi' athair agus màthair,
Aig cathair gràis gach uair,
A' guidhe ris an Ard-fhear,
Na sàir a chumail suas.

Thigeadh dhuinn ar n' ùrnuigh,
Gu dùrachdach 'chur suas,
Airson an neirt 's an ùrach',
'Thug Righ nan dùl d' a shluagh.
Na bailtean 'bh' air an dùnadh,
Le ùmbaidhean gun truas,
Thug E iad gu ùmhlachd,
'Us chrùn E sinn le buaidh.

Tha 'nise feachd nam Boerach,
Air fhògradh fada tuath.
Dh' aithghearr air Pretoria,
Bi' 'Bhratach Mhór le buaidh.

Bi' sìth 'us fois aig òigear,
A thòisich a' cur suas.
Rob' 'us Eachann Domhnullach,
'Toirt òrdugh do 'n an t-sluagh.

Tha misneach mhath aig Crùigear,
An crùn 'bhi aig' le buaidh ;
Ged a chaill e Joubert
Luchd iùil tha aig mu'n cuairt.
Dh' aithghearr ni e ùmhlachd,
'S a dhùthaich a thoirt suas,
Ma sheasas luaidhe 's fùdar,
Ri 'r fiùrain a tha uainn.

Is iomadh fleasgach àluinn,
'S a' bhlàr a chaidh a dhìth.
Bi' caoidh orr' a measg chàirdean,
Gu bràth gu là crìch.
Chaidh iomadh òg-bhean fhàgail,
'Us pàisd' air bhàrr a cìch,
'S bi' tuilleadh ris an àireamh,
Mu 'm bi an nàmh fo chìs.

⊞ ⊞ ⊞

UACHDARAN LEODHAIS 'S A' GHAIDHLIG.

AIR FONN :—" *A fhleasgaich an fhuilt chraobh-*
aich chais."

A fhleasgaich ghrinn gur binn do ghuth,
A' seinn an diugh na duanaig,
A dh' ionnsaich thu bho 'n ghabh thu còmhnuidh,
'Leodhas an fhraoich uaine,

Seinneam duan air buaidh an àrmuinn,
Thog a' Ghàidhlig suas leinn,
'S e ar n-uachdaran am Màidsear,
Gu ma slàn 'us buan e.

Ged a fhuair e 'àrach òg,
A measg gach seòrsa uaisleachd,
Cha do chaill e 'cheann le pròis,
Ach dh' fhàs e mór an stuamachd.

'N uair a chual' e fuaim na Gàidhlig,
Bha i blàth 'n a chluasan,
Chuir e ùidh innte mar chànain,
'S ghràdhaich e 'bhi luaidh oirr'.

Rinn e inntinn suas gun dàil,
Gu'n àraicheadh e suas i,
'S cha 'n eagal leinn gu 'm faigh i bàs,
Bho' n chuir e sàs a ghuaillinn.

Leughaidh e 'us sgrìobhaidh e,
'Us mìnichidh e 'buadhan,
'S toigh leis féin a' bhi ag innse,
Gu 'm bheil brìgh 'us luach innt'.

Na leigibh aog an cànain aosd',
Bu chaomh leinn a' bhi luaidh air,
Gu ma fada beò an laoch,
A sgaoil 's a' Ghearradh-chruaidh i.

Tha féileadh goirid a' cur loinn,
Air sgéimh an t-suinn 'tha uasal,
Le 'bhoineid chruinn air taobh a chinn,
Gur grinn air a chur suas e.

Cho fad' 's a sheinneas smeòrach chéit',
Air bhàrr nan geug a duanag,
Bi' iomradh còir air cliù an t-seòid,
A Leodhas nam beann fuara.

AN GAIDHEAL A' FAGAIL A DHUTHCHA.

AIR FONN :—" *Gu ma slàn a chi mi.*"

Tha m' inntinn tròm fo luasgan,
'S mi 'gluasad ás an àit'.
'S an robh mi òg a' buachailleachd,
Bho ghluaisinn 'n a mo phàisd'.
Air feadh nan gleann 's na mòintich,
'S am bheil na h-eoin le 'n àl.
'S na srathan glasa bòidheach,
Far 'n goir an smeòrach tràth.

'S e 'n diugh 'cur riut mo chùlaoibh,
A dh' fhàg fo dhriùchd mo ghruaidh,
Na deoir a' ruith fo m' shùilibh,
'N uair 'bheir mi sùil mu'n cuairt :
'S a chi mi far am b' àbhaist,
'Bhi 'g àiteach 'us a' buain,
An diugh a' bhi 'g a fhàgail,
Gu dhol a thàmh thar chuain.

Carson nach gabhainn còmhnuidh,
Far 'n thogadh òg mi suas ;
Oir cha bhiodh dìth mo lòin orm,
An Leodhas nam beann fuar.
Tha bradan agus fiadh ann ;
Tha iasg gu pailt 's a' chuan ;
'S tha 'm fearann beartach bòidheach,
A chinneas pòr le luach.

Bu mhiann leam a' bhi tàmhachd,
Far 'n d' fhuair mi m' àrach òg,
'Bhi fagus do mo chàirdean,
Cho fad 's a bhiodh iad beò.

Mo pheathraichean 's mo bhràithrean,
'Bhi làmh rium ré mo lò:
'S an ribhinn a thug gràdh dhomh,
Gun dàil 'bhi agam pòsd.

Ged is cruaidh an tràth so.
'Bhi fàgail tìr nam beann,
Bi' sùil agam gach tràth ris,
Gu 'n tàrr mi sgriob a nall.
A dh' amharc air mo chàirdean,
Tha tàmh a measg nan gleann,
'S an ribhinn òg, 's mo ghràdh-sa,
A thoirt thar sàile leam.

'S e so an tìr as gràdhaich',
'S as àillidh leam fo 'n ghréin.
Ged tha mi 'n diugh 'g a fàgail,
Mo chrìdh' th' air fhàsgadh geur,
A' cuimhneachadh 'n uair 'bha mi,
Air àirigh ris an spréidh
'S na glinn cho beò le Nàdur,
Le caoraich bhàna 's féidh.

Soraidh le mo chompanaich,
'Tha tàmh an gleann an fhraoich,
Gun fhios gu bràth an campaich sinn,
'S a' ghleann 's an robh sinn maoth.
Bu chridheil anns an àm ud sinn,
Gun uallach trom no smaoin,
A' buachailleachd nan gamhna,
Air beanntaibh 'us air raoin.

Ged a dh' fhàsainn saoibhir,
An tìr nan coilltean thall ;
Bi' mi gu bràth a' cuimhneach',
'N uair 'bha sinn cruinn 's a' ghleann,

'S an robh na sàir 'bu treubhaich',
'S ro ghleusd' air tarruing lann,
'S gu 'm b' àluinn air là-féill' iad,
'S an fhéileadh leis a' bhann.

Cha 'n 'eil glaic' no doire,
'S an goir' an coileach-ruadh,
'Us cha 'n 'eil gleann no coire,
'S an laigh an eilid-ruadh.
'Us cha 'n 'eil flùran maiseach,
'S na beannaibh fada tuath,
Nach 'eil agam cho mùirneach
Ri cloich mo shùla 'n luach.

Tha 'n ùin' a nis air dlùthachadh,
'S na siùil air an cur suas ;
Airson ar cùrs' a' stiùireadh,
An aghaidh smùid a' chuain.
Sinn 'crathadh làmh gu brònach,
'S na deoir a' ruith gu luath,
O ! soraidh slàn le Steornabhagh,
'S le Leodhas nam beann fuar.

ᙠ ⊕ ⊗

GAOL MEALLTA.

B' òg a thug mi gu leir mo ghaol dhuit,
'S gun ni fo 'n ghréin ach thu féin ri m' smaointinn.
'S e 'n diugh an sgeul a th' air sgéith 'measg dhaoine,
Gu'n d' rinn e caochladh mar am muir tràigh.

Airson do mhaise thug mi gaol dhuit,
Oir té do dhreach bha i tearc r' a faotainn ;
Ach 's e do nàdur a b' fhearr na d' aodann,
Ged dhall an saoghal le maoin do ghràdh.

'N uair a thòisich mi 'deanamh suas riut,
Bu bhriagha bòidheach do bhòid an uair sin ;
Nach robh neach beò air robh do smuaintean,
Ach ri mo ghuallainn gu 'm biodh tu slàn.

'N uair a thòisicheas mi a' smaointinn,
Mar 'tha do bhòidean a nis air caochladh ;
Cha ghéill mi dh' òighe le còmhradh gaolach,
'S do bhòidhchead aodainn cha toir mi gràdh.

Thug mi gaol dhuit 's cha 'n fhaod mi àicheadh,
Ach mheas thu faoin e 'us rinn thu tàir air.
Tha do shaors' agad airson m' fhàgail,
Ach guidheam slàn thu gach oidhch' 'us là.

Bha thu 'saoillsinn nach cumainn suas thu,
Ged bhiodh sinn pòsd' nach biodh stòras buan duinn ;
'S e rinn thu 'tòiseachadh ri fear fuadain,
'Us thug thu fuath dhomh airson mo ghràidh.

Ma mheall thu mise le inntinn dhùbailt,
'S gu 'm bheil thu nise a' cur do chùil rium,
Ghuidhinn aoibhneas gach oidhch' bhi dlùth riut,
'Us do'n fhear ùr a bheir dhuit a làmh.

Ma's ann ri fortan a tha do shùil-sa.
Tha e bochd dhuit 'bhi tighinn an taobh-sa.
Cha 'n 'eil stòras 'n am phòca dùinte,
Ach tha e dlùth dhomh ma bhios mi slàn.

Cha 'n 'eil sòlas an stòras mhìltean,
Ged bhiodh an t-òr na do phòca fìllte.
B' fhearr dhuit òigear a chòrdadh d' inntinn,
Na duine saoibhir le 'shaibhlean làn.

Ma's ann le dìmeas a thug thu fuath dhomh,
'S gu' n robh 'n ad inntinn nach cumainn suas thu,
Cha bhi d' àite 'n a fhàsach buan dhomh,
Oir 's iomadh gruagach 'bheir dhomh a làmh.

Airson mo lòin cha 'n 'eil mi fo luaisgean,
Air muir no mòinteach gu 'n dean mi suas e.
Le beagan stòrais cha bhi mi gruamach,
Bi' m' inntinn suairce. ma bhios mi slàn.

Cha 'n 'eil mi duilich 'bhi cur mo chùil riut,
Ged bhiodh tu 'fuireach 's ann bhithinn tùrsach,
Bho 'n fhuair mi cinnt gu 'n robh d' inntinn dùbailt
Cha toir mi ùidh dhuit no rùn gu bràth.

⊗ ⊗ ⊗

OBAIR A' CHROITEIR AN LEODHAS.

Air Fonn :—" 'S toigh leam a' Ghàidhealtachd."

(a) An t-aiteach.

Bi 'n treabhaich 'n a chabhaig 's an t-earrach tigh 'n dlùth,
Mu amhaich na sgalaig bi 'n t-eallach có dhiù ;
Na fir anns a' mhachair 's am mala fo dhriùchd,
A' cladhach nan claisean le spaidean nan dùirn.

'N uair 'shiolaidheas gaothan an fhaoiltich air falbh,
An Gearran 's a' Sguabag le 'fhuar-fhrasan garbh ;
Thig oiteagan geura le éirigh na Màirt,
A thiormaicheas sléibhtean mar dh' fheumas am bàrr.

Bi 'n tuathanach eudmhor a' gleusadh a chroinn,
'Cur 'altan ri 'cheile gu reubadh an fhuinn ;
'Cur ghearran an iall nach robh riamh ann an cuing ;
Tha cunnart 's a' ghniomh agus fiamh anns a' phuing.

Air fear nach 'eil beartach le eachaibh 'us crann,
Gu'n tionndaidh e 'mhachair le spaid 'us cas-chrom ;
Cha 'n iarr e na cairtean gu mathachadh fuinn,
Bi 'n iris mu 'amhaich 's an t-eallach mu 'dhruim.

Théid feamainn a' chladaich a ghearradh cho tràth,
'S gu 'm bi i 'n a todhar airson a' bhuntàt' ;
Bithidh i cho torrach 's gu 'n toir i air fàs,
Ma bhios i air grodadh mu'n téid i an sàs.

Tha geasalachd éibhinn mu éifeachd an fhàis,
'S tha móran a' géilleadh 's a' Ghàidhealtachd dha ;
Tha fiamh orr' an siol a chur sios ris an tràigh,
Gu 'n tòisich muir-lionaidh ag iathadh nam bàgh.

(b) An Airigh.

'S e sealladh cho àillidh 's cho àghmhor 's a th' ann,
An spréidh air an àirigh air àirde nam beann ;
Am buachaill 'an tòir orr' gun bhròig air a bhonn,
Le 'bhata 'n a dhòrn 's e gun chòmhdach mu 'cheann.

Na caoraich nan treudaibh le chéile 's an t-sliabh,
'S an àlach gun bheud air an éideadh le sgiamh ;
Ri àithne na gréin' bi' iad séimh anns gach ciall,
'S gu h-àrd air na sléibhtibh a' géilleadh dhith sios.

Na h-eòin bheaga, bhòidheach, air spògan nan crann,
A' gleusadh nan òran as ceòlmhoire fonn ;
'N uair sheinneas iad còmhla bi' crònan 's a' ghleann,
Bu mhiann leam mar shòlas mo chòmhnuidh 'bhi ann.

(c) A' Bhuain.

'N uair dh' abaicheas eòrna 's a thòisicheas buain,
'S a philleas gach òigear bho sheòladh a' chuain ;
Bi' cruinneachadh àluinn 's gach fàrdach mu thuath,
Thig spréidh bharr na h-àirigh bho àird nam beann-fuar.

Gach speal a tha 'n tasgadh ri tacas nan spàrr,
Gu leagair gu grad iad, airson a' bhi 'n sàs ;

M

A' gearradh an fheòir anns gach còs agus blàr,
An coirce 's an t-eòrna 'tha bòidheach a' fàs.

Bi' sealladh ro-àluinn 's gach àite 's na raoin,
A' strìth ann an tràth gus am bàrr fhaighinn caoin
'S ann am pailteas an fhàis a tha lànachd a maoin,
'S ma sheargas a bhlàth bi' iad bàs leis a' chaoil.

Fir speallaidh a' gearradh am fallus an gruaidh,
'Us gruagaichean maiseach a' ceangal nan sguab ;
Mu 'n guaillinn cho snasail bi' beannag bheag shuas,
'S am falt air a chasadh mu oirean nan cluas.

Bi 'n gairdean cho loinneil gu 'n uillnean 's iad rùisgt',
'Us còtaichean grinn orr' 'dol puing thar an glùin ;
Na h-òrain le fuinn a' cur sgoinn air a' chùis,
'Cur sgios ás an cuimhn' agus aoibhneas 'n an gnùis.

'N uair bhuainear am pòr 'us a thoitear e cruaidh,
Gu 'n cruinnichear e còmhladh 'g a thòrradh an cruaich ;
'G a dhion 'us 'g a chòmhdach le cònnlach mu'n cuairt,
Bho shiantan a dhòirteas an còmhnuidh le fuaim.

Bi' fleadh anns gach fàrdaich air sgàth deireadh bhuan',
An uair a tha 'm bàrr aca sàbhailt' 's a' chruaich ;
Bi' m bòrd air a chòmhdach 's an ceòl air a ghluas'd,
'Us sùgh math an eòrna 'g a dhòrtadh 's a' chuaich.

Jarrett.   Stornoway.

MURCHADH MACILLEMHOIRE

MURCHADH MACILLEMHOIRE.

RUGADH Murchadh Macillemhoire ann an Siadar Bharabhais 's a' bhliadhna 1884. Thainig e bho theaghlach gleusda, glic, agus theagaisgeadh leughadh na Gàidhlig dha bho 'òige. Ann an sgoil na sgìre, choisinn e 'cheud duais airson eadar-theangachaidh bho Bheurla Shasunnach gu Gàidhlig, agus riamh bho 'n uair sin ghabh e tlachd agus toil ann a bhi sgriobhadh a' chànain mhàithreil, agus a' cur ri 'cheile luinneagan innte.

Cha' n' eil e ach òg fhathast, agus tha fhios againn ma bhios sìneadh làithean air a thoirt dha, gu'n gleus e a chlàrsach iomadh uair fhathast agus mar a bhios na làithean a' dol seachad, agus cùisean an t-saoghail a' fosgladh suas stòir a ghliocais, gu'm bi seula na's fhearr agus na's fhearr ri 'fhaicinn air a bhàrdachd. 'S e ar 'n earail dha, " Na leig meirg air teudan na clàrsaich, agus ann an àm iomchuidh gheibh thu duais."

LEODHAS MO GHRÀIDH.

AIR FONN :—" *Tìr nam beann àrd.*"

O seinnidh mise rann air an fhonn so an dràsd,
Bu toigh le ar sinnsir b' iad laoich nam beann àrd,
'S a chaoidh do thìr nan Gàidheal mo spéis-sa bi' buan,
'S do'n eilean laigheas àluinn 's a' chearnaidh mu thuath,
  Leodhas mo ghràidh.

Tha'n cuan an iar 'g a chuartach 's a' bualadh ri thràigh
'S na caoil cluinnear nuallan 'us fuaim a' mhuir làin,
Gu fasgadh nam mór-bheann thig na h-eoin bharr a' chuain,
Do'n eilean laigheas àluinn 's a' chearnaidh mu thuath.
    Leodhas mo ghràidh.

Tha ghrian anns na speuran ag éirigh gach là,
'S ag ullachadh bìdh air gach siol a' toirt fàis ;
Làn abaich ni gach fonn 'us 'n a aon théid a bhuain,
Anns an eilean 'laigheas àluinn 's a' chearnaidh mu thuath.
    Leodhas mo ghràidh.

Tha lilidhean fo dhriùchd ann an cùiltean nan gleann,
A' ruith a measg an fhraoich cluinnear caochan nan allt.
A sruthain a tha fior-ghlan, deoch riomhach gach uair,
Anns an eilean laigheas àluinn, 's a' chearnaidh mu thuath.
    Leodhas mo ghràidh.

Le frasan bho na speuran am feur ni e fàs,
Anns an òg-mhaduinn chiùin, bi' gach flùr tigh'nn fo
    bhlàth,
Tha fiosrachadh gràsmhor gach là tigh'nn bho shuas,
Air an eilean laigheas àluinn 's a' chearnaidh mu thuath.
    Leodhas mo ghràidh.

'N uair 'dh' iathas ceo na h-oidhch' anns na glinn 's air
    gach blàr,
Gur sàmhach 'us ciùin iad, 's gach dùil annt' 'n an tàmh;
'S gun bhriseadh air an t-sàmhchar ach dàn coilich-ruaidh,
'S an eilean laigheas àluinn 's a' chearnaidh mu thuath.
    Leodhas mo ghràidh.

Tha Steornabhagh àluinn nan sràidean 's nam bùth,
'Us " Gearraidh-cruaidh " nan uillt 'us nan coilltean tha
    dlùth,
'S an caisteal as bòidhch' 's e pròis an Taoibh-tuath,
Anns an eilean laigheas àluinn 's a' chearnaidh mu thuath,
    Leodhas mo ghràidh.

Tha sluagh ann 'tha bàigheil 'us càirdeil gun ghruaim,
'Us laoich a tha làidir 's gach càs a bhiodh cruaidh.
Bratach na Gàidhlig gu bràth cumar suas,
'S an eilean laigheas àluinn 's a' chearnaidh mu thuath.
      Leodhas mo ghràidh.

Cha tréig mise Ghàidhlig fad' 's dàn dhomh 'bhi beò.
Carson a dheanainn tàir air mo chànain 's mo cheòl,
An cànain glan bàigheil bho m' mhàthair a fhuair.
Anns an eilean laigheas àluinn 's a' chearnaidh mu thuath.
      Leodhas mo ghràidh.

Cha téid mi dheanamh tàire air àit' fo na neòil,
Is toigh leam tìr nan Gàidheal, a cànain 's a ceòl,
Ach do'n àit' 's an deach' m' àrach mo ghràdh-sa bi' buan,
'S do 'n eilean laigheas àluinn 's a' chearnaidh mu thuath,
      Leodhas mo ghràidh.

        ❒ ❒ ❒

AM FLÙR.

An dòrlach talmhainn 'n soitheach cré,
'S ann 'chaidh do fhreumhan òrduchadh ;
'S an diomhaireachd mar tha thu fàs,
Ar nàdur cha'n fhaigh eòlas air.
Do dhuilleach gorm 'tha àillidh ciùin,
Air meangan maoth làn bòidhchead ;
Cur fàilidh chùbhraidh fhallain, ghrinn,
Gach oidhch' air feadh an t-seòmair dhomh.

'S a' mhaduinn 'n uair a nì mi dùsgadh,
'S ùrachadh do m' bheò-shlàint' thu ;
'G ad fhaicinn air oisein a' bhùird,
Le d' fhàile ciùin 's an òg-mhaduinn ;

'S ged 'ni mi t-uisgeachadh gach tràth,
Gu slàinte 'chur 's gach pòr annad ;
'S e 'n Ti a chruthaich t-ionad taimh,
A tha 'toirt fàis cho bòidheach ort.

Ged 's dòrlach talmhainn t-àite taimh,
Tha fiamh a' ghàir' an còmhnuidh ort ;
Le aoibhneas roimh an dealta chaoimh,
Am braon 's ann riut a chòrdas e,
A bheir gach lili 's flùr an àird,
'S gach àit' an deachaidh 'n òrduchadh ;
Tha mais' 's gach àit' 's an dean sibh fàs,
'S is uaill gach blàir 's a' mhòintich sibh.

'N uair thig mi steach gach oidhch' 'us là,
Gu gabhail taimh 's an t-seòmar so,
Bheir mi sùil ort féin a ghnàth,
Ged 's sàmhach air a' bhòrd tha thu :
'S 'n uair bheir mi smuain air tìr mo ghràidh,
'S na dh' àraicheadh 'n tùs m' òige mi,
Saoilidh mi gu' n cluinn mi 'Ghàidhlig,
Tigh 'nn gu blàth mar chòmhradh uat.

Do shnuadh an diugh ge dreachmhor gorm,
'S ged 's dealbhach air a' bhòrd 'tha thu,
Thig là 'n dean do dhuilleach falbh,
'Us seargadh ni do bhòidhchead ;
Do stoc cromaidh sios a cheann,
'S gach meangan fann bi' bròn orra,
A' teagasg gu 'n deach' leabaidh ùir,
Dhuinn uil' air tùs 'roimh-òrduchadh.

MURCHADH MACILLEMHOIRE

FAR AN OG RINN MI MIREADU

AIR FONN :—" *Bu chaomh leam 'bhi mireato*

Fonn—Is truagh nach robh mise,
  Far an òg rinn mi mireadh ;
  Is truagh nach robh mise,
   An Eilean an Fhraoich.
  Agus àilleachd an t-samhraidh.
  Cur maise 's an àm so,
  Air aodann nam beanntan,
   'S air gleanntan mo ghaoil.

  'S an òg mhaduinn chéitein,
  An àm dhomh bhi 'g éirigh,
  Bhiodh an driùchd air na geugan
   'S na sléibhtean fo cheò ;
  An crodh-laoigh 's iad gu suaimhneach
  'N an laighe 's an iuachair,
  'S na caoraich 's na cluaintean
   Mu bhruaich A' Ghlinn-mhóir.

  'S iomadh maise tha cuartach
  Glinn Easclaid 's an uair so :
  Far an tric sheinn mi duanag
   Le gruagaich ghlain òig.
  Tha am fraoch 'us an luachair
  A' còmhdach a bhruachan ;
  'S air na tulaich mu'n cuairt air
   Cluinnear nuallan nam bó.

  Tha na h-uillt o gach sliabh dhiubh
  Gus na lochain ag iarraidh,
  'S le uisgeachan fìor-ghlan
   'G an lìonadh gu'm beul.

Fo 'm bruthaichean 's miann leis
A' bhradan bhi cliathadh ;
Asda òlaidh an t-ian beag
 Mu'n sgiathlaich e'n speur.

Air na tuim na laoigh òga,
'S iad a' leumnaich le sòlas,·
No gu seasgair 's na còsan
 Fo chleòca na h-oidhch'.
Bhiodh a' bhanarach ghuanach,
Le 'cuman 's le 'duanaig,
Ag iomain do 'n bhuaile,
 Gu h-uallach na laoigh.

Far am faicinn mo Mhàiri
Le loinn mar a b' àbhaist ;
Bu bhinn 'us bu bhàigheil
 Leam àbhachd a beòil.
An tuiteam na h-oidhche
Bu cheòlmhor a' seinn i,
'S mac-talla le binn fhuaim
 'G aithris grinneis a ceòl.

Far am faic mi an t-àite
'S an òg fhuair mi m' àrach,
'S a laigheas gu sgiamhach
 Taobh siar Eilein Leodh 's ;
Far na dh' fhàg mi mo chàirdean
A bhitheadh rium bàigheil ;
'S far an d' fhuair mi a' Ghàidhlig
 O m' mhàthair 's mi òg.

Sud an t-àite 's am faicinn
Gach croitear 's an earrach
Air dòigh a' cur ghreallag
 'Us amall 'us crann ;

Cur sùrd air na gearrain
A' treabhadh nam feannag ;
'S an fhoghar 'g a ghearradh
    Le speal mar an lanns'.

Na h-òigeirean tapaidh
'S gach cùis a tha gaisgeil ;
Na h-òighean tha maiseach
    'Us tlachdmhor ri sùil.
Am bodach 's/a' chailleach
Tha ceanalt mu'n chagailt ;
Sonas làithean chaidh seachad
    Bhiodh aithnicht' 'n an gnùis.

'S an eiseimpleir bhòidheach
'G a teagasg do'n òigridh
Ma's tuit iad gu gòrach
    An dòighean 'tha faoin ;
'S ma nì sinn mar 's còir dhuinn
An làithean ar n-òige,
Ni e altrum dhuinn sòlas
    Gu mór 's an t-sean aois.

       ❊ ❊ ❊

O, SEINNIDH MI DUAN.

AIR FONN :—" *Muile nam mór-bheann.*"

O, seinnidh mi duan do'n ghruagaich mhaiseich,
Do'n tug mi mo ghaol, 's mi faoin am bharail,
An Eilean an Fhraoich nan craobh 's a' chaisteil,
    Tha 'n ribhinn bhanail a' còmhnuidh.

An Leodhas nan craobh tha'n ribhinn mhaiseach,
Le còrdan a gràidh rinn tràth mo tharruing,
Is mithich dhomh féin le m' spéis do'n ainnir,
    Mo rifeid a ghleusadh gu òran.

Mar fhaoilinn a' chuain tha snuadh mo leannain,
A gruaidhean mar chaor fo chaoin-shùil mheallaich ;
Mar eirigh na gréin' 's a' chéitein mhaiseach ;
    'S mar reul na maidne i dhomh-sa.

Ged 's àillidh gach flùr fo dhriùchd na maidne,
Ri àm ni iad searg 'us falbhaidh maise,
Tha lili mo ghràidh-s' a ghnàth leam maiseach,
    Am bràighe 'chladaich an Leodhas.

A lili an àigh, measg chàich 'n uair bhitheadh,
'S e b' àill leam a ghnàth bhi làmh riut suidhe ;
Le d' ghnùis làn bàigh 'us blàths do bhruidhinn
    A' lasadh mo chridhe le sòlas.

'N uair sheallas mi tuath thar chuain 'us bheannaibh,
A dh' ionnsuidh an àit' 's na dh' fhàg mi chailin,
Air sgiathan na gaoith bi' aoidh mo leannain
    Tighinn dlùth do m' shealladh á Leòdhas.

Tigh-dòchais gu faoin 's a' ghaoith thog mise ;
A' tuiteam a nuas gu luath a nis e ;
Oir caoimhneas bho m' luaidh cha dual domh idir ;
    Cha taobh rium tuilleadh Nicdhomhnuill.

O, marbhphaisg gu bràth air nàdur aithghearr ;
An ni nach bi 'n dàn, gu bràth cha tachair ;
Bu choireach mi fhéin ri diomb na cailin
    Cho tràth 'bhi labhairt le mór-chuis.

Ach ge b' e 'n gill' òg ni òg-bhean fhaighinn,
'S a gheibh an car laimh 's an snaim a cheangal,
Gach sonas 'us slàint' gu bràth dhaibh ghuidhinn——
    Le dàn cha chuir mi e 'n òrdugh.

Cha dean e dhomh stàth bhi 'n dràsd fo mhulad ;
Ged rinn mi aoir mu'n ghaol a thug mi ;
Air an fhéill tha té bhàn 'tha bàigheil lurach,
    'S gach là tha fuireach an dòchas.

⊞ ⊞ ⊞

CAILEAG STEORNABHAIGH.

AIR FONN :—" *Gu ma slàn a chi mi.*"

Tha cailin donn an òr-fhuilt,
An Steornabhagh a' tàmh ;
Tha 'gruaidhean mar na ròsan,
Air mheangan òg a' fàs.
Beul binn gu seinn nan òran,
'S bho 'n tig an còmhradh blàth,
'S e 'n gaol a thug mi òg dhuit,
Tha'n diugh 'toirt beò mo dhàin.

Tha 'pearsa dìreach, còmhnard,
Bho bhonn a bròige 'n àird ;
Ceum guanach, uallach, dòigheil,
'S gun phròis ro-mhór no càil.
Bha maise 's uaillseachd 's bòidhchead,
Bho t-òige riut a' fàs,
Cha 'n aithreach do'n an òigear,
Le còir a gheibh do làmh.

Nach iongantach cho faoin,
'S a ni 'n gaol neach ann an uair,
'N cridh' òg gu'n dean e aotrom,
'S an aigne saor gun ghruaim,
Tha cuid de m' smuaintean faoin,
Ris gach aon nach deanainn luaidh ;
'S tu féin le fonn do bhriòdail,
Gu faoin 'mhealladh iad uam.

'Cur do phinn an òrdugh,
Le d' laimh mhìn, bhòidheach, bhàn ;
'S e do bhriathran òrdail,
Bheireadh sòlas dhomh do ghnàth ;
Le doimhneachd gaoil gun ghò,
Bhiodh an còmhradh tigh'nn làn bàigh,
Bho chridhe caoin na h-òg-bhean,
Tha 'n Steornabhagh a' tàmh.

O, thusa 'ghaoth a sheòlas,
Thar mór-thonnan 'us ghleann ;
Thoir beannachd uam-sa 'n còmhnuidh,
Gu òg-bhean tìr nam beann ;
'Us ged nach fhaighinn còir oirr',
No snaim ri m' bheò 'chur teann,
Ghuidhinn céile chòir,
Do' n rìbhinn òig 'tha thall.

DOMHNULL MACIOMHAIR.

DOMHNULL MACIOMHAIR.

HA sinn glé thoilichte gu'm bheil againn, air àireamh bàird Leodhais, aon de na maighstirean sgoile, as cliùitiche 's an eilean, airson dìlseachd agus coimhliontachd an fhòghluim a tha e 'toirt seachad—Domhnull Maciomhair, maighstir-sgoile Phabuil. Rugadh e an Uige—sgìre nam bàird Leodhasach—anns a' bhliadhna 1857. Bha 'athair 'n a thuathanach, aig an robh deagh sgoil a réir agartasan an là 's an robh e beò. Dhearbh e sin, oir rinneadh maighstir-sgoile Gàidhlig dheth 'n a sgìre, 'n uair a bha Domhnull a mhac dà bhliadhna dheug a dh' aois. Coltach ris a' chuid mhór againn, thogadh ar cuspair-labhairt air a' Ghàidhlig, agus an àite i 'bhi 'n a ceap-starra dha ann am faighinn air adhart, gach là mar a bha e 'fàs ann an eòlas, 's ann a bha e 'faicinn a' chuideachaidh mhóir a bha cànain an teallaich a' deanamh dha, ann a' foillseachadh d' a inntinn, rùin-diomhair a' chànain ùir air an robh e gach là faighinn am barrachd eòlais.

An déidh a dhol troimh chùrsachan àbhuisteach an fhòghluim, chaidh e 'n a mhaighstir-sgoile do Leumrabhagh an Sgìre nan Loch far an d' fhan e dà bhliadhna. As a' sin chaidh e do Bhreascleit, an Sgìr' Uige, agus an sin, fad trì bliadhna deug, dhaingnich e a chliù mar fhear-teagaisg dìleas, acfhuinneach, agus soirbheachail, agus mar dhuine 'fhuair deagh-ghean agus mór-mheas ann an sùilibh nam pàrantan uile mu'n cuairt. Bha ceangal mór aca ris, agus cha b' ann d' an deòin a dhealaich iad ris 's a' bhliadhna 1896, 'n uair a chaidh iarraidh air, leis an luchd-ùghdarrais, a dhol do sgoil Phabuil, far am bheil e

fhathast. Bha cùisean an fhòghluim glé fhad air ais
an sin 'n uair a chaidh e ann, agus cha'n ann an Leodhas
a mhàin a tha brath an diugh, gur h-i sgoil Phabuil,
aon cho soirbheachail agus cho òrduil 's a tha 's na
h-eileanan an iar, agus sin gu h-uilidh troimh 'uachdranachd
ghlic, éifeachdach, agus smachdachail os a ceann. Tha a
sheann sgoileirean anns gach cearnaidh de'n t-saoghal an
diugh a' lionadh dhreuchdan mhóra agus chudthromaich,
agus tha facal math aig gach aon diubh ri ràdh mu an
seann mhaighstir-sgoile am Pabul.

Ged bha cùisean na sgoile a' laighe dlùth ri 'chridhe 'n
còmhnuidh cha do dhi-chuimhnich e riamh cànain an
teallaich; 's ann a bha 'làmh 'g a cuideachadh gach là.
Le ar n-eòlas meadhonach farsuinn air a sgriobhaidhean
Gàidhlig, cha'n 'eil e mór dhuinn a' ràdh nach' eil a
bheag beò aig am bheil uibhir de'n t-seann Ghàidhlig
chòir, mar labhradh i bho shean, agus a tha aige. Tha
sin faicsinneach do neach sam bith a leughas thairis a
bhàrdachd, agus a chi an stòras saoibhir ás am bheil e
tarruing na faclan—móran diubh a tha an diugh air a dhol
air di-chuimhn'. Fhuair a' Ghàidhlig àite cothromach
riamh an clàr-ùine na sgoile aige, agus cha bu mhisde
shoirbheachadh sin. Coltach ris gach Gàidheal sus-
painneach eile, tha e de'n bharail gu'm bheil a' Ghàidhlig
do-sheachainte feumail 's an sgoil Ghàidhealach a chum eòlais
na Beurla Shasunnaich 'bhi air a ghabhail a stigh leis a'
chloinn, aig nach' eil ach a' Ghàidhlig. A chum teagaisg an
dà chànain a chur air adhart ni bu shoirbheachaile 'n a sgoil,
chlò-bhuail e bho chionn bhliadhnaichean leabhran beag,
snasail, anns am bheil iomadh seòladh luach-mhor airson
teagaisg an dà chànain còmhla ri chéile. Airson obrach
's a' chùis so, agus airson a mhór-shoirbneachadh mar
mhaighstir-sgoile, thug Comunn an Fhòghluim an Alba
(E.I.S.) an onair F.E.I.S. dha.

Mar bhàrd 's fhada bho rinn e chliù aig Mòid a' Chomuinn
Ghàidhealaich, aig an d' fhuair e iomadh uair a' cheud

duais airson bàrdachd. Tha smuaintean domhainn, feall-
sanachd, gràdh d' a dhùthaich, agus min-eòlas air a staid
agus air a h-eachdraidh bho chéin, a' boillsgeadh a mach
anns gach rann a chuir e ri chéile. Tha smior na Gàidhlig
agus ranntaireachd eagnuidh innte, agus tha na cuspairean
bàrdachd, mar tha " Na Fineachan Gàidhealach," " Fàsa-
lachd na Gàidhealtachd," "Smuaintean aig uaighean mo
phàrantan," agus " An Ataireachd Ard," 'n an cuspairean
a bheir an inntinn air ais a dh' ionnsuidh na làithean a dh'
fhalbh, 'n uair a bha ar sinnsir a' sealbhachadh na tìre gun
nuallaich an daimh chròcaich 's a' mhonadh, no 'm bàillidh
fòirneartach a' cur an cleachdadh laghan uachdarain a bu
mhò fòirneart.

FASALACHD NA GAIDHEALTACHD.

Tha'n Gàidheal tùrsach mu thìr a dhùthchais,
A chionn mar spùinneadh a dhlighe uaith,
Am fearann càirdeil 's an d' fhuair e àrach,
A' monadh àrd le gach stùc 'us stuadh,
An gleannan fianaich[1] an leacann fhiarach,
Na sruthain lionmhor bho chiachan bheann,
Na lochan iosal, gach abhuinn iasgaich,
'Us eoin na h-iarmailt a dh' iarradh annt'.

Ghabh aghaidh nàduir oirr' sealladh bàsmhor ;
Tha osnaich shàruicht' air gaoth nam beann ;
Na creagan àrda tha guileach sgàinte,
Gach baile fàsaicht' 's an robh na suinn ;
Tha grian an speuran gu tiamhaidh leusach ;
Tha srath 'us sléibhtean fo mhulad tròm :
Iad uile brònach, mar mhnaoi fo leònadh,
'Us gaol a h-òig' air a chur an cuing.

[1] Feur caol fada na mòintich.

Iad uil' an éislein, mar naoi[2] air thréigsinn,
An cumha a' Ghàidheil 'bha chòmhnuidh innt',
'Bha aoidheil, gnéitheil, 'bha pàirteach, spéiseil,
'Bha fiadhlaidh, feumail 's na h-uile linn,
'Bha modhail, beusail, 'bha fearail, gleusa,
'Bha lùthmhor, eutrom an dìreadh tuim ;
An cath nan treun fhear 'bha colgant treubhach ;
A' casgradh cheudan bu gheur a lann.

Chaidh 'fhògradh tàireil o thìr a mhàthar ;
Thug flath nan àrmunn mór àit do shànnt ;
Luchd spòrs a b'fhearr leis gu màl a phàigheadh ;
Bha lagh 'us bàirleigeadh air a laimh ;
Do reachd an Ard-Righ,—am fearann àiteach,
Do dhìlseachd nàduir cha robh aig' suim ;
Na laoich do 'm b' ghnàth leis 'bhi caoimhneil,
      bàigheil.
Reic e mar thràillean air sgàth an fhuinn.

Carson a thàrmaicheadh clann nan Gàidheal
Cho curant àghmhor am measg an fhraoich ?
A' striochdadh sàmhach do thoil gach nàmhaid
'G an sgiùrsadh sàruicht' 's gach gleannan caomh,
An seanair fàilneach, an lag 's an làidir,
Na mnathan ghràdhach le pàisdean maoth,
'N am bannal fuadain fo bhròn 's fo bhuaireas,
Mar bhàt' 'g a luasgadh an-uair le gaoth.

'Riamh cho deònach an dùbhlan còmhlain
Am fuil a' dhòrtadh chum glòir na dùthch'.
A nis gun chòir ac' air leud na bròige,
Gun dàimh, gun sòlas, ach deòir 'us tùrs ;
'N an grunnain bhrònach thar chuaintean sheòl iad
Gu tìrean neònach gun dòigh gun iùl ;
Ach theich na sgòthan ; tha aca dòchas ;
Tha neart 'us treòir ac' an Righ nan dùl.

      [2] Naoi—naoidhean.   [3] Anns an tìr.

Ma's crioch as àrda dhuinn stòr a chàrnadh
Air chosg nan ànrach 'tha tàmh ruinn dlùth,
Gur truagh an eàrrlaid aig latha bàis dhuinn,
Am fearann fàsaicht', mór mhaoin 'us tnù ;
'S co-ionnan àite th' aig diùc 'us tràill dheth
'N uair tha iad càruicht' gu lag 's an ùir,
'N an cadal sàmhach gun uaill gun àilgheas ;
Bu dhìleab bhràth'rail dhuinn gràdh 'us cliù.

Chaidh fuigheal fhàgail de chloinn nan Gàidheal,
Am measg nan sgàirneach 's nan cnoc nach b' fhiù ;
Le maor no bàillidh an gairm nam fàsach.
Chum sult 'us cràic chur air damh nan stùc ;
Mar iarmad dh' fhàs iad gu lionmhor làidir :
Tha guth 'us àit' ac' an diugh 's gach cùirt ;
Tha reachdan Pharaoh a' call an tàbhachd ;
Thig grian nan sàr-fhear gu dearrs 's na neuil.[*]

Bi' deathach thlàthmhor 's gach tobht 'tha fàsail ;
Bi' mànran Gàidhlig 's gach lagan caoin ;
Bi' clann gu gàireach 'us spreidh ag àlach,
'S na gleannain bhàigheil tha 'n dràst' gun daoin' ;
Bi' sliosan àitichte mar a b' àbhaist
Gu torach, pàirteach, ag àrach laoich ;
Bi' bradan crom-ghob air uisg' nam beanntan,
'N a chobhair sàmhraidh do chlann na dùthch'.

Crodh-laoigh 'us arbhar 's na h-achaibh tàrbhach,
Na caoirich anmoch' tighinn làn do'n chrò ;
Am pobull aoibhneach gu h-òrdail caoimhneil,
Sin crùn gach saoibhreis an glinn a' cheò.
An Tì a thearb dhuinn an t-uisg' tha gailbheach,
Bho'n chruinne thalmhainn orr' aig tha còir ;
Nach gòrach dalma do'n chnuimh' tha dealbht' diubh
'Bhi glacadh sealbh orr' chum tòic 'us spòrs ?

[*] No neoil.

CUR NA MARA.

AIR FONN :—"*Turus Dhomhnuill do Ghlaschu.*"

Bu tu féin an droch ghalair !
'S iomadh balach 'thà'n diomb riut,
Eadar Leodhas 's na Hearradh,
Eadar Gallaobh 's an Dùn Aidh[1]
Cha dean sgùradh do ghlanadh ;
Cha dean balla do dhùnadh ;
Ni thu 'lighiche theannadh,
Cho maith ri sgalag an ùrlair.
             Is mise leis.

Thug mi cuairt bho'n a' bhaile,
Dol gu astar na Galldachd ;
An Cuan-Sgith air a tharsuinn,
Dh' fheumainn 'ghabhail gun taing dhomh.
A tigh 'n dlùth do'n a' chala,
'S am bàt' aisig ri laimhrig,
'S e aon smuain air do lasan,
Chuir gu h-aithghearr fo sgraing mi,
             A' cuimhneach' ort.

Tha thu ciocrach gun tàmailt,
Lonach, plamach, gun speirbheis ;
Cha d' rugadh spéis leat no àrdan !
'S mór mo ghràin dhe do sheirbheis !
Cha leòr biasdan an t-sàil duit,
Air son sàth do mhac-meamnuinn,
Gun an coigreach bochd fhàsgadh
'S tu 'goid càil de a theancaidh[2]
             Le stamag ghort.

---

[1] Aig ceann a deas Ile.   [2] Biadh.

'N uair a dh' fhàg mi an cala,
Ann am pacaid a' smùididh,
'S ann bu deòin leam greis chadail,
Gus an seachnain do mhùigeas ;
Cha bu luaith' rinn mi cromadh,
Ann an oisean 'n a h-ùrlar,
Na a dh' fhògair thu mach mi,
Le mo stamag aig dùbhlan,
    Gun choimeas air.

Ged a fhuair thu na bh' agam,
'S mi mar thanasg air cùbadh,
Cha robh 'thruas 'n a do chlaigionn,
Na leigeadh seachad an cùil mi,
An deud fuadain bho m' bhannas,
Air a shadail le d' ulnich,
'S tusa càireach a' magadh
Eadar Scalpaidh 's an Cù Reith [3]
    Gun mhionaid fhois.

Bha té rìomhach 'n a laighe
Dlùth air acfhuinn an stiùiridh !
Bha i bòidheach 'us fallain,
Ma's d' rinn d' acaid-sa ciùrradh.
Faic a nis i air fannadh,
Gun leus aithne 'n a sùilean,
'S tu 'g a riasladh 's 'g a sgaradh,
Air son barrachd a' liubhraig.
    'S gun tuilleadh aic'.

Na'm b'e h-òr bhi' tu 'sireadh,
Na'm b'e 'tigh bhi' tu spùinneadh,
Leigeadh ise leat tional,
An geall tilleadh gu sùgradh ;

[3] An Gearrloch.

Ach le d' ghréim air a h-innidh,
Ged bhiodh aice na lùchairt,
B' fhearr leath' saorsainn bho d' àmhghar,
Ann am pàilliun an dùbh-chearrd,
                Na suidh' air seid.

Ni thu spiòcaire fiadhlaidh,
Ni thu 'ghiallan na's fharsuing,
Ni thu 'n giòcair a phianadh,
Gus an diol e na ghabh e.
Air an t-seol'dair 's an iasgair,
Chaill thu riaghladh 'us ceannas,
'S na'm biodh subhailc a b' fhiach ort,
'S mi nach iarradh a falach,
                Na'n so a chleith.

Ach thig crìoch air gach dòruinn,
Cha bu bheò dhomh air d' àruinn
Fhuair mi seachad air Rona,
Tha mi 'seoladh 'Chaol-àcuinn,
De gach beannachd th' air thalamh,
Dhomh-sa dealachd bho nàmhaid,
Tha cho suarach air amaibh,
Tha cho salach an càil ruit.
                'Us sin air muir.

⊞ ⊞ ⊞

LAITHEAN NA H-OIGE.

AIR FONN :—"*Hail to the Chief.*"

Mo dhùrachd 'us m' aigne 'n am smuaintean mi beadradh,
Mu chluainean 'us ghlacan 's na chleachd mi bhi òg,
Gach alltan 'us lochan, gach bruaich 'us gach bothan ;
Gach innsean 'us iomair àite innis nam bó.

Na lagain bheag mhislean 's na chleachd mi 'bhi sìneadh,
Na tomanan fìnealt 's na millean nan còs,
Na cuairteagan fasgach, 'us crualach nan dearcag,
'S 'm bu tric bha mi cleasachd an cuideachd mo sheòrs'.

O's fhada bho'n uair sin bho'n dh' fhàg mis' an crualach,
'Us feadan na luachrach 's na sruthain ruith foidh ;
Ach chì mi cho faisg domh a' m' dhùisg 'us 'n am aisling,
Gach réidhlean 'us astar cho soilleir gun sgleò.
Fo aiteal an t-sàmhraidh tha aghaidh nam beanntan,
Cho boillsgeach a' sealltuinn gun cheann diubh fo sgòth
Na h-uillt bheag 'n an siubhal 'n an srionagan dubha,
'S uisg' cite gach brùthaich cho fallain r' a òl.

A Mhealasal Bhraonach cho dearrsach gach taobh diot,
Le d' bhinnein cho faoilidh ri aodann nan neòil.
Le d' chàrnan am fradharc gach còmhnaird 'us faoghail,
O iomall na mara gu Eilean a' Cheò.
Gur cuimir a dh' fhàs thu bho d' ìsle gu d' àirde.
Le d' phallan cho sàbhailt mar theàrmunn do dheòin,
Do'n fhitheach 's do'n fhìrean do'n t-seabhaig mar dhìdean,
'N ad bhaideal nach dìobair do dh' innleachd feachd beò.

O seinneam-sa cliù dhuit 's cho tric 's bha mi sùgradh,
Am fasgadh do stùcan gun chùram gun ghò.
'S tu mar ghaisgeach a' faire 'g am dhion anns a' bhaile,
Bho ànradh 'us crannadh 'us oiteagan reòt'.
Ma 's crùbainn gu cadal 's ann ort bheirinn sealladh,
Mo shùil ort 's a' mhaduinn mar mharaich r'a sheòl.
Gach snuadh bhiodh air d' aghaidh mar ghloine 'toirt
          rabhaidh,
Mu'n aimsir a gheibhinn a dh' aindeoin no dheòin.

Do stacan an òrdugh le crotul 'us còinneach,
A' gharbhag 's an t-sòbhrach an còsan do chléibh,
'Us gucagan brògach na cuthaig cho bòidheach,
'Cur mais air do leadain cho còmhduicht' le feur.

An soilleachd an t-sàmhraidh gu'm b'aìt leam 'bhi lain
    riut,
Ag iomain nan gamhna gu còmhnard do shlèibh,
An fhionach mu'n cluasan le canach geal suas uirr' ;
'Us mise 'g an cuallach 's iad luath tigh 'n fo sgéimh.

Tha thusa cho maireann gun chaochladh air d' fhearann,
Cha'n aois a ni geal thu 's cha thanaich do chiamh ;
An cuallan bha mar rium a' gluas 'd ann ad charamh,
Cha bhuan diubh ach ainneamh tha farraid mu d' sgiam
Bi' Samhradh 'us Earrach 'cur brat ort mar fhalluinn,
'Us frasan 'us gaillionn mu d' bharraibh 'n an sian.
A' taomadh 'n an steallan gu ùrlar do ghleannain,
'S do thoite cur falluis air leabaidh nam fiadh.

Tha bradan 'us geadag a' cliathadh 'n ad fheadain,
A' bhànag 's an dubh-bhreac 'n ad lochan a' tàmh.
Gun smuain air na laghan tha bagradh 'n am aghaidh,
Gur tric mi 's gach cladhan 's mo shlatag 'n am laimh,
A' siabadh gach lodain le dòchas 'us sodan,
A' streap thar gach creagan a' leantuinn na h-àrc ;
'Fear loinnreach gun umhail fo chòthar na bruthaich,
'Us mise cho guineach gu 'fhaighinn an sàs.

B'e sonas 's am pàrras do bhalach 'bhi laimh riut,
An neo-chiontachd nàduir ma' s fhàs e cho mór.
'S gu'n iarr e a' bhrigis gus fhalmanan fhilleadh,
Gun iomagain mu'n sgillinn no cur ris a' stòr.
Na h-uisgeachan àillidh 'tha 'g iathadh do shàilean,
Na cnuic tha air d' àruinn—mo ghràdh iad ri m' bheò.
Mo bhruadar a' cadal mo smuaintean 's a' mhaduinn,
Air mórachd do mhaise 'n ad leabaidh 's na neòil.

                ⊞ ⊞ ⊞

AN ATAIREACHD ARD.

Tha còrr agus tri fichead bliadhna bho'n chaidh na bailtean sin timchioll tràigh mhór Uige 'chur fàs. Chaidh aon bhaile beag air iomall a deas na traghad fhàgail an déidh chàich. Airson an gabhail chaorach a rinneadh de na trì bailtean eile leasachadh, chaidh tuath a' bhaile-sa cuideachd fhògradh 's a' bhliadhna 1851. Iadsan a bha comasach air a sin a dheanamh ghabh iad aiseag ann a' soitheach seòlaidh do Chanada. An déidh a bhi dlùth air dà fhichead bliadhna air falbh thainig aon duine còir 'n a shean aois air ais a dh' fhaicinn bailtean 'òige. Thachair dhomh a bhi 'n a chuideachd mar a bha e gu deurach, airsneulach, ag amharc 's a' meorachadh air fàsalachd a' bhaile. Tha cuimhne agam air aon ni a thubhairt e :—" Cha'n 'eil ni a so mar a bha e, ach ataireachd na mara air an tràigh." 'So aobhar na bàrdachd so.

An ataireachd bhuan,
Cluinn fuaim na h-ataireachd àrd,
  Tha torunn a' chuain,
Mar chualas leam—s' e 'n am phàisd,
  Gun mhuthadh gun truas,
A' sluaisreadh gainneimh na tràgh'd,
  An ataireachd bhuan,
Cluinn fuaim na h-ataireachd àrd.

Gach làd le a stuadh,
Cho luaisgeach, farumach, bàn,
  'N a chabhaig gu cruaidh,
'S e gruamach, dosrach, gun sgàth,
  Ach striochdaidh a luath 's
Aig bruaich na h-uidhe bh' aig càch.
  Mar chaochail an sluagh,
Bha uair 's a' bhaile-sa tàmh.

'S na coilltean a siar
Cha'n iarrainn fuireach gu bràth,
  Bha m' inntinn 's mo mhiann,
A riamh air lagan a' bhàigh
  Ach iadsan bha fial
An gniomh, an caidreamh, 's an àgh,
  Air sgapadh gun dion
Mar thriallas ealtainn roimh nàmh.

Seileach, 'us luachair,
Cluaran, muran, 'us stàrr,
  Air tachdadh nam fuaran
'N d'fhuair mi iomadh deoch-phàit'
  Na tobhtaichean fuar
Le bualan, 's cuiseag gu'm bàrr,
  'S an eanntagach ruadh,
Fàs suas 's a' chagailt 'bha blàth.

Ach chunnaic mis' uair,
'M bu chuannar beathail an t-àit',
  Le òigridh gun ghruaim
Bha uasal modhail 'n an càil,
  Le màthraichean shuairc,
Làn uaill 'n an còmpanaich gràidh
  Le caoraich 'us buar,
Air ghluas'd moch mhaduinn nan tràth.

Ag amharc mu'n cuairt,
Cha dual domh gun a bhi 'm pràmh,
  Cha'n fhaic mi an tuath,
De 'm shuaicheant' carthannas tlàth,
  'N am fògaraich thruagh,
Chaidh 'm fuadach thairis air sàl.
  'S cha chluinn iad gu buan,
Mór fhuaim na h-ataireachd àrd.

Fir sgìursaidh an t-sluaigh,
Cha bhuan iad bharrachd air càch,
  Bu chridheil an uaill
'G ar ruagadh mach gun chion fàth,
  Ach sannt agus cruas ;
An duais tha aca mar tha,
  Mór dhiomb' us droch luaidh
An uaigh le mallachd n àl.

  Ach siubhlaidh mi uat ;
Cha ghluais mi tuilleadh 'n ad dhàil :
  Tha m' aois 'us mo shnuadh
'Toirt luaidh air giorrad mo là,
  An àm dhomh bhi suaint' ;
Am fuachd 's an cadal a' bhàis,
  Mo leabaidh dean suas
Ri fuaim na h-ataireachd àrd.

⊞ ⊞ ⊞

SMUAINTEAN AIG UAIGH MO PHÀRANTAN.

Mar bhoillsge na gréin' air uchdaich an t-sléibh,
Mar dhuilleach nan geug uaine ;
Mar ealtainn nan speur ag astar air sgéith,
Mar dhealt air dos feur cluaine ;
Mar shneachda gu làr a thuiteas 's a' Mhàrt
Bheir oiteag de bhlàth's suas e,
Tha beatha nan àl cho diombuain gun stàth
'N a sealan tha làn buaireis.

Tha 'mhàthair bha caomh 's an t-athair ri taobh
'N an leabaidh bheag chaol suainte
Am fuarachd a' bhàis 's an duslach an sàs
Fo ghlasaibh nan clàr fuaighte ;

Theirig am blàths, chaidh stad air a' ghràdh
Bha 'g eirigh le bàigh suas riu' ;
Cha téid iomaguin no àgh, sonas no slàint
Do dhùbhlachd an àit' fhuair so.

Có neach a tha gluas'd 's an t-saoghal-s' air chuairt
As urrainn le uaill dòigh chur
An tiodhlac no 'maoin, an cumhachd an t-saogh'l,
'S co-ionnan gach laoch 's deòraidh ;
Ma tha na's àrd an inbhe no 'm pàirt
Na esan tha dhìth stòrais,
De bhuannachd no stàth a th' ann aig a' bhàs,
Is duslach de'n aon seòrs' sinn ?

Tha gliocas 'us pròis, tha àrdan 'us tòic,
Le fàbhar 'us deagh bheusan,
Tigh 'nn uile gu crioch, mar chiont' 'us droch ghniomh
Fir-spùinnidh 's luchd dian-eucoir.
Thig àilleachd 'us glòir, 'us mór-chuis luchd-spòrs,
Gu neo-ni mar thoit céitein ;
Is fìrinn an ràdh, gur buaireas gun stàth
Tha feitheamh 's a' bhlàr-réis oirnn.

Ach dhuinne gu léir, 's gu 'n annainn' ach cré,
Cha bhuin a bhi geur fheòraich
Mu rùintean an Ti, thug bith do gach nì,
'S a' chruinne tre dhoimhn' eòlais,
A bhuilich 's gach àit' réir comhairl' a ghràidh
Gach beatha 's i làn sòlais ;
Ach so mar a thà, thàinig am bàs,
'S tha mulad 'us càs oirnne.

Na pàrantan suairc, bha dhuinne 'n an uaill,
Chaidh seachad mar shoills' lòchrain ;
Ach moladh an àigh do'n Athair nach d' fhàg
Luchd-tuiridh gun sgàil dòchais.

Théid duslach gu làr, ach dh' ullaich E àit'
'M faigh spioraid a naoimh sòlas ;
An caoimhneas a ghràidh, an ionad a thàimh.
'S nach inntrig gu bràth dòruinn.

⊕ ⊕ ⊕

BRUADAR AN LEODHASAICH A' UINNIPEG.

FONN :—"*Muile nam mòr-bheann.*"

Tha Iain, mo charaid ag ràdh gu bheil cianalas air
's a' bhaile mhór so, ach gu'm bi e an Ceilidh nan Gàidheal
gu tric.

    A charaid chaoimh, thoir uam-sa beannachd
    Gu càirdean na Féinn, 's tu ceilidh mar riu
    A' Uinnipeg mhór nan stòr 's na ceannachd
    A' chruithneachd, a' choirc, 'us a' phònair.

Seisd. O togamaid fonn 's a' chànain mhaiseach,
    A dh' ionnsaich sinn òg mu chrò na cagailt
    An dùthaich nan sonn ri tonn a' chladaich,
    Far an luiginn rithist bhi chòmhnuidh.

    'N am smuaintean leam fhéin 's 'n am bhruadar cadail
    Tha mise gach uair toirt cuairt do'n bhaile
    'S an d' fhuair mi am blàths an gràdh 's am bainne
    'Us càirdeas cridheil na h-òige.

    Cha'n robh ach an raoir, ge b' chruaidh an reothadh,
    Bha mis' agus càch le spàirn a' treabhadh,
    A' cur a' bhuntàt' am bàrr an leothaid,
    'S a' tionndadh talamh an eorna.

Na h-uain bheag a' leum air bruaich na gile,
'Us aiteal na speur 'n a leus 's a' linne,
An smeorach a' seinn cho binn 's a' chreagan
'S an uiseag a' ceileir 's na neoil dhuinn.

An t-sobhrach 's a' ghleann 's aig ceann gach balla,
Bha'n caorunn a' fàs fo bhlàths an Earraich
An t-seamrag cho sgaoilt 's am braonan mar ri
'S an canach cho geal air na lòintean.

Mo bheannachd gu bràth aig tràigh na mara,
'S 'm bu tric bha mi snàmh, gun chàil air m' aire,
Bho mhaduinn an là gu tràth dhomh laighe,
Ach sùgradh aighear 'us gòraich.

Tha 'n clachan mar bhà am bràigh a' chladaich,
Na cnuic 'us na h-eoin 's a' mhointeach fharsuing ;
Ach cuideachd mo ghaoil bu chaomh leam fhaicinn
Mo thruaighe mise, cha bheò iad.

ALASDAIR M. MACNEACAIL.

ALASDAIR M. MACNEACAIL.

BHO Nis aosda nan tonn gu Uige riabhach nan uigean sàile, agus anns gach cearnaidh 's am bheil Leodhasaich a' gabhail còmhnuidh, tha deagh eolas air cuspair ar n-eachdraidh, mar ùghdar an òrain thaitnich sin, a tha air ball a' gluasad thograidhean dùthchasail ann an aignidhean luchd-àiteachaidh Eilein an Fhraoich —" Eilean Leodhais, tìr nan gaisgeach."

Rugadh am bàrd so—Alasdair Macneacail—ann an Lional, an sgìre Nis 's a' bhliadhna 1870. 'N a ghille òg, aig ochd bliadhna deug a dh' aois, sheol e gu America, agus thilg e a chàmp a measg Shasunnach nan Staidean Aonaichte, a' feitheamh ris an t-soirbheachadh a dh' fhaodadh cuibhle 'n fhortain a chur mu'n cuairt da. Shoirbhich leis, agus ann an ùine nach robh iada, bha e 'n a fhear-ceairde sgileil agus acfhuinneach, ach a dh' aindeoin gach nì mhothaich e nach robh 'n dùthaich 's an robh e tighinn ri 'shlàinte, agus mar sin thàinig e dhachaidh gu tìr a bhreith agus 'àrach.

Rinn e dhachaidh ann an Scigersta, far am bheil e fhathast. Chuir e suas bùth ghasda an sin, agus tha e 'leantuinn a cheaird mar shaor cuideachd agus sin le mór shoirbheachadh. Cha mhò bha e air a mhealladh a thaobh a shlàinte, oir, coltach ri Donnachadh Bàn roimhe, rinn an t-uisge glan 's am fàileadh slàint' agus fallaineachd dha-san cuideachd.

Rinn e móran òran, ach tha sinn a' creidsinn gur h-e, " 'N téid thu leam a ribhinn mhaiseach," a chuireas a mhór-chuid air thoiseach dhiubh uile.

Tha sinn duilich aithris gu'n do chaochail ar caraid bho'n chaidh so an clò.

EILEAN LEODHAIS, TIR NAN GAISGEACH.

Seisd—'N téid thu leam, a ribhinn mhaiseach?
'N téid thu leam, a ribhinn òg?
'N téid thu leam, a ribhinn uasal,
Null air chuairt a dh' Eilean Leòdh 's?

Chi thu m' athair ann 's mo mhàthair,
Mo bhràithrean 's mo phiuthar òg,
'S gheibh thu iad-san 'tha dhomh càirdeach,
Cridheil bàigheil mar bu chòir.

Chi thu 'n t-àit' 's an deachaidh 'n' àrach,
Mu'n do dh' fhàs mi gu bhi mór,
Canaidh tu gur baile briagha,
Lional, ann an Eilean Leodh 's.

Chi thu laoich as bòidhche snuadh ann,
'Bheireadh buaidh a'm blàir na h-Eòrp.
Chi thu maighdeanan gun ghruaim orr',
Gabhail dhuan a' luadh a' chlò.

Chi thu mòinteach, cnoc 'us gleann,
Le feadain chàm 'n an deann gu òs,
Chi thu smeòrach air na geugaibh,
Maduinn Chéit' an Eilean Leodh 's.

Chi thu Mùirneag 's beanntan Bharabha.s,
Air an iath 's an anamoch ceò.
Chi thu àirighean 'n an guaillinn,
'S gruagaichean ag uallach bhó.

Chi thu muran, fraoch, 'us luachair,
Air gach buaile 's anns gach lòn.
Muran, raithneach 's canach shamhraidh,
Nach' eil gann an Eilean Leodh 's.

Chi thu muir gun sgìos a' bualadh,
Creagan ruadha gruamach, àrd,
'S cha'n fhaca tu riamh cho bòidheach,
Ris na h-eòin 'bhios orra 'tàmh.

Chi thu lochan ann 'us fuarain,
'S àillidh snuadh 'tha fo na neòil ;
Agus fraoch a' fàs mu'n cuairt orr',
Sealladh buan an Eilean Leodh 's.

Chi thu tighean air an t-sliabh ann,
Nach fhaca tu riamh an seòrs' ;
Crodh 'us caoraich air gach taobh dhiubh,
'Measg an fhraoich an tìr nan seòid.

Chi thu ann gach ni mar shaoil leam,
'S le mo dhùrachd sud mar bha
O ! ma théid thu leam a chaoidh ann,
Gheibh thu caoimhneas agus blàths.

Fhreagair i gu siobhalt' ciùin mi,
"Théid mi, rùin, leat null thar sàil,
'S bho'n 'tha tìr do bhreith cho rìomhach,
Fanaidh mi gu crìch mo là."

⊞ ⊞ ⊞

AM FLEASGACH DUALACH.

IR FONN :—"*Hùgaibh air nighean donn nam meall-
shùil.*"

Seisd—O ! nach robh mi thall 's na beannaibh,
            Far 'eil m' annsachd fo na crannaibh,
            O ! nach robh mi thall 's na beannaibh.

Gu ma fada buan an t-òigear,
Do'n tug mise 'n gaol a leòn mi.
'S e dh' fhàg mi gu dubhach brònach,
An là 'sheòl e uam cho fada.

Bha mi 'n dùil bho m' thaobh nach gluaiseadh,
Am fear grinn a rinn mo bhuaireadh ;
Ach 's e b' fhearr leis a' bhi 'cluaineis,
Far an cluinn e fuaim na mara.

Ged tha mo chridhe 'n impis sgàineadh,
'S ged tha falt mo chinn gu bànadh,
Na'm biodh agam roinn de thàlannt,
Chuirinn cainnt nan sàr na h-altaibh.

Thug e cuireadh dhomh 'bha fialaidh,
Nach di-chuimhnich mi gu siorruidh,
A' dhol thairis leis gu Lional,
Far an d' fhuair e 'chìoch 'n a leanabh.

Rinn a chòmhradh mi glé luaineach,
Cha laighinn 's cha 'n éirinn suaimhneach,
'S bho nach d' cheadaicheadh dhomh gluasad,
Dh' fhàs mo chruth 's mo ghruaidhean tana.

'N uair a thig an samhradh buadhach,
Bi' gach té le h-òigear uallach,
Uraichidh sin dhomh-sa gruamachd,
O ! nach truagh gu'n deach' ar sgaradh.

Bho'n as ni e nach 'eil buailteach,
Gu'n coinnich mi " am fleasgach dualach,"
Tha m' aigne mar lunn nan cuantan,
No mar shneachda fuar na gaillinn.

O ! nach mise 'tha gu tùrsach,
Dh' fhalbh mo threòir mo cheòl 's mo shùgradh,
'N uair bu chòir dha tigh'nn do'n dùthaich,
Dh' fhan e thall air cùlaobh Ghlaschu.

Na' m biodh agam cùng' do m' iargain,
Cha b'e stòr no sròl a dh' iarrainn,
Ach 'bhi toinnte le mo mhiann-sa,
'Snaoim nach fuasgladh sgian air thalamh.

'S tric a dh' éisd mi 'n duanag bhòidheach,
'Chuir e suas mu Eilean Leodhais ;
'S iomadh neach do'n 'tug e sòlas,
Chaidh an ceòl ud fad' 'us farsuing.

Ged nach 'eil e 'n dàn dhomh bhuannachd,
Chaoidh cha dean mi 'chàineadh suarach,
'S cha b'e dhìth 'bhi riòmhach, uasal,
Dh' fhàg a nochd mo chluasag falamh.

'Ille dhuinn !   'bha caoimhneil sìobhalt,
Ged nach fhaic mi ann an tìm thu,
Ma bhios bana-charaid a dhìth ort,
Cuimhnich air, " An Ribhinn Mhaiseach."

⊞ ⊞ ⊞

NA TIGHEAN EARRAICH.

Air Fonn :—" *Hùgaibh air nigh'n donn nam meall-shùil.*"

Seisd—Hùgaibh air nigh'n donn nam meall-shùil,
       'Rinn mo leòn le còmhradh tarsuinn,
       Hùgaibh air nigh'n donn nam meall-shùil.

Ma dh' éisdeas tu car tamuill rium-sa,
Bheir mi duanag le seann fhonn dhuit,
Air na fleasgaich sheasmhach, shùnndach,
Chaidh a' shealltuinn air a' chaileig.

Feasgar Luan 'n uair rinn mi gluasad,
Bha 'n am chòir fear mór na tuasaid,
'S cha robh muran fraoch no luachair,
Nach do sguab e ás a' mhonadh.

Beagan mhìltean tuath air Mùirneag,
Thachair oirnn' na h-òighean mùirneach,
A thug cuireadh dhuinn le dùrachd,
Stiùireadh air na tighean earraich.

Cha b'e brìodal caomh nan òighean,
A chuir mise 'shiubhal mòintich,
'S ann a dh' fhalbh mi leis a' ghòraich,
'N am fhear treòraich' do mo charaid.

'N uair a ràinig sinn 'n tigh mòintich,
'S an robh 'ghruagach dhonn a' còmhnuidh,
Chuir i 'ceann a mach fo sgòdan,
'S thuirt i rium, " A sheoid, na caraich ! "

Fhreagair mis' i 'n Gàidhlig Leodhais,
" 'Ineag dhuinn, cha bhinn do cheòl leam.
Labhair rium-sa cainnt na's còmhard,
A thainig 'n ad chòir le leannan."

Thuirt i rium le car 'n a còmhradh
" 'Ille, till, tha thu ro sheòlta,
Cha' n' eil fhios a'm nach tig Domhnull,
'S dheanadh e le 'bhròig ar sgabadh."

Fhreagair mi, " Ma thig cha tàmailt,
'S iomadh laoch rinn nighean tàir' air.
'S cuimhnich gu'm bheil iasg 's an t-sàl,
Cha math 's a thàrradh riamh gu cladach."

Bho'n a labhair mi cho cianail,
Chuir a' mhaighdean fàilt air Iain,
Chuir i filleag bheag mar dhion air,
'S rinn mo shiad e aig an dachaidh.

Rinn mi fhéin airson 'bhi fàgail,
Cha robh tuilleadh feum 'bhi màirneal,
'S thug mi ionnsaidh mar bu ghnàth leam,
Gus am faighinn c' àit' 'n robh 'n dorus.

Ach mu'n d' lorg mi mach a' chòmhla ;
Chuala mi droch fhuaim nach d' chòrd rium,
'S 'n uair a sheall mi ceart bha Domhnull,
Shios eadar a' bhó 's am balla.

Dh' amhairc mi mu'n cuairt le sòlas,
Feuch am faicinn c' àit' 'n robh Domhnull,
'S 'n uair a dhearc mi air an òigear,
Bha e fhéin 's a' bhó a' sabaid.

Chaidh an talladh ud gu ùpraid,
'S chaidh an téin' air feadh an ùrlair,
Theich na radain ás na cùiltean
'S thog iad orr' le sùrd gu baile.

Bhuannaich a' bhrùid 's cha b' neònach,
Cha robh innt' ach saighdear eòlach,
Shrac i cùl na briogais chlò air,
'S thilg i 'n t-òganach troimh 'n dorus.

'N uair a chaidh gach ni gu stòladh,
Thug sinn leinn an saighdear leòinte,
Chuir sinn acfhuinn air an t-sròin aig'.
Chaidh a sgròbadh ris a' bhalla.

⊞ ⊞ ⊞

A' GHRUAGACH BHÀN.

AIR FONN :—" 'Ghruagach Dhonn a' bhroillich bhòin."

Seisd—'Ghruagach bhàn 'tha tàmh 's a' ghleann,
    'S àillidh 'tha an tìr nam beann.
    Ma ni thu rium cùmhnant teann,
    Bheir mise bann nach diobair dhuit.

'N uair a bha mi aotrom òg,
'Ruith 's a' leum gun fheum air bròig ;
Bha mo chridhe maoth gun ghò,
'S gun fhiamh gu'n leònadh nigheanag mi.

Tha do nàdur gràidh gun ghruaim,
Làn do bhàighealachd 's do thruas.
Ris gach càs 'us àmhghar cruaidh,
'Tha buailteach do na dìlleachdain.

Tha do shùilean corrach, caomh,
Boillsgeach aoibhneach air gach taobh ;
'S tha do dhealbh gun chearb gun lùb,
Gu fallain, fiùghail, fìnealta.

Tha do chuach-fhalt soilleir mìn,
'S tha do bhian air fiamh an lìn ;
Do dhà ghruaidh cho snuadhmhor grinn,
Ri ròs am beinn nan dìtheannan.

Cha b' e fearann, maoin no stòr,
A chuir mise 'n gaol air Mòr,
Ach a h-inntinn chaoimhneil, chòir,
'S a cur-air-dòigh 'bu shìobhalta.

B'e mo mhiann 'bhi mios gun cheann,
Muigh ag iasgach ris a' ghleann.
Ann an doire chaomh nan crann,
Le annsachd an fhuilt shnìomhanaich.

'Nigheanag òg as bòidhche snuadh,
Rugadh thall an gleann nam buadh,
Biodh do dhòchas beò le buaidh,
'S bheir mise 'n duais as rìomhaich' dhuit.

ORAIN THAGHTE.

"Aireamh thaghte de bhardachd Leodhais a chruinn-icheadh thall 's a bhos. Chuir cuid de na bàird air am bheil iomradh air a dheanamh anns an earrainn so de'n leabhar, móran òran r' a chéile nach robh sinn comasach air fhaighinn, ach 's e ar dòchas gu'n tog cuid aca ceann fhathast."

COMHRADH EADAR DUINE AGUS CLIABH-MONADH.

An Duine.

Tha mi dol a dheanamh òrain 's an cliabh-mònadh air
    mo mharbhadh,
'G a mo chumail ann an tabhoin, 'g a thoirt dhachaidh
    moch 'us anamoch.
'S na' m biodh e 'n a rathad còmhnard, cha bu ghearan
    dhomh-sa falbh leis,
Ged a bhithinn tric 'g a shlaodadh steach mu aodann tom
    nach aithnichinn.

An Cliabh.

Steach mu thaobh tom nach aithnichinn 's tu bhiodh
    anamoch a' tighinn dhachaidh,
Cha bu chaomh leam fear do chòta, 's a' chùil mhònadh
    a' bhi falamh.
Dh' éireadh tu mu mheadhon oidhche, fad mu'n tigeadh
    soills' air latha.
'S tu a' coimhead anns gach àirde 'n ann 'n ad fhàbhar
    bhiodh a' mhaduinn.

An Duine.

Na'm b' ann 'n am fhàbhar bhitheadh a' mhaduinn, 's
    ann mar sin a b' fhasa dhomh-s' e.
Bheirinn dhachaidh dhà no trì leat ged a bhiodh e mù'
    'us còrr uam.
Ach bho thainig an droch thìde, tha mi seachd sgìth dhe
    do dhòighean.
'S tha mo bheatha cheart cho searbh dhomh, 's ged do
    dh' fhalbhainn 'Mhanitòba.

An Cliabh.

Ged dh' fhalbhadh tu do Mhanitoba, ciod e 'chumadh
    beò do theine,
Cha 'n 'eil ann ach àite suarach, gun chnap guail gun
    bhioran maide.
Cha 'n 'eil fiodh ann, cha 'n 'eil riasg ann, chumadh
    éibhil riut de 'n teine,
Mur a téid thu thun an ùrlair, dh' iarraidh sgùird de na
    clachan.

An Duine.

'Dh' iarraidh sgùird de na clachan, 's olc a' mhisneach
    'tha sin dhomh-sa.
Cha b' ann ris a bha mi cleachdte, ris an fhasan sin bho
    m' òige.
'S ann bu tric a rinn mi garadh ris an teine thoirteil
    mhònadh,
'N uair a bha mi òg 'n am bhalach, ma's do cheannaicheadh
    snàile bhròg dhomh.

An Cliabh.

Mu 'n do cheannaicheadh snàile bhròg dhuit, sin a dh'
    fhàg cho mór do throidhean.
Tha iad deiseil dhuit bho 'n uair sin airson cumail suas
    an eallaich.

Chaidh iad ort mar dà chuaran, leis an fhuachd mu 'n
    d' fhuair thu caiseart,
'S cumaidh iad thu 'n diugh air uachdar, dh' aindeoin
    suaraichead an astair.

AN DUINE.

Dh' aindeoin suaraichead an astair, tha mi fathast a'
    tighinn beò ann,
Ged a chaidh mi air mo tharsuinn ann an tabhoin 's a'
    phòll mhònadh,
Bha mi ann gun dùrd ach bìgeil 's an iris rùisgte ri mo
    sgòrnan,
An e gu 'n gabhadh tusa truas rium, ged a bheirinn suas
    an deò ann !

AN CLIABH.

Ged bheireadh tu suas an deò ann, cha 'n ann dhomh-sa
    bhiodh an cron sin,
B' fhearr leam gu 'n tugadh tu suas i, fiach am faighinn
    cuairt de dh' anail.
Tha mo stangan air a' chéile, 's gun an éis dhiom ach
    na taisean,
'S cha 'n fhada bhios sin fhéin ann 'g a mo staiceadh ris
    an talamh.

AN DUINE.

'G a mo staiceadh ris an talamh 's glan a choisinn thu
    do bhualadh.
Cha 'n 'eil annad ach droch bhathar, mu gheibh thu idir
    làmh an uachdar.
Tha thu mar a' madadh-alluidh, ris gach neach ri 'n dean
    thu suathadh,
'S tha do stangan mar an ealtuinn dol a steach an ceann
    mo chruachain.

An Cliabh.

Dol a steach an ceann do chruachain mar is cruaidh e
　　's ann as fhearr e.
'S diolaidh mise sin ort fhathast eadar so 's an àirigh àrd
　　leat.
Ach ma bhios mi air mo chùnadh fàgaidh mi gun lùths
　　do chnàmhan,
'S ann a gheibh mi lùnn 's an là ort 'n uair a bhios an
　　cabhadh làir ann.

An Duine.

'N uair a bhios an cabhadh làir ann. cha 'n fhaigh thu
　　gu bràth bho d' anail ;
Feumaidh tu falbh an uair sin, dh' aindeoin suaraichead
　　an latha.
Fhads' a sheasas cuiseag ruadh dhiot, cha ghabh mi
　　truas riut no gearan,
Ach 's tu nise cliabh cho briagach chuala mi 'bha riamh
　　's na Dailean.

———

Cha d' fhuair sinn a mach ainm ùghdair an òrain so,
ach tha e coltach gur h-ann 's na Dailean an Nis a rinneadh e.

⊕　⊕　⊕

ORAN CHALUIM SGÀIRE.

———

Le Calum Macaulaidh a Bearnaraidh.

———

Fonn—Air fàill o ro u,
　　　　Fàill éileadh o ro u,
　　　　Air fàill o ro u,
　　　　Hogaibh o ho ro hì.

Och hi ri gur trom m' osna,
'S fhada bho mo luaidh a nochd mi.
Tha mise tuath aig ceann Lochluinn,
'S is' aig Loch-an-fhir-mhaoil.

Dh' fhalbh i, ghluais i leinn dhachaidh,
Chuir i 'chuairt ud air Arcamh,
Siùil ùra 's croinn gheala,
I'lde mhara 's i leinn.

Fhuair mi nise lan òrdugh,
Air an t-soitheach a sheòladh,
'S ann a stiùireas mi 'n t-sròn aic'
Gu Macdhomhnuill an Fhraoich.

'N uair a nochdas mi 'fàire,
Bi' mo leannan-sa 'g ràitinn,
So an soitheach aig Cràgam,
Calum Sgàire tha innt'.

Tighinn a nuas dhomh aig Barabhas,
Thainig osn' oirr' bho 'n earra-dheas,
'S ann a shamhlaich mi falbh i,
Ri earba air tìr.

'S ged is math a' bhi seòladh,
Cha 'n 'eil e 'g a mo chòrdadh,
'S mòr gu 'm b' fhearr leam bhi 'm Bòstadh,
'Cur an eòrn' anns an raon.

'N uair a ràinig mi dhachaidh
Bha mo mhàthair 'n a cadal,
'Us m' athair 's e 'spealladh,
Air machair a' mhaoir.

'S 'n uair a dhìrich mi 'chruallach,
Thug mi sùil air mo ghuallainn,
'S ann a chunnaic mi 'ghruagach,
Dol mu 'n cuairt air an spréidh.

'S 'n uair a dhìrich mi 'bhruthach,
Thilg i 'bhuarach 's an cuman,
Thuirt i, " 'S uaibhreach an diugh mi,
So cuspair mo ghaoil."

Ach na 'm bithinn-s' aig baile,
A gheamhradh 's a dh' earrach ;
Cha leiginn mo leannan,
Le balach gun strìth.

Na 'm bithinn-sa làmh riut,
'N uair a thug thu do làmh dhi,
'S ann a dh' fhaodadh do chàirdean.
Dhol a chàradh do chinn.

❋ ❋ ❋

ORAN NA MUICE-MARA.

Le Iain Mac a' Ghobhainn (Iain Chaluim Ruaidh)
Bearnaraidh.

Chuala sibh uile mu 'n t-seanachas,
Gu 'n d' thainig an t-seamalach gu tìr,
Chunnacas i 'gabhail na laimhrig,
Air rudhachan garbha Bhàrr-sìth.
An latha air an d' thainig i dhachaidh,
'S e 'n t-Sàbaid a bh' againn air tìr ;
Bha diùlaich ullamh gu 'bòdadh,
Gun iomradh air còrdadh mu 'prìs.

Gun teagamh 's e 'm Brùnach a mharbh i,
Bha 'chlaidheamh cho dearg leis an fhuil,
Choinnich iad air a' Pholl-ghainmhich,
'S sheas e gu calma roimh 'bus.

Theich i le eagal a cluasan,
'S thuirt i, " Cha bhuannaich thu dub,
Bheir mise gu sruth a' chuain mhóir thu,
'S cha 'n fhaigh thu gu Tobson mi 'n diugh.''

Cha stad sinn gu ruig sinn Rockall,
Am Bronacleit tàmhaidh sinn oidhch'.
Chaidh riaghailtean innse mar tha dhuit,
Gu' n reicte do ghàilleach air suim.
'S e t-ola 'bhitheas maith anns an smiùireadh.
Bi' mis' air mo chrùnadh a chaoidh ;
Ma gheibh mi gu fearann mo dhùthch' thu,
Bi' meas air a' Bhrùnach gach linn.

Gu 'n iar bha ise a' stiùireadh,
'S gille mo rùin air a sàil.
Chunnaic na h-Iortaich i smùideadh,
'S i 'deanamh a cùrs' air an àit'.
Do Ghreenland bha i ag iarraidh,
Ach stiùir e gu 'n iar-dheas a' phlàigh ;
'Us bhuannaich iad Scalpaidh na h-Earradh,
'Us Caiptein na mara 'n a dàil.

Dol troimh na chaol h-Earrach bha fuaim ac',
'S fhreagair an sluagh a bh' air tìr,
So agaibh maraich nan cuantan,
Chuartaich e muir agus tìr.
Thig agus taghail an laimhrig,
'S gu 'n innis thu t-ainm 'us tu sgìth ;
'S gu 'n innis sinn 'n oifis an Tairbeairt,
Gu 'n d' fhuair thu do sheamalach fo chìs.

'N uair shuidhich thu cùrs' orr' gu 'n earra-dheas,
'S tu fàgail an Tairbeairt 'n ad dhéidh.
'S a nochd thu ri fearann na Mór-thìr,
'S na h-Eileanan Móra gu léir.

'N uair fhuair thu seachad a' Chàbag,
'S a fhuair thu sruth tràghaidh 'n ad dhéidh,
Cha 'n fhaca mi tighinn á Jersey,
Bàta 'thoirt bàrr air do cheum.

'N uair thòisich thu seòladh A' Mhinch,
Gu 'n choisinn thu meas do 'n an àit',
Bha bàtaichean ùra fo sheòl ann,
Nach faigheadh gu cala gu bràth,
'N uair leugh thu do chombaiste cinnteach,
Chaidh bratach a sgaoileadh gu h-àrd ;
'S an trompaid 'toirt urraim do d' mhórachd,
'N uair ghabh thu gu Rònaidh air snàmh.

Dol seachad air Pabuil bha riag ac',
'Us timchioll mu Shiadar na h-Aird.
Bha muinntir an Rudha fo ioghnadh,
Nach iarradh tu cala gu tàmh.
Do chùrsa agad an òrdugh,
'N uair fhuair thu fo d' shròin am muir làn ;
'S cho fada 's a ghleidheadh tu Mùirneag,
Cha chailleadh tu cùrsa gu bràth.

Bha solus a' Bhutt air a lasadh,
An oidhch' air an d' amais thu ann,
Ach's maith leam gu 'n robh thu cho tùrail,
'S gu 'n rinn thu do chùrs' air a' Bheinn.
Nuas mu chladaichean Ghausainn,
Bha lothagan sùnndach 'n an leum,
A' teicheadh le eagal an tòine,
Ma 's tugadh tu 'sheòladh iad féin.

'N uair rainig thu leth-cheann a' Chudhail,
Bha ise gu diùid 'n a tàmh.
'N uair dh' aithnich i 'n t-àite 's na thòisich,
A' chòmhail aig còmhrag an àigh.

Theann thu le d' chlaidheamh 'g a lapadh,
'Us rinn thu fo h-asainn a cràdh,
'Us chuir thu do chlaidheamh 'n a thruaill,
'N uair fhuair thu air uachdar i bàitht'.

'N uair fhuair thu air uachdar na fairg' i,
Bho 'n ear-thuath bha stoirm 'n a do dhéidh,
Bha marannan àrda a' bùireadh,
'S cha chuireadh ort curam no géimh.
'N uair chuala na bodaich aig baile,
Gu 'n deachaidh sibh seachad mu Shléibht
Dh' éigh iad, " Bliadhna mhath ùr dhuit,
'S maith do na chrùn thu 'bhi treun."

Sud an t-àit' 's an robh sealladh,
'N uair thainig luchd-amhairc mu'n cuairt.
Ag amharc air gairbhead na h-amhach,
Gun adharc tre 'claigionn no cluas;
An sliochd de 'n robh i bho h-òige,
Dh' itheadh iad mór-éisg a' chuain,
'S e sud a chuir pìos air a h-asainn,
'S a' libhrig a closach do 'n t-sluagh.

Muinntir a thainig g' a feannadh,
Gu moch air a' mhaduinn Di-luain ;
Bha 'n t-seiche cho duilich a gearradh
'S cha tugte air chabhaig i nuas.
Bha cuid aca thainig air fòrladh,
A chlàbhadh gu mór leis an fhuachd,
'S na' m faigheadh iad soitheach de h-eòlan,
Cha chailleadh iad òirleach de 'snuadh.

'N uair ghabh an tigh-cuspainn fo laimh i,
Le laghannan daingnicht' bho 'n chrùn ;
Bha cuid aca 'tharruing gun dàil i,
Gu dorus na h-àth' 's an robh chùirt.

Cùirt gun Mhorair gun fhianuis,
Chruinnich iad uile le ioghnadh,
Ag amharc a steach air an t-surraig,
'S e bucus nam mionnan 'bha cianail.

B'e Nelson ceann-mara a b' ainmeil
Bha riamh ann an Alba bho thùs ;
Ach fhuair sinn a nise fear ainme,
Nach tugadh do armachd a chùl.
Dhearbh e e féin aig an daingneach,
Cha 'n fhaiceadh e soills' uirr' le 'shùil.
'S e sgoil agus fòghlum a rinn e,
Grinneas na laimh agus tùr.

Sud agaibh uile mo sheanachas,
Gu dearbh cha robh 'n t-sealgaireachd faoin :
'N uair thug thu air smuig i gu laimhrig,
A dh' aindeoin a calmachd 's a cao'ch.
Ach bithidh mi nise co-dhùnadh,
Toirt urraim 'us cliù dhuit air tìr ;
'S bho 'n ghabh thu do spaid ris an àiteach,
'S math leam gu 'n thàrr thu ri m' thaobh.

❽   ❽   ❽

ORAN NA CIORA.

Le Iain Mac a' Ghobhainn (Iain Chaluim Ruaidh)
Bearnaraidh.

Cha b' ioghnadh ged do ghluaiseadh tu,
Am buaireadh 'bha 'n am nàdur
'S a liuthad oidhche 'ghluais thu mi,
Gu cuartachadh a' ghàraidh.

Bha cruachan coirc' 'us eòrn' agam,
Bu bhòidheach rinn mi fhàgail ;
'S tha rud am broinn na ciora.
De na h-uile ni a dh' fhàs dhomh.

Tha mo bheathachadh 's mo bheò-shlàint',
Air Macdhomhnuill bho chionn ràidhe,
Ach tha e nis 'g am fhògradh,
'S cha mhór a ni sud dha-san.
Na sluic a bh' aig a' chladach leis,
Bu mhath an siol buntàt' e.
'Us sgiul mi mo chuid ghlùinean,
'G a rùsgadh do mo chàirdean.

'Sin càil as truaighe dhuit,
A chuala mi mu d' thimchioll,
Cha bhi mi 'cleith do chunnartan,
Bi ullamh airson iomraich.
Ma tha thu 'n dùil gu 'm buannaich thu,
'S e luaths 'us cruas do chalpa ;
'S théid innse dhuit mu 'n caraich thu,
Gu d' aineolas théid falbh leat.

Tha 'chùis a' sealltuinn bagarach,
'S tha sin 'n a ghnothuch brònach,
Ma 's fheudar 'dhol a chothachadh,
Feadh phollagan 'us mòintich.
Ach tha mi taingeil toilichte,
Nach aithne dhuit mo chròthadh ;
Gur h-e bhios air an allaban,
Mo charaid-sa Macdhomhnuill.

Sin an rud 'thug spionnadh dhomh,
'S gu 'n thruisich mi mo thriùbhsair.
Na h-uile h-àite fuireadh i.
Bha mise 'dol 'g a h-ionnsuidh,

Ged 'bha mi air mo shàrachadh,
Cha d' fhàiling sud mo shùnnd dhomh ;
Bho 'n mhionnaich mi nach sguirinn dhi.
Gu 'n deanadh dubh na h-oidhch' e.

Ma tha thu air do shàrachadh,
Gur fhearr dhuit 'bhi gun bhrògan ;
Fiach an cùm thu fàir orm,
Mu fàg mi thu 'n ad ònar.
Tha 'n t-anamoch a' tighinn dlùth oirnn,
'S thoir dhomh-sa cùl do thòine ;
'S gu 'n toir mi greis air fanoid ort,
Bho 'n dh' fhairtlich ort mo chròthadh.

Tha càil de latha fathast ann,
'S tha feasgar fionnar fuar ann,
Ged shileadh beagan falluis dhiom,
Cha sguir mi dhe do ruagadh.
Cuiridh mi air fòrladh thu,
'S cha b' ann do d' dheòin a ghluais thu ;
Gu 'n ruig mi ceann na h-innis,
Leis a' chiora rinn mo bhuaireadh.

Amadain gun fhaireachduinn,
Tha innis roimh mo shròin-sa.
Aìt' as fearr na Sgealamhail,
Rudha-lighe, Bhòstaidh.
A fhleasgaich, tha thu amaideach,
Na 'm biodh tu sud bho t-òige ;
'S ann 'tha leabaidh laigh' agam,
An claigionn Druim-na-mòine.

Tha mi nis ag aideachadh,
Gu 'm bheil mi air mo phianadh,
'S tha tràth 'bhi tilleadh dhachaidh uat,
Ma 's 'eil an ulainn cianail.

Na faiceadh duin' air thalamh,
'N a do sheasamh thu gu siorruidh ;
'S na faiceadh duine 'bhuineas dhuit,
Do churrach air an t-sioman.

Ma tha thu air do shàrachadh,
'S gu 'm bheil do chàil air diobairt ;
Innis mar a dh' fhàg mi thu,
'S na ceil air càch an fhìrinn.
Oir ni mi coinneamh fhathast riut,
'S an earrach mu fhéill Brìde.
Gus a' faic mi duais agad,
'Us tuarasdal mar chiòbair.

Biodh fithich agus starragan,
'Us arspagan nan cuantan,
A' tarruing do chuid sgamhanan,
Gun chothrom agad gluasad.
Camadh 'n a do cheathranan,
'Us doire 'g a do bhualadh,
Crannadh agus an-shocair,
Cho fad' 's a ni thu gluasad.

⊕ ⊞ ⊗

ORAN AN IASGAICH.

AIR FONN :—" *Bu chaomh leam 'bhi mireadh.*"

Fonn—Ma théid mise tuilleadh a Leodhas nan cruinneag,
Ma théid mise tuilleadh a dh' innis nan laoch ;
Ma théid mi ri m' bheò dh 'eilean Leodhais na
mór-bheann,
Cha till mi ri m' bheò ás gun òrdugh an rìgh.

Mu dheireadh an t-samhraidh 's ann thainig mi nall ás,
Bha 'n teas orm tròm anns an àm bhithinn sgìth ;
Ag iasgach an sgadain a shamhradh 's a dh' earrach,
'S a' Bhruaich 's ann an Sealtuinn 's an Arcamh nan caol.

Bi' sgiobair a' stiùireadh 'n a chanabhas dùinte,
'S bi' ise gu siùbhlach a' rùsgadh nan tonn ;
An fhairge 'n a cabhadh mu ghuaillinn an fhasgaidh,
'S na glinn a' dol seachad 's a' hailleard a' dìsg.

'S ann agam 'bha 'n t-òlach 'n a sheasamh air bòrd innt',
A thairgeadh an ròp air cho mór 's gu'm biodh gaoth :
Gun fhéileadh gun earradh gun fhuaradh, gun chaiseart,
'S a thairgeadh an t-slata 's nach gearaineadh sgìths.

'N uair dh' fhàgas i 'n acair bi' smùid air na bulaich .
Ri hoiseadh na halliard 's an adan ri 'n taobh.
'S 'n uair gheibh i fo astar bi' siùil uirre 'crathadh,
'S gach lann agus tarrag a' gearan le sgìths'.

'N uair théid air an fheasgar 's a ruigear am banca,
'S a gheibhear le cabhaig a mach aisd' na lìn.
Gu 'n téid sinn thar bòrd aist' a steach do 'n tigh-òsda,
'S gu 'n tarruing sinn stòpa le òran math gaoil.

'N uair thilleas sinn dhachaidh le 'r bàta làn sgadain,
'S a gheibh sinn le cabhaig bho 'n chaillich an tì ;
Gu 'n téid sinn cho spaideal tre shràidean a' bhaile,
'S 'n uair chi sinn ar leannain gu 'n las sinn a' phìob.

Tha 'n t-òran so glé chumanta 'measg òigridh Leòdhais.
Chuala sinn gur h-ann rathad a' Bhac a chaidh a chur
ri chéile.

※ ※ ※

MOINTEACH LEODHAIS.

LE DONNACHADH MACLEOID, A NIS.

Tha cuimhn' agam 'n uair 'bha mi beag,
Gun cheangal 'us gun uallach ;
Mi saor airson dol chum nan creag,
'S á sin gu leabaidh luachrach :
Ri taobh na h-aibhn' 'bha ruith gu séimh,
Gu sleamhuinn 'us gu stuama,
Tre mhonadh fhraoich 'bha puirpir réidh,
'S le riasan bòidheach uaine.

Bu tric mi buachailleachd a' chruidh,
'N uair bhitheadh a' ghrian gu dealrach,
A' dòrtadh nuas a soluis teth,
Mar spreòdan airgid dearrsach ;
Thug mi ruaig asam le fonn,
Gu mullach tuim a b' àirde,
A shealltuinn sios air lochan lom,
'S air aibhnichean 's na fàsaich.

Na lachainn bhreac 'us geòidh 'n an cois,
Na cearcan fraoich 's na smeòraich ;
An eala bhàn 's a gob bho sgéith,
'S a' chuthag aoibhinn, neònach ;
Roimh-theachdaire an t-samhraidh bhlàth,
Is taitneach leam i 'n còmhnuidh ;
Air maduinn chiùin 's a ceilear tlàth,
A' tigh'n gu binn a' m' chòmhdhail.

Na caoraich sholt', gun chron, gun fhiamh,
Na h-uain gun lochd a' mèilich ;
'Sgaoileadh mach air beinn 's air sliabh,
A' seachnadh shluic 'us fhèithean :

An crodh ag ionaltradh 's na glinn,
'S na laoigh òg, bhallach, riabhach ;
A' deothal 'us a' cleasachd chiùin,
A' ruidil 'us a' sgiathlaich.

Na beanntañ corrach, creagach, àrd,
Ceò bàn mu 'm bàrr ag iathadh ;
Mar chailleachan cruinn a' càrdadh pheàrrd,
'Us falt an cinn air liathadh ;
Am muir mar chriostal, gorm 'us geal,
A' breabail 'us a' riagail ;
A' trod 's a' sabaid anns gach stall,
An òrdugh cath cho rianail.

An t-athar domhainn, prìseil, grinn,
'G am lionadh làn de smuaintean ;
Cha 'n fhaighear doimhneachd ann an tìm,
Ged fhuaradh grùnnd nan cuantan ;
So far 'bheil cùrsa glan na grèin',
'S cò dha is urrainn àicheadh ;
Nach còmhnaicheadh an Riaghlair féin,
An diomhaireachd cho àillidh.

❀ ❀ ❀

OCH NAN OCH, THA MI FO MHULAD.

Le Mairi Niciomhair, á Bhaltos, Uige.

Gleus A.—Gu mall, tiamhaidh.

O ! nach tigeadh an latha,
  'S am bitheadh gach bail' ann an sìth,
A chluicheadh a' naoidhean 's an leanabh,
  An comunn na narach 'us rìgh,
A dh' itheadh an leòmhann 's a' math-ghamhuinn,
  An siol anns an amar mar aon,
A sguireadh gach rìoghachd d'a còmhraig,
  'Us iomradh air cogadh nach bi'dh !
  Cha togar ann gunna 's an àm,
  Cha ghleusar claidheamh no lann,
Ach sguiridh an strìth eadar chàirdean,
  'Us teanga luchd-càinidh bi' mall.

Tha bròn mar dhubhar a' còmhdach,
  Aghaidh na h-Eòrpa gu léir,
A' cluinntinn na tha de fhuil dhòirte
  Fo làmhan nam Boers 's an streup'.
A liuthad mac Gàidheil 'bha curant',
  Thuit air a' Nollaig so féin,
'S mar sheula air iad a' bhi dìleas,
  Thug iad mar iobairt iad féin,
  Chaill sibh urram a' chinn,
  General Wauchope 'bha leibh ;
Tha crioch gach duin' againn òrduicht',
  'Us meadhonan pòsda ri 'laimh.

Lot iad an curaidh 'bha treun,
  Thuit e gun éirigh gu bràth ;
Cha 'n ann air deireadh leis féin,
  Ach ceum air thoiseach air càch,
'Ni sin a bha e ag iarraidh ;
  'S nach d' mheasadh e riamh leis mar thàir,
" Gu'm biodh tu air t-fhaotainn mar cheannard,
  Air Gàidheil 'bh' air srath nam beann àrd.
  B' fheudar dhuit coinneachadh t-uair,
  Ged nach do liuthair dhuit buaidh,

Cha 'n ann le cion treunas no tapachd,
  Chaidh cur às dha do shluagh."

'N uair chaill iad am Maois ud le bàs,
  Gu'n deach' Iosuah àrach Leis suas,
Mar cheannard air iarmad sliochd Iacoib,
  G'an toirt troimh fhàsaichean cruaidh.
Sin mar bhitheas urram Chlann Domhnuill,
  Tha nise a' seòladh air cuan ;
Bheir E le innleachd 's le threunas
    Le Clanna nan Gàidheal a' bhuaidh
    Fir a bha treun anns na blàir,
    Dìleas 'us seasmhach gu bàs ;
Ma dhlobair iad latha Chùilfhodair,
  Thug sud dhuinne sonas bho 'n Phàp.

Ciad beannachd leat 'Eachainn Mhicdhomhnuill,
  Bho 'n tha thu cho deònach 'bhi falbh ;
Biodh dìon ort bho nàmhaid 's bho fhòirneart
  Pill fathast gu mór bheanna Alb',
Le roinn de na chreich ann ad làmhan,
  Ceann bhail' an Transbhaal 'n ad sheilbh ;
'Us dìol orr' latha Mhajuba,
    Le Cronje a' rusgadh de 'arm ;
    Na bi ro bhras anns an ruaig,
    Air eagal gu'n lotar do shluagh ;
'S mi fiosrach air uamhar a' chridhe,
  'S an fhine bho 'n deachaidh do bhuain,

Molaidh mi'n toiseach an òrain
  M' fhuil agus m' fheoil 'us mo chnàmh,
Na Gàidheil bu tapaidh a fhuaras,
  Choisinn buaidh anns na blàir,
An obair bu truime 's bu treubhant',
  An urra ri eubhachd an làmh,
'S ri aghaidh na teine bu mhilltich',
  Gun òrdugh cha tillt' iad gu bràth.

Na'm biodh sibh air faighinn na charge,
  Le gunn' agus biodag 's a' bhlàr,
Bhiodh iomadach maodal 'g a sracadh,
  Mu'n dìobradh neart 'ur cuid làmh.

Tha Gordonaich, Seafortaich uasal,
  Air thoiseach an t-sluaigh so an dràsd;
Le'm pìobair gu'm b' aotrom a ghluais iad,
  Air maduinn Di-luain do na bhlàr;
Air aghaidh an teine bu sgriosail,
  Gun bhriseadh a chaoidh;
'S cha dhìobair sibh 'n cliù chaidh ruibh earbsa
  Le innleachd a dhealbhar ach bàs.
  Gaoir na muinntir 'bha leòint',
  Cha téid as m' aire ri m' bheò;
'S e cridhe as cruaidhe na clachan,
  Nach b. . .lh a' sruth thairis le deòir.

Choisinn na Gordonaich meas,
  Cha lugha na sin am Black Watch;
Ri aithris bu mhac mar an t-athair,
  H-uile fear ac' ann an cruas,
'N àm tarruing nan geur-lanna brasa,
  'S an charge ni bu ghaisgeil cha d-fhuair,
'S na dh' fhairtlich air saighdeirean Eirinn,
  Bheireadh na Gàidheil a' bhuaidh;
  Bha'n cliù sin aca bho thùs,
  Leanaidh gu deireadh na cùis;
Iarmad do Ghàidheil nam breacan
  'S bu treise fear dhiubh na triùir.

Ach thàinig iad oirbh-se gun fhios dhuibh,
  Ro bheag bha'm prasgan 's bu ghann,
Roimh na mìltean de nàmhaid,
  'N an laigh' ann am blàr-chlais na treis;
'S ged a bha bara na lasrach,
  An impis 'bhi dathadh 'ur clann,

Chaidh sibh air aghaidh gu curant',
　Mar leòmhann 's a cuilean air chall.
　Na thilleas air ais as a' bhlàr,
　Bi' lòn air ullachadh dha ;
Gheibhear leis tigh air na srathan,
　'Us acair math fearainn no dhà.

Ach bheir sibh aon oidheirp orr' fathast,
　'N uair ruigeas 'ur caraid a null ;
'S chi mise tighinn na fiùrain
　Le claigionn dubh Chrùigear 'n an làmh
'N uair gheibh sibh a steach do Phretoria
　Pàighidh na Boers an çall.
'S théid onair le riaghladh na rìoghachd,
　Air broilleach gach laochain bhios ann,
　'N uair dh' éighear na h-éigheachdan mór,
　Le Roberts mar cheannard an t-slòigh,
Bi' iomadach Daibhidh 's an Transbhaal
　Do'n lùigear Michael 'bhi pòsd.

Sibhse tha nise 's a' phrìosan,
　Gabhaibh 'ur sìth ann an dràsd,
Gabhaibh 'ur toit ás 'ur pìoban,
　'Us ithibh 'ur mìr ás 'ur làmh
Tha'n t-àm a' tighinn gu luath,
　A sguireas am fuaim 's an Transbhaal,
'S am fosglar dorus gach priosain,
　'S théid sibh le glaodh thun na sràid ;
　Chi sibh sealladh as ùr,
　Aghaidh an fhearainn 'n a smùr,
Brataichean Bhreatuinn 'us srann ac'
　Air mullach nan crann air gach taobh.

Bha dùil à'm gu'n innsinn mu eubhachd
　Artillery aotrom an Righ ;
Bu sgiobalt' bho 'n éide gorm iad,
　Na cuilean na h-earb air an raon.

'S iongantach sheasadh an claigionn
  Ri fuaim an cuid chanan 's an t-strìth,
A' siubhal 's a' reubadh troimh'n iarmad
  Gun sibheadh, gun iomrall, gun chlì ;
  An ceò a' dùbhradh na speur,
  An talamh air chrith fo an ceum,
Le peileirean puinnsein aig astar,
  'S cha mhór a théid às dhiubh gun fheum.

Ged b' chomasach cinnich an t-saoghail,
  Cruinneachadh uil' an aon mheall,
'S an tabhairt do Chrùigear 's an fheasgar,
  'S fùdar cho pailt ris a' ghrunnd.
Na'm biodh iad air aodann a' chladaich,
  Gu faigheadh 'ur canain 'n an ceann,
Bhiodh iad 's a' mhaduinn air sgaoileadh,
  Mar cheò ann an aodann nam beann.
  Gun teagamh gu faigh sibh a' bhuaidh,
  'N uair thuigeas sinn innleachd an t-sluaigh.
Tha Maois ann an iomadach àite
  'S luchd cumail a làmhan a suas.

Cruinnichibh a nise na caoraich,
  Gearran 'us naosgan nam beann,
Dh' ullaich Dia mar bhiadh àraich,
  Do uile luchd àiteach nan gleann,
Thoiribh dhoibh gunn' agus biodag,
  'S peileirean leidite ri'n laimh,
'S chi sinn an seas iad 's a' chòmhrag,
  Roimh aghaidh nam Boers 's an treis',
  Cha seas iad an ceannard gu bàs,
  Ach teichidh iad uile 's a' chàs,
Ged nach fhaodhar leinn gin a thoirt dhachaidh,
  No aon a chuir às de'n cuid àil.

Réir coltais cha'n fhada gu'm feum sibh,
  Na th' agaibh gu léir de an t-sluagh,

'N uair dh' éireas na rioghachdan armaicht',
  Air talamh 'us fairge thoirt buaidh ;
Bu mhath gu'm biodh reismeid dhaoine,
  Ri thoirt á Loch Seafort ud shuas,
'N àite coin sheilg agus gillean,
  Féidh chròigeach nam fireach 's cearc ruadh,
  Cha'n fhuilig iad glaoraich nam blàr,
  Ged 's milis an sithean 's an càr,
Tha gràin ac' air fàile an fhùdair,
  'S cha d' chleachd iad 'bhi dùisgt' le pìob mhàil

Nach cuimhne leibh 'n uair 'bha sibh ainmeil,
  Aig àrmachd an t-saoghail gu léir,
Dh' aon chridhe, dh' aon inntinn 'us earbsa,
  Ri aghaidh a' gharbh-chath 's uchd-feum ;
Bho 'latha chaidh ar n' aonadh ri Sasunn
  Cha d' fhuaras dhuibh coire bho'n ghréin.
Cha b' ionnan 'us Eirinn bheag riabhach,
  Nach gabh bhi 'g a riaghladh le réit',
  O ! nach robh srathan nan gleann,
  Tha air an cur fàs gun duin' annt'.
An diugh air an lionadh le gillean,
  'Us ciobair na philleig air chall.

Nach iomadh athair 'us màthair,
  'S bean ta a' cànran a gaoil,
Air nach 'eil sgeula ri àireamh,
  Air sgàth gu'm biodh sinn ann an sìth ;
A dh' aindeoin sgil teanga nam bàrda,
  Cha'n urrainn iad àireamh no inns',
Na dh'fhuiling 's na thuit anns na blàraibh,
  'Us pàirt de'n tha'n diugh ann an cìs ;
  Gun dùrd a thoirt air na tha beò,
  Thuilleadh air na tha leòint ;
Ach feuch am bheil ciòbair le 'chuaill' ann,
  Ged 's iomadh srath uaine tha fodhp'.

Cha ruig mise leas dol tromh 'n eachdraidh,
　'Bhrosnachadh tapachd 'ur cridh' ;
Mo bheannachd 's na làmhan a dhéilbh dhuinn,
　Eachdraidh Alba bho thim.
'S airidh ar Ban-righ air urram,
　Ged dh' éirich sinn uile mar aon ;
Cha d'fhuaras 's an t-saoghal a samhail,
　No h-eugas mar aingeal na sìth ;
Aon ni 's urrainn mi luaidh,
　Chaitheadh a beath' ann am buaidh ;
'S gu'n doirteadh an Tighearn' d'a bheannachd,
　Na gheibheadh i h-anam 's a sluagh.

'N uair ruigeas an dioladair fola,
　Thoirt tòrachd a mhic nach 'eil beò,
Roberts tha mór fo làn armachd,
　Bi' 'chlaidheamh-san dearg le fuil dhòirt' ;
Thaobh neart tha lùdag mar shliasaid,
　Mar umha 's mar iarunn tha dhòrn.
O ! diol thu féin orra dùbailt,'
　'S na luthaig do Joubert 'bhi beò !
Bi' Kitchener dlùth air do shàil,
　Marbhadh na theicheas bho d' làmh ;
'Us Domhnullach mór bho na Srathan,
　Air nach 'eil athadh roimh'n bhàs.

O ! nach robh mise mu'n dinneir
　'N uair chruinnicheas sibh cruinn mu'n a' bhòrd,
'S a gheibhear an cogadh so thairis,
　'S a shuidheas luchd aithris na sgeòil ;
A choinnicheas White agus Buller,
　Methun 'us Plumer 's an còrr,
Bi' Crùigear 'n am meadhon gu dìdid,
　'S deoch-slàint' aig na curaidh 'g a h-òl.
　Suidhichidh sinn croiteirean thall,
　Stoc de Ghàidheil 's de Ghoill ;

Fàsaidh iad suas a' measg Dhuitseach ;
'S còrdaidh iad cuideachd ri h-àm.

Dùnaidh mi'n dàn so le beannachd,
'Us soirbheachadh math le'n thug aont',
A thogail gu toiseach an airm so ;
Ma thograr falbhaidh mi féin ;
'N uair gheibh sinn an rìoghachd so armach,'
'S a roinnear creach fharsuinn na tìr,
Bi' cuibhrionn na dh' fhuirich mu'n àirneis,
Co-ionnan ri càch anns gach nì.
Gheibh clann Shelophehad còir,
'S dìlleachdain rian air an lòn,
Na h-uile th'an inbhe 's an urram,
Gu toileach a' cuideachadh leò.

⊕ ⊕ ⊕

CROITEIREAN LEODHAIS.

'S e 'n t-iongantas as miorbhuillich
'Bha riamh an Eilean Leodhais,
Na daoine bochda 'riaghladh ann,
'S na tighearnan 'g an c r fodhp'.
Tha iad an diugh le fialachd
A' tighinn a dh' iarraidh *votes*.
'S cha 'n fhaigh iad uainn am bliadhn' iad
Ge briagha 'tha 'n cuid sgeòil.

A Chlann nan Gàidheal còmhnaibh mi
'S gu 'n tòisich sinn a' roinn,
'S gu'n can sinn ris na h-uachdarain
Iad 'dh' fhuireach uainn a chaoidh.
'S gu'n seas sinn mar bu dual dhuinn.
Le'r guaillibh dlùth ri 'chéil'
'S gu'n toir sinn uile buaidh orr'
Le fear na gruaige léith.

Nach b' e 'n Dotair Domhnullach,
An t-òlach air an ceann,
'S ahn dha is aithn' na dòighean
'S an toir e chòir gu ceann.
'S tha mise nis cur dòchais
An slògh an eilein duinn,
Gu 'n toir iad dha gach voté
'S gu 'n seas e 'chòir do 'n cloinn.

Ach fhuair e nis gach voté
'S tha dòchas agam féin,
Gu 'n seas e nis a' chòir dhuinn,
An aghaidh fòirneirt ghéir.
'S tha mise 'guidhe dhuit tròcair,
Ma dheònaicheas tu féin,
Nach pill thu ris an t-seorsa,
Tha 'n còmhnuidh ris a' bhréig.

An diugh gur mis' 'tha uasal,
'S an t-sluagh do 'm buin mi féin
Gach fine 's treubh 's na bhuaineadh
Cha d' fhuaradh iad toirt géill.
'Us ged 'tha daoine suarach,
A' cosnadh duais' dhoibh féin
Tha Siorrachd Rois a' buadhach',
'S na h-uachdarain cha ghéill.

Bu tàmailteach le uaislean,
'N uair chualas leo an sgeul,
Na daoine bochd a' buadhach'
'Bha suarach aca féin,
'S gu 'n choisinn sud do uachdarain,
'Bha uasal asda féin
'Bhi gealltuinn dhuinne duaise,
Na 'n cuirte suas iad féin.

Ged 'tha sinn bochd gu 'n d' fhuaras,
Sinn uasal seach iad féin,
'Us thugadh iad an duaisean
Do'n t-sluagh a tha leo féin.
Cha chog sinn airson duaise,
Ach bheir sinn buaidh gu treun,
'Us ceartas 's e ar suaicheantas
'S cha ghabh sinn duais na bréig.

Tha breitheanas ro-uamhasach
'N a thuarasdal do 'n bhréig
Thug Iudas féin a mhallachd oirr'
Ge b' eagalach a ghné.
'S an duine 'reic am fearann,
Bha peanas ás a dhéidh
Thuit e marbh mar shamhladh
'S a leannan ás a dhéidh.

Nach b' e sud an t-uasal ,
A lean an sluagh 's gach ceum
Greenfield an duine uasal,
Cha mhealladh duaisean e.
'S e firean 'tha ro-shuairc' e.
'S do uaislean cha do ghéill
'S cha ghabhadh e aon duais uath'
'S e 'g amharc suas gu nèamh.

Cha d' fhuair sinn a mach có 's ùghdar do'n òran so.

❀ ❀ ❀

MAIRI.

Le Domhnull Macdhomhnuill (Domhnull Aonghais
Ruaidh), á Bearnaraidh.

Air Fonn :—" *Muile nam mòr-bheann.*"

O seinnidh mi dàn do'n àilleag mhaiseich,
As bòidhche na càch 's gach là th' air m' aire.
'N Duneideann nan sràid tha tàmh na h-ainnir,
Rinn tràth mo mhealladh le bòidhchead.

B' i turus an àigh do'n àit' a thug mi,
'N uair thachair measg chàich rium Mairi lurach,
Bho 'n là sin thriall as m' chliabh gach mulad,
Do bhriathran chuidich mo shòlas.

Eolas na Gàidhlig tràth cha d' thugadh,
Do chruinneig mo ghràidh 's mo dhàn cha tuig i,
'S ge duilich sin 'n tràth-s' tha blàths 'n a bruidhinn,
'S gheibhinn slàinte bho bhilean na h-òg-bhean.

Cùl rìomhach ta mìn, mu'n chìr 'n a charan
Gruaidhean mar chaor air aodann maiseach,
'S e h-aghaidh ghlan chiùin 's a gorm-shùil meallach,
A dhùisgeadh m' aigne gu òran.

'S tric rinn do ghràdh mo thàladh thairis,
'Us dh' iarrainn gach fàth 'bhi làmh ri m' leannan.
Cha bhithinn gu bràth 's an àit' air m-aineol,
'S do ghràdh toirt soluis an ròid dhomh.

O shiùbhladh gach bròn 'n ad chòir 'n uair thiginn,
'S bho d' bhilean glan òg do phòg 'g a sireadh,
'Us aoibhneas as ùr bhiodh gnùis na cruinneig,
An cùrs' mo shlighe 'toirt dhomh-sa.

Q

O 's mise bhios truagh mur buan do ghealladh ;
Ma bheirear thu uam 's nach dual dhomh d' fhaighinn.
Fàth m' eagail gach uair mu Ruairidh Ailein,
Gu 'n d' fhuair e gealladh bho 'n òg-bhean.

⊠ ⊞ ⊞

MOLADH A' BHÀTA.

Le Iain Macleoid, Cnoc Charlobhaigh.

Air Fonn :—" *An cluinn thu mi, mo nighean dhonn.*'

Dh' fhalbh mi air Di-ciadain leat,
'Us shéid a' ghaoth thar Mialisheal,
Mu 'n d' fhuair sinn leith nan lion innte,
Bha 'n cuan a' siar a' bòcadh.

'N uair thainig braise lionaidh oirr',
'S a' bheuc am muir gu h-iargalta,
Bha eagal oirnn gu'n lionte i,
Na fiachadh sinn ri 'seòladh.

Thuirt ise, " Na biodh fiamh oirbh,
Ma laimhsicheas sibh ciallach mi,
Ma bheir sibh aodach iosal dhomh,
Ni mise triall 'n a chòmhdhail."

Ged bha an gnothuch cruadalach,
Bha gillean tapaidh, cruaidh againn,
'S gu cinnteach bha iad luath-làmhach
Gu 'n d' fhuaradh bho 'n an t-seòl i.

Dh' fhiach sinn taca tuath oirre,
'S hi-ri bu tròm an suaill bh' oirre,

Bha marcach-sìn air uaireanan,
'Dol suas mu bhàrr nan seòl aic'.

Ach 'n uair a leag i guallainn ann,
'S na sitichean 'g an cruadhachadh,
Bu chiatach leat an uair sin,
A' bhi 'g amharc fuaradh Deordie.

Na buill a bh' air an fhuaradh aic',
Bha feadalaich glé chruaidh orra,
'S e 'n ceòl bu bhinne chuala tu,
Ag éisdeachd fuaim nan ròpan.

A steach gu bàgh Bharabhais dhuinn,
Gu 'm b' eireachdail a dh' fhalbhadh i,
'S bha smùid a' dol 'n a ceanna-chnàmhan,
Cho garbh 's a bha i 'seòladh.

A' tighinn a nuas gu Bragar dhuinn,
'S ann thòisich cuid ag ràitinn rium,
" Gu dearbh tha ceann a' bharrachd oirr',
Bhitheadh pailteas dhith an còrsa."

Thuirt iad 'n sin gu feargach rium,
" Bi aotrom air an fhalmadair,
Ma dhìbireas an ceanna-bheairt aic',
Gu 'n dean e aimlisg oirnne."

'N uair chuala 'n seòl a' labhairt iad.
Mhionnaich e nach srachdadh e,
'Us thuirt an crann, " Cha charaich mi
Tha haliard 'g a mo chòmhnadh."

Tighinn seachad Loch nan Geàrranan,
Bha toiseach an t-sruth thràghaidh ann,
'S bha sion a' dol 's a' bhàrr-linne.
Gu 'n d' fhuair i Màisgeir foidhpe.

A' tigh 'nn air fuaradh Chràgam dhuinn,
Bha chùis a' dol ni b' fhàbharaich',
'S bha sinn 'measg nan càirdean,
'N uair a thàrr sinn cho na *morance*.[1]

⊞ ⊞ ⊞

CUMHA.

Le bean Dhomhnuill 'Icrishnie, á Bailantruisheal, d' a
bràthair a chaidh a bhàthadh.

Nach duilich duilich duilich sinn,
Có's urrainn chur an cainnt ;
Bha sùil againn mu Nollaig riut,
'S e sin a thuirt thu ruinn :
Ach bha ni eile 'n urra riut,
Cha b' urrainn thu thigh'nn ann,
'S 'n uair bha sùil a ghràidh riut,
'S ann fhuair thu àit' 's a' ghrunnd.

'N uair thainig thu á Behera,
Fhuair sinn do sgeula sgriobht'.
Bha cabhag ort do'n t' éile,
'Us i fo bhréid ri 'taobh.
'N uair thainig 'n caiptein 's dh' éigh e,
B' eigin dhuit tigh 'nn innt'
'S ghabh thu do Phanama,
'S rinn sin t-fhàgail anns na caoil.

Thainig thu cho faisge dhuinn,
Ri Glaschu ud thall.
Cha b' urrainn thu ar ruighinn,
Gus a frithealadh tu 'n t-àm.

[1] Moorings.

Chaidh thu null a rithist,
Gus nach ruigeadh tu cho gann,
Is duilich leam bhi 'g aithris
Air do bheatha 's gun thu ann.

Sgrìobh thu fhéin 's an àm sin,
'S tu thall an talamh céin,
Gu 'n caitheadh tu an geamhradh leinn,
'Sinn geall'ruinn sin do chéil'.
Ach 's e ni a thubhairteadh,
" Bithibh-s' ullamh mar an ceudn',"
Cha'n fhada gus an cuirear Leis,
An cuireadh sin 'n ar déidh.

Do mhàthair bhochd a dh' àraich thu,
'S as tric a shàruich sinn.
Cha d' fhuair i gus do chàradh thu,
'S do chnàmhan feadh nan tonn.
'S ann sud bha creach gun teisirginn,
Gun àite seasaimh ann ;
A' sealltuinn air na geòlaichean,
'S muir bàn a' dòrtadh annt'.

Is tric a tha mi smaoineachadh,
Do ghaoir dol do na ghrùnnd,
'Us t-aghaidh a bha caomhail leam,
Air caochladh anns an àm.
Ach 's iomadh seud bha òirdheirc,
Chaidh 'ghabhail còmhnuidh ann.
'Us chaill sinn nis ar dòchas dhiot,
Nach tig thu beò a nall.

Do pheathraichean 's do bhràithrean,
'S do phàrantan le chéil',
Is falamh 'n diugh an t-àit' aca,
Cha lion thu 'ghràidh dhoibh e.

Ach 's iomadh piuthar 's bràthair,
A sgar am bàs bho chéil',
'Us feumaidh sinne thràghadh,
An cup 'tha làn dhuinn féin.

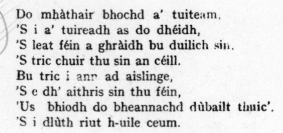

Do mhàthair bhochd a' tuiteam,
'S i a' tuireadh as do dhéidh,
'S leat féin a ghràidh bu duilich sin,
'S tric chuir thu sin an céill.
Bu tric i ann ad aislinge,
'S e dh' aithris sin thu féin,
'Us bhiodh do bheannachd dùbailt thuic',
'S i dlùth riut h-uile ceum.

'N uair théid mi null do Shealtuinn,
Cha 'n fhaic mi ann thu 'ghràidh.
Bu chridheil toileach aoidheil thu,
Bhiodh aoibhneas ort a ghnàth.
'S ged thig càch 's a' gheamhradh,
A Shealtuinn do 'n an àit',
Cha 'n fhaic mi anns a' chàmp thu,
'S cha chluinn mi thu measg chàich.

'S ann tha thu 'ghaoil mo chridhe-sa,
An tional mór a' chuain,
Far nach cluinn 's nach fidir thu,
Có dh' imicheas mu 'n cuairt,
'S gur tric a chlisg mo chridhe-sa,
'N uair bhiodh an doinionn cruaidh,
'S tha thusa dall 'us bodhar,
Nochd an coimhthional a' chuain.

'N uair théid càch le toileachas,
A choinneachadh a chéil',
'S ann is tròm bhios m' osna-sa,
Gun mhothachadh do'n treud.

Cha chluinn mi ann do bhruidhinn-sa,
No cridhealas do ghàir,
'S ann tha thu féin 's do chompanaich,
'S na doimhneachdan nach tràigh.

Is mise th' air mo ruighinn,
'S tu cur tioma orm a ghràidh,
'S mi smaoineachadh air t-iomairt,
'S na tonnan a measg chàich ;
Ach ged sgealb mo chridhe-sa,
'S ged shilinn sios gu làr,
Cha deanadh mìle muillion,
Do thilleadh tuilleadh slàn.

✠ ✠ ✠

MARBHRANN.

RINNEADH AN T-ORAN SO DO DHOMHNULL D. GREUMACH,
LE TORMOD A. MORAIDH, A NIS.

'Fhir a dh' eisdeas ri m'òran,
    Cha chluinn thu spòrs', no ceòl-gàir' ann,
No fileantachd còmhraidh,
    No eòlas air bàrdachd.
Tha mi muladach, cianail,
    'S cha dean rian dhomh 'bhi sàmhach,
Cha 'n 'eil math dhol a dh' fhiachainn,
    Ri cainnt bhriagh chur 's an dàn so.

Bho'n 's ann tha m' inntinn á òrdugh,
    Cha seinnear ceòl leam le aighear,
Anns an tigh so 'n am onar,
    'S mi brònach gun cheisd e,

Nach mise bha neònach,
  Cha'n e ach gòrach, a their mi,
Bhi'n dùil 'n uair dh' fhosgail mi chòmhla,
  Gu'n tigeadh Domhnull 'n am choinneamh.

Ach a Dhomhnuill ; cha chluinn thu,
  Facal cainnt tha mi 'g ràitinn,
Ged a tha mi glé dhuilich,
  'Bhi fuireach 'n a t-àite,
A' laimhseach na h-uiread,
  De na dh' ullaich do làmhan ;
'S tu féin anns an talamh,
  'S cruaidh ri aithris do bhàs leam.

Bha sinn eòlach mar nàbaidhean,
  A' fàs an àirde le chéile,
'S bho'n phòs thu, mar bhràithrean,
  Bha'n càirdeas do réir sin.
'S gus na dhealaich am bàs sinn,
  Bhiodh do ghàire le réit rium.
'S an ioghnadh nis mar a tha mi,
  Seinn an dràsda le deuraibh.

Cha robh thu fialtach no sgialtach,
  Gu bhi fiaradh no càineadh,
'S cha mhò chuala mi iomradh,
  Thu bhi 'g iorghuill ri nàbachd,
Cha robh thu misgeil no pòiteil,
  No tòireil air gàdruisg,
'S ann à gheibht' thu aig d' dhachaidh.
  'S i bu taitnich 's a b' fhearr leat.

Bha thu deanadach ciallach,
  Agus riarrail, 'n ad fhàrdaich,
Bha thu carthannach, stuama,
  Agus truasail ri d'phaisdean.

Bha thu taitneach le daoine,
　Bha thu dìreach 'n ad nàdur,
'S ged nach b' fhuasgailt dhuit bruidhinn,
　Bha thu measail aig càirdean.

Cha'n ioghnadh d' athair, 's do mhàthair,
　'S do bhean, bhi'n dràsda 'g ad ionndrainn,
Bho'n bha thu ro ghràdhach,
　Air do chàirdean bu dluithe.
Air do mhnaoi, 's do mhàthair, gu h-àraidh,
　Air 'm biodh tu cainnteachd gun sgraing ort,
'S gu dearbh dh 'fhaodainn a ràdh,
　Gu'm b'fhear altrum air cloinn thu.

Ach tha do leanabain tha caomh leam
　Nis air sgaoileadh bho'n dachaidh,
'S cha till iad gu bràth ann,
　Bho'n a bhàsaich an athair,
Ach tha gealladh ro fhìor dhoibh,
　Nach do dhiobair riamh fathast,
Gur h-athair do'n dìlleachdan
　Righ mór na Flaitheis.

'S iomadh uair bhith'nn ag àrach,
　Nach robh mi tàrsuinn do thuigsinn,
Thaobh eadar-dhealachadh mór
　Bh' eadar do dhòighean, 'us mise,
Ach, an déidh gach cùise,
　Tha'n diugh mo shùilean a' sileadh,
Faicinn do thigh air a dhùnadh,
　'S cha'n 'eil dùrd ann 'g a bhruidhinn.

Is iomadh tigh dhùin am bàs,
　'S a rinn e fhàgail gun smid ann,
Agus fear a bha làidir,
　Rinn e thàbhachd a mhilleadh,

Cha ghabh an teachdair ud àicheadh
Le neach gu bràth, gus an tig e,
'S ann le òrdugh 'n ti thug beò sinn,
Tha e air an dòigh-sa 'tig' an.

Cha dean tàbhachd, no àilleachd,
Cha 'n 'eil càil gus a thilleadh,
'S cha'n fhoighneachd gu bràth dhinn,
Am bheil e tràth leat mi thighinn,
'S e bhi ullamh a b' fhearr,
'S a ni bu shàbailt a bhitheadh,
'S nach eòl dhuinn c' uin' no c' àite
An tig am bàs oirnn gun fhios duinn.

Bho'n tha e dearbhta, 's cha bhreug e,
Gu'n tig e dh' iarraidh gach gin dhinn,
'S nach bi aon air am fàgail,
Anns an fhàsach so idir,
'S cha 'n 'eil deifir cho àrd,
'S a gheibh sinn le tàlannt, no gliocas,
Ach ni e'n cabhaig cùis ghràin dhinn,
Cha 'n 'eil bàigh ann ri duine.

Tha sinn feumach air stòladh,
'Us air sèoladh bho'n àirde,
Fiach an tuig sinn le nuadh-eòlas
Dé cho gòrach 's a tha sinn,
Le bhi smuaineach gu mair sinn
'S ar dachaidh, 's ar n-àirneis,
'S gun iomradh nach 'eil 's a' ghealladh,
Uiread 's gu maduinn a màireach.

'S ann tha e 'n diugh air a ràdh ruinn,
Bhi gun tàmh deanamh deiseil,
Bho 'n gu'n tig e mar mheirleach,
'S chithear am bàs leinn gun teagamh,

Có riamh, measg nam beothaibh,
 Fhuair de threoir chur air theich e ·
'N fheadhainn a ràinig ciad bliadhna,
 Thug e sios iad mu deireadh.

   ⊞ ⊞ ⊞

ORAN NAN CROITEIREAN.

Mosgail suas a chinneach Alb',
Mar leomhann garg neo-mhigheanach,
'S deasaich claidheamh agus arm,
Gu d' naimhdean garbh a chiòsnachadh ;
'Us thoir luchd chathraichean a nuas,
'Bha riaghladh tuath gu mi-sgoinneach,
'Sin cluinnear iolach deas 'us tuath,
Na h-uachdarain fo chìs againn.

'S fhada dh' fhan sinn ann ar tàmh,
Fo gharlaoich ann ar diobaireich ;
'S ar dùthaich ghasda 'g a cur fàs,
Fo chaoraich bhàn 's fo chlobairean ;
Am fearann a chosnadh le spàirn,
Am blàraibh le bhur sinnsir dhuinn,
Aig coigrich nach buin do ar n-àit',
A' daoradh màil 'us chìsein air.

'Chlann nan Gàidheal, duineil, treun,
Bu sgaiteach, beumach, fior-mhisneach,
Anns gach còmhradh, làr 'us streup,
Bhiodh làmh bhur Dé 's gach ni leibh ann.
Ar bratach togamaid an àird,
Le caithream àrd nam pìobairean ;
'S bi' dh luathghair ait air feadh gach àit',
Tha feachd ar nàmh 'g an ciòsnachadh.

Shiol nan àrmunn feadh nan gleann,
'Bha ceannsgalach bho shinnsireachd,
Gur h-ann an àite tarruing lann,
A cheannsaicheadh sibh rioghachdan.
Carson a dh' fhanadh sibh fo laimh,
Bhur naimhdean a rinn dìblich dhibh;
Dh' fhàg sibh falamh agus gann,
Le teanntachd teachd-an-tìr ann duibh.

Eiribh suas a dhaoine treun,
Na géilleadh 'us na diòb 'ramaid,
Dh' aindeoin lagh a tha fo'n ghréin,
Aig eucoraich 'tha rioghachadh.
Mar cuir Parlamaid air dòigh,
Na coirichean 'tha dhìth oirnn,
Gu'm bi na Gàidheil mar bu nòs,
'Dol an òrdugh strìthidh riu.

Dùisgeadh spiorad anns gach com,
Air feadh gach fonn 's na tìrean so,
'Us seasamh daingeann air bhur bonn,
'S na gabhaibh sgom no mi-mhisneach;
Dh' aindeoin an cuid bagair throm,
Cha chuir iad bonn an ìre dhuibh
'S ann a dh' aisigear am fonn,
Gach fàsach lom 'us frìthean dhuibh.

'S iomadh bantrach, dhéireil, ghann,
Le leanabain fhann gun bhiadh aca
'Sgaoileadh fàrdaichean mu 'n ceann,
Gun àite taimh no dion ann dhoibh.
Cuid dhiubh 'dol a null thar sàil,
Gu bàsachadh le cianalas,
Guidhe ris an Ti as àird',
An àmhgharan-san iocadh dhoibh.

Eireamaid bho'n daorsa chruaidh,
Fuasglamaid bhur cuibhrichean ;
Cha 'n fhan na's fhaide sinn fo shluagh,
'N ar truaghanan fo chùing aca.
Mur téid bhur còir a chur na's fearr,
Bi' iomadh àite mhaoidheas orr'
Bi' milltean 'dol an òrdugh blàir,
Air feadh gach àit' 's an rioghachd so.

Cha d' fhuair sinn lorg sam bith air ùghdar an òrain so.

⊞ ⊞ ⊞

'N UAIR BHA MI OG 'S MI MAILLE RUIBH.

Fonn—

'N uair 'bha mi òg 's mi maille ruibh,
Mu'n deachaidh mi gu sàl.
O ! fhuar mi m' àrach faisg oirbh,
'N uair bha mi 'n a mo phàisd,
'N uair bha mi òg 's mi maille ruibh,
Mu'n deachaidh mi gu sàl.

Mach aig Abaireadhain dhuinn, gu'n bheothaich i n-ear-
thuath,
Thainig éigh chabhagach na balaich a dhol suas.
Na siùil àrda 'phasgadh 's a' bhi aithghearr leo nuas,
'S an long a chur an òrdugh gu seòladh air a' chuan.

'S mór gu'm b' fhearr an oidhche sin bhi 'n caoimhneas
caileig òig,
No 'bhi shuas a' riofaigeadh 's i ruith leinn fo na chòrs.
An fhairge 's i a' sguabadh gach rud mu 'n cuairt air bòrd.
'S craicionn mo chuid làmhan 'n a ràth air a cuid ròp.

O, shiubhail mi, gu'n shiubhail mi, bha mi deas 'us tuath,
Bha mi anns na h-Innsean far bheil na mìltean sluagh.

Chunnaic mi na h-ineagan le siod' orra mu 'n cuairt,.
S cha 'n fhac' mi riamh cho bòidheach ann 's tha 'n
    Leodhas nam beann fuar.

Chlann nighean, thigibh faisg orm, 's gu 'n toir mi facal
    dhuibh,
Na suidhichibh bhur n-aigne air mullach cnuic no craoibh.
Bithibh ciallach, faicilleach 'us banail ann 'ur cainnt,
Tha mais' nan gruagach eireachdail ro fharasd 'chur á
    loinn.

Tha móran de na h-ineagan a tha mar chraoibh a' fàs.
Chi thu anns na gleannaibh iad 'us meanglain oirr' gu'n.
    bàrr.
'N uair 'thig an samhradh lusanach 's a bhios gach lus
    a' fàs,
Cha mhór an rud a thilleas iad, 's an cridhe thoirt a mhàin.

Tha sinn de'n bheachd gur h-ann ann a' Siabost a rinneadh an
    t-òran so.

☒ ☒ ☒

'S E SIABOST AS BOIDHCHE.

Le Aonghas Macleoid a Siabost.

'S e Siabost as bòidhche,
Far na thogadh òg mi suas,
Far 'bheil na cruachan mònadh,
'S na beanntan mór mu' n cuairt.
Na h-eoin bheaga 's ceòl aca,
Air mòintich seinn an duan,
Bi' coilleach fraoich 'us smeorach ann,
Gu'm b' eòlach mis' orr' uair.

Tha gàraidhean 'us buailichean,
Bh' aig sluagh nach 'eil 'n diugh beò.
An diugh 'n an tulaich uaine,
Air an cuartachadh le feoir.
Fo iomall na sruth luarach,
Bha mi 'm bhuachaill ri crodh mór,
Measg ghearran agus ghruagaichean,
An uair a bha mi òg.

Chi thu an crodh cho sgiamhach ann,
Le piatanan laoigh òg,
Air àirighean 'g an riarachadh,
Measg fionaich 's canach mór.
Na caoraich 's iad cho sgiamhach ann,
Air liana 'g ith' an fheoir,
'S a chiall, na h-uain a miallaich ann
Gur briagha leam an ceol.

O, 's e cuimhne 's òig th' agam,
Air Leodhas bhi làn spreidh,
Air buachailleachd a b' eòlach mi,
Làn solais bha mo cheum,
A measg nan gruagach bhòidheach,
Le òran aig gach té.
Na banachaig dol gu mòintich ann,
A' tarruing feoir an cléibh.

⊞ ⊞ ⊞

LONG NA TALMHAINN FHUAIR.

Rinneadh an t-òran so le Tormod Macfhionnlaigh
" Tormod Beag nan òran,"—ciobair á sgire nan Loch.
Aig an àm an d' rinneadh an t-òran bha móran de na
Leodhasaich a' seoladh do'n Talamh Fhuar (Kewatin)

ìar an robh iad air an oibreachadh glé ghoirt air bheagan
tuarasdail.

GLEUS F.

$$
\begin{array}{|c|c|c|c|}
| \; l_i : - : l_i \; | \; m : - : m \; | \; \underline{m : r : d} \; | \; l_i : - : l_i \; \rangle \\
| \; l_i : - : l_i \; | \; m : - : m \; | \; r : d : - \; | \; r : - : m \; \rangle \\
| \; m : - : s \; | \; l : - : m \; | \; \underline{m : r : d} \; | \; r : m : s_i \; \rangle \\
| \; l_i : d : - \; | \; r : - : m \; | \; r : - : d \; | \; l_i : - : - \; \|
\end{array}
$$

Fonn—

> Hò ro hò ma rinn sinn gluasad,
> Tha mi'n dùil gu'n cinnich buaidh leibh
> Stiuireadh mara 's seoladh chuantan,
> 'Us tonnan uaine brùchdadh leibh.

> Fhuair sibh soirbheas mar bu mhiann leibh.
> Gaoth an ear air toiseach lionaidh,
> Long an àigh 's i làidir dionach,
> Ruith mar fhiadh bho'r dùthaich leibh.

> 'S iomadh sùil a dh' fhàg sibh sileadh,
> Ann an Leodhas bheag nan cruinneag
> Bha Iain Fergusdan m' fhear cinnidh
> A' sileadh 'us a chùlaobh ruibh.

> Long nam buadh 's a' chuan 'tha farsuinn,
> Fear gun truas a' bualadh shlaic oirr';
> Croinn nach gluaiseadh fuaradh froise,
> Gillean gasd' ar dùthcha innt'.

> Dh' fhàg sibh tùrsach luchd ar n-eolais
> Chuir sibh cùl ri Eilean Leodhais.

Sheol sibh null air a' Chuan Mhór,
Do thìr nam bodh 's nan udlaichean.

Na'm biodh sùil agaibh ma's d' fhalbh sibh,
Gu'm biodh bhur turus cho searbh dhuibh,
Dh' fhanadh sibh air bheagan airgid.
'S e bhi 'n Alba lùigeadh sibh.

Sneachda 's reothadh anns a' gheamhradh
Teas 'us tàirneanaich 's an t-samhradh,
'S cuileag bheag mar ghob na lanns',
'S an àm a' toirt 'ur dùbhlain dhuibh.

'Bhi laighe anamoch 's moch ag éirigh,
Reothadh teann mar chreag na sléibhe,
Seiche chruaidh air uachdar léine,
'Us òrdugh geur toirt ùmhlachd dha.

DÀIN SPIORADAIL.

CALUM MACNEACAIL.

CALUM MACNEACAIL.

A' bhliadhna 1792, rugadh Calum Mac-neacail ann an Eilean a' Cheò. Fhuair e toiseach fhòghluim ann an sgoil na sgìre, agus as a sin chaidh e do Oil-thigh Dhun-eideann, far an d' fhuair e teisteanas maighstir-sgoile. Bha e 'n a dheagh sgoilear gu h-àraidh anns na seana chànain, agus coltach ris a' chuid as mò de na Sgiathanaich, bha e glé dhéidheil air ceol, agus cha robh móran 'n a latha 'bha cho ealanta airson an ni sin a theagasg 's a bha e. Eadhon 'n uair a bha e 'n a sheann duine, cha robh obair a b' fhearr leis na bhi cluich na flageolet, agus feadh nam bliadh-nachan a chuir e seachad air taobh an iar Eilein Leodhais, thug e adhartas mór air seinn nan coimhthionalan, le bhi 'cumail sgoilean-ciùil. 'S ann aige dh' ionnsaich Iain Macmhathain á Bragair—am fear a chuir ri chéile 'm fonn-salm "Steornabhagh," còmhla ri Salmadair Gàidhlig, anns am bheil min-threorachadh mu theagasg fuinn nan salm air an t-seann stéidh-chiùil, agus sin ann an deagh Ghàidhlig.

'N uair a chaidh e troimh chùrsa 'n fhòghluim, fhuair e 'n a mhaighstir-sgoile ann an sgìre Bharabhais. Aig àm an Dealachaidh, lean e an Eaglais Shaor, ach ged a chuir so sgaradh eadar e 's bràithrean cha robh gamhlas no fuath eadar e fhéin agus aon sam bith a b' aithne dha a dh' fhuirich fo riaghladh na Stàite.

Bha meas mór air ann an sgìre Bharabhais, a chionn gu'n robh gach neach ag amharc air mar fhìor Chrios-daidh deanadach, onarach. Bha e 'n a àrd fhoirfheach ann am coimhthional Bharabhais, agus bha 'chomhairle agus 'ughdarras buannachdail do dh' iomadh neach

a bha 'g iarraidh 'bhi 'g imeachd air an t-slighe gu
Sion. Bha e fhéin 's Iain Gobha na h-Earradh
mar dhà bhràthair, 's cha b' ioghnadh e, oir bha
móran bhuadhan agus shubhailcean aca ann an co-phàirt.
Sgriobh Calum a' chuid bu mhò de orain Iain Ghobha
mu'n deachaidh an clò-bhualadh, agus tha sinn a' tuigsinn
gu'm bheil cuid diubh sin fhathast ri'm faotainn aig
'ogha—an t-Urr. Calum Mac-an-rothaich, an Tigh-an-
uillt.

Chuir e na laoidhean a leanas ri cheile 'n a shean aois.
Bha e mion-eolach air na Sgriobtuirean, oir cha' n' eil
faireachadh no smuain a tha e 'cur ann am bàrdachd,
nach 'eil e comasach air dearbhadh an Fhocail a chur orra.
Chaidh na laoidhean so 'chur an clò 's a' bhliadhna 1874,
agus fhuair iad deagh-ghean uatha-san uile 'leugh iad 's
a mheoraich orra.

Chaochail Calum Macneacail ann an Steornabhagh
's a' bhliadhna 1878, ach " ged tha e marbh tha e fathast
a' labhairt."

AN CANRAN.

GLEUS G.—

Och ! Och ! mo sgeul as - creid - eamh threun,

'S tu dh' fhàg mo cheum gun deò ann ;

'S tu lion mo chré le toibh - eum geur,

An agh - aidh Dhé na tròc air ;

{ : l | s : — : s | l : — : t | d' : — : l | s : — }

B'i   cainnt do bhéil da'n d' thug mi géill,

{ : | d' : — : m | m : r : d | l, : — : — | l, : — }

Nach b'fhìr - inn sgeul Ie - ho   bhah ;

{ : s, | d : — : d | r : — : m | s : — : l | d' : — }

Mu Aon Mhac caomh ghabh nà - dur dhaoin'.

{ : s | l : s : m | r : — : d | d : — : — | d : — ||

'S nach robh 'n a ghaol dad dhomh - sa.

'N uair bha mi'n dùil gu'n d' fhuair mi lùths,
A mhùch thu anns an àraich ;
'Sin thainig triùir le aghaidh chiùin,
Ach nimh 'n an grùnnd o'n Dràgon ;
'S e'n t-ainm 's an cliù a th'aig an triùir,
Cion urnuigh, féin 'us àrdan,
A thog mi cian air bhàrr an sgiath,
Gu teine sliabh Shinai (Gal. iii. 10).

'S an triùir a shaoil mi bhi cho càirdeil,
Dh' fhàg iad mi 'n am éiginn ;
Fhuair mi 'n an àite ciont 'g am shràchdadh,
Dh' fhàg gun ràn gun éigh mi :
'S bha 'neach a dh' fhàg mi mùcht', 's an àraich,
'N tràth so cur an céill dhomh,
Is mór gu'm b' fhearr dhuit coigrich ghràdhach,
'S rach gun dàil 'n an déidh-san (Ier. ii. 25).

'Sin bha mi'm shìneadh air bheag clìth,
Mar neach a bhiodh gun deò ann ;
Gun fhios de ni, gun sgeul air Criosd,
Le 'iocshlaint bheireadh beò mi :

Bha cionta 'g ràdh cha'n fhaigh thu bàigh,
'S as-creideamh, slàn le tròcair,
Cuimhnich binne na craoibh fhìg (Mata. xxi. 19)
Oir 's ionnan crìch do sheorsa.

'S mo chridhe trom gun sìth a' m' chòm,
Cha tog mi fònn an aoibhneis,
Cha seinn mi ceòl air teud a' bhròin,
Tha m'òrgan dhomh neo fheumail.
Mo chlàrsach lòm gun teud ni fònn,
Cha seinn i tròm na eutrom,
Ach crocht', an àird fo smal 's fo thàir,
Gun sùil gu bràth ri 'gleusadh.

Có dheth na naoimh ri'n tionndaidh mi (Iob. v. 1)
Cha chualas aon mar tha mi,
Gun la gun oidhch', gun bhròn gun aoibhneas,
Gun mi tinn na slàinteil,
'N am chreich do'n bhàs, le cridhe slàn,
Ri m' nàmh a ghnàth an réite ;
'N am chuspair gràin gun fhuachd gun bhlàths
'S mi bràthair Laodicea. (Tais. iii. 15, 16).

Tha m' urnuigh ghnàth 'n a h-aobhar gràin,
Gun lùths gun bhlàths gun éifeachd,
Gun ghleachd gun spàirn gun sùil an àird,
Gun chràdh mur faigh i eisdeachd,
Le inntinn dhiomhain 's cridhe cruaidh,
Le spiorad suain 'us dùsail ;
Nach ioghnadh leibh nach tilgte mi,
Do dh-ifrinn air mo ghlùinibh.

Mo chridhe sanntach, lùbach naimhdeil,
Làn do fhoill 's do àrdan,
Mar shlochd gun ghrunnd, mar chùil gun soills',
Mar sheòmraichibh an fhàidh (Esec. viii. 6, 13, 15)

'S e 'n a lios-àraich gach droch phlannd,
'S 'n a shamhla do Bhetàbhen,
'S e ghnàth do-shàsuicht' mar an uaigh,
Sìor-shlugadh truailleachd Shàtain.

Mo chridhe fuar fo reothadh cruaidh,
'S e ghnàth fo shnuadh a' gheamhraidh,
Gun driuchd o nèamh gun bhlàths na gréin',
Ach seulaichte le teanntachd.
'N a chabhsair saor gach miann mi-naomh
'Toirt aoidheachd dhoibh gun an-tlachd,
Ach glaist' gu cruaidh 'n uair bhuaileas Criosd,
'S a riaghladh aig na naimhdean.

Cha 'n 'eil bagradh anns a' Bhìobull
Nach d' rinn mi mhi-ghnàthach,
'S gach gealladh shaoil mi 'bhi dhomh prìseil,
Mheas mi rith'st iad tàireil;
'Us cha 'n 'eil bòid thug mi do'n Rìgh
Gu 'm bithinn dìleas dha-san
Nach brisinn sìos mar shnaithean faoin,
'N àm buairidh teinnteich Shàtain.

Gun ghaol dha féin no dh' aon dheth 'threud
Ach mar bhios féin 'g am threòrach,
Gun bhuaidh dhomh 'm briathraibh beò a bhéil
Mur séid iad mi le eòlas,
Gun lùths gun eud an aobhar Dhé
Mar faigh mi féin a' ghlòir dheth,
Gun suim de'n léigh ged tha mo chreuchd
Mar ainfheol bhreun 's mar òtraich.

Tha iomadh plàigh 'n am chridhe tàmh,
Nach faod an dàn so sheanachas;
'S nach deanainn inns' do 'n neach is dìls'
Mu 'm measta mi 'n am chealgair

'S gach aidmheil fhaoin ni mi do dhaoin'
Air olc mo chrìdh' 's mo nàduir,
Tha iarrtas diomhair 'n a mo chliabh,
Nach creidte 'n ciadamh pàirt dheth.

'Us cha 'n 'eil ceum a ni mi féin,
Nach iarr an fhéin ann àrach,
Mar mhuillear teann nach leig air dam,
Gu 'm bi a' mholltair pàighte,
Nach ioghnadh leibh i bhi cho faoin,
'S gu'n riaraich aobhar nàir i,
Oir cha 'n 'eil focal, smuain, no gnìomh,
Nach iarr i bhi 'g a h-àrdach.

Cha'n e mo phiàighean, mór 's mar tha iad,
Dh' fhàg mo chor cho brònach,
Ach fois a' bhàis a laigh' air m' àirnibh,
'S mi gun chàil do thròcair,
Gun sùil a chi, a' mhais tha 'n Criosd,
Gun toil dha 'n iocshlaint bheò th 'aig'
Gun chreideamh air a lànachd shaoir,
A ghaol na thoil gu m' chòmhnadh.

O m' anam dùisg, crath dhiot an ùir (Isa. lii. 2)
Thoir sùil le creideamh teàrnaidh,
Air Righ nan Dùl 's a chiabh fo 'n driùchd,
'S e 'g iarraidh rùm 'n ad àrdaich (Dàn Shol. v. 2)
Sìn uat do làmh 's cuir i 'n a thaobh,
'S do mheur an tuill nan tàirnibh (Eoin xx. 25, 27)
'Us aidich dha, le nàir 'us gaol,
Is tu mo rìgh 's mo shlànfhear.

Thoir aoidheachd shaor, do'n spiorad naomh,
'S e shaoras o gach plàigh thu,
'S na cràidh na's mò e chaoidh de d' dheòin,
Le féin no gò no àrdan ;

Faigh gràdh 'us ìrisleachd gach lò,
Faigh naomhachd 's dòchas sàbhailt,
'S tre chreideamh fior bi sìor thigh'nn beò,
'S na pill na's mò ri d' chànran.

⊞ ⊞ ⊞

EARAIL DO OIGHEAN, 1860.

Bu mhiann leam earail neo-chealgach,
'Thoirt do luchd aideachaidh Bharabhais,
'S mi ann an dòchas 's an earbsa,
Nach bi mo sheanachas gun stàth ;
Grad iarr an spiorad gu dhearbhadh,
Am bheil thu nis air t-ath-ghineamhuinn
Am bheil do dhòchas gun cheilg ann,
'S an d' fhuair thu seilbh air a ghràdh ;
'Us cuimhnich aimid nan òighean,
A theirig oladh 'nan lòchrain (Mata. xxv. 8-12)
'S an uair a dhùnadh a' chòmhl' orr',
Bha 'n dùil 's an dòchas gun stàth,
'S an dream a labhair gu pròiseil,
Gu'n dh'ith 's gu'n d'òl air do bhòrd sinn (Luc. xiii.
B'e fhreagradh cianail dha 'n t-seòrs' ud ; [26, 28)
Cha d' fhuair sibh còir 'n a mo shlàint.

'S a chionn nach b' aithne dhomh riamh sibh
A bhi 'n ar cloinn dhomh 'n am fhìon-lios,
A nise triallaibh as m' fhianuis,
Gu teine siorruidh g'ar cràdh,
Ged dh' ith 's ged dh' òl sibh a' m' làthair,
Cha b' ann o ùmhlachd no gràdh dhomh ;
Ach chum gu faigheadh sibh àite.
Mar mo chàirdean 's mo chlann,
'Us o nach tug mi dhuibh aithne,
'S nach sibh mo dheisciobuil ghràdhach,

'S ann chum 'ur dìtidh 's 'ur nàire (1 Cor. xi.
A ghabh sibh àit' mar ri m' chloinn,   [27-29)
Ach gabhaibh earail nan òighean (Mata. xxv. 9)
Mu'n dùinear dorus na tròcair,
'Us gheibh sibh oladh gun sòradh,
A chur 'ur lòchrain gu soills'.

Ach ma 's e neach thu tha brùite,
'S gu'n dhearbh an lagh ort t'eas-ùmhlachd,
'S a liuthad masladh 'us dùbhlan,
Thug thu do ùghdar na slàint',
'S gu'n robh do thoil air a lùbadh,
'S gu'n do dh' fhosgladh do shùilean,
'S gu'n d' fhuair thu 'n spiorad gu t-ùngadh,
'S gu bhi 'g ad ionnlad o d' phlàigh,
'S gu'n robh Criosd dhuit prìseil,
'S gu'n d' rinn e 'fhocal mar chìch dhuit, (1 Pead. ii. 2
A chum bhi beathachadh daonnan
Air féin mar aon-fhear do ghràidh,
'Us bi' tu 'g ionndrainn 's cha'n ioghnadh.
Gach là co-chomunn a ghaoil-san (Iob xxiii. 3)
Bi' t-oibre marbha 'n an daors' dhuit,
'Us t-easbhuidh gaoil dha 'n a chràdh.

'S a réir a' gheallaidh nach caochail,
Gu'n dean e chuing-san dhuit aotrom,
'S bi' àitheantan uile leat prìseil,
'S cha mheas thu aon diubh le tàir,
'Us bi' an t-suipeir mar aon diubh,
Gu cumail cuimhn' air a ghaol-san;
A rinn thu glan le fhuil naomha,
'S a rinn do shaoradh o 'n bhàs;
Ach biodh do thaice ris daonnan,
'S tu 'g earbs' á lànachd t-fhir-shaoraidh,
'S do ghràdh 's do chreideamh cha dìbir,
Tre chumhnant sìorruidh a ghràidh;

Ach thoir an aire nach claon thu, (1 Cor. x. 12)
Gu foirm 'us àrdan 'us faoin-bheachd,
'S gu ìnntinn thalmhaidh mhi-naomha,
'S gu dùrachd faoin 'us meagh-bhlàths.

Air dhomh bhi nis a co-dhùnadh,
Leig dhomh a sparradh as ùr ort,
Na gabh an t-suipeir gun chùram,
An d' fhuair thu 'n t-ungadh o'n àird,
An d' fhuair thu eòlas air Criosd
Bhi mar t-fhear-pòsda 'dhiol t-fhiachan,
'S am bheil a ghloir-san mar chrìch dhuit ;
'S a lagh mar riaghailt a ghnàth :
Ach ma's a neach thu thug fianuis,
Gur aon do dheisciobuil Chriosd thu,
'S do chaithe beatha mi-rianail
A' toirt do t-fhianuis a' bhreug,
Grad theich gu luath gu fuil Iosa,
Le bròn 's le aithreachas diadhaidh,
'S le creideamh beò air mar t-iobairt,
'Us bheir e sìth dhuit ris féin.

❂ ❂ ❂

EARAIL DO LUCHD-AIDEACHAIDH MHEAGH-BHLATH.

Tha treun-mhealladh anns an talamh,
Measg nan caibeal bàna (Mata. xxiii. 27)
'Cur aidmheil peacaidh 's dìteadh coinnseis,
'N àite creideamh teàrnaidh
Gheibh thu 'n seòrs' ud socair còmhnard,
Gun bhonn dòchais sàbhailt,
Ach gearan socair air droch crìdh'
'S gun aithn' air Criosd no 'ghràsaibh.

Cha d' fhuair iad creideamh air a bhàs,
A bheireadh dha-san dlùth iad (Eph. ii. 13)
Cha d' fhuair iad creideamh air a ghràdh,
A bheireadh càil gu ùmhlachd (2 Cor. v. 14)
Cha d' fhuair iad eòlas air a shlàint,
Gu claoidh gach plàigh tha annta
Tha 'n dòchas marbh air bonn na foirm
Gun aithn' air seilbh 's an ùrnuigh.

Tha e mar chluasaig fois d'an cinn
Nach urr' iad féin an teàrnadh,
Tha creud 'n am beul air cumhachd Dhé
Nach d' ràinig reumh an àirnibh
Ach aobhar osnaich ghoirt nan naomh (Rom. vii. 23)
Tha sud mar dhìdean dhoibh-san
Ach naomhachd gràdh 'us dearbhachd làn
Cha d' fhuair iad pàirt no roinn diubh.

Ged bhios na naoimh gun fhois gun sìth
'N uair bhios iad anns an dorcha
'S a bhios an creideamh air bheag clìth
'S an dìchioll a' fàs doirbh dhoibh,
'N uair bhios na tuinn a' teachd do 'n luing
'S a' stoirm a' fàs ro ghaillbheach (Marc.iv. 37)
'S e miann an crìdh' gu'n dùisgeadh Ios'
A labhairt sìth ri 'n anamaibh.

Tha 'n t-sìth th' aig càch gu mealltach tlàth,
Mar bha o shean aig Moab (Ier. xlviii. 11)
Bha 'shoitheach làn 's a 'ghrùid 'n a tàmh,
Am blas 's am fàile neo-ghlan,
Cha 'n ionnan sin 'us clann nan gràs,
Tha ghnàth an t-uisge beò ac', (Eoin vii. 38)
'S le fheartaibh fial a' casg gach miann,
'S gach tart 'us ciocras feòlmhor. (Eoin iv. 14)

Gabh beachd gun dàil air earail Phòil,
Mar dh' fhàgadh againn sgrìobht' i,
'Us ceasnaich tràth an d'fhuair thu gràs,   (2 Còr.
A' chreideimh shlàinteil phrìseil,   [xiii. 5)
'S e chuireadh gràdh an cleachdadh blàth,
'S do thaic air gàirdean Iosa,
'S na bi ri uaill a' gearan fuar,
Air cridhe cruaidh 's tu'n sìth ris.

Faigh cridhe nuadh bheir rùm do 'n Uan,
'S e bualadh agad daonnan,
Grad dhùisg o d' shuain 's bi teth no fuar,
Mu'n tilg e uaith a thaobh thu,
'Us faigh sàbh-shùl 'bheir fradharc ùr,
'S faigh trusgan ùr na réite,
'Us gheibh thu'n t-òr tha dearbht' gun ghó,
'Us crùn na glòir 'n a dhéidh sin.

Ach 's aobhar nàir' dhomh smuirnein chàich,
'N am dhàn a bhi 'g a ainmeach,
'S ma chreidear Pòl, tha e ag ràdh
Nach tàr neach ás o dhamnadh,
Bheir breith gun bhàigh air ni tha 'n càch,
'S e féin a ghnàth dha 'géilleadh, (Rom. ii. 3)
O Righ nan gràs buin féin gun dàil,
An t-sail o àit' mo leirsinn (Mata. vii. 5).

Thoir fradharc ùr a chi do ghnùis,
'S a' ghrùid a tha 'n am nàdur,
Thoir toil nach diùlt 's a ghabhas Tu,
'S gach dàimh am bheil thu teàrnadh,
Mar lighich saor mar urras naomh,
Mar shagart, rìgh, 'us fàidh
Mar bhràthair caomh 's fear-pòsda gaoil,
'S cha chaochail 'iochd no 'ghràdh dhith.

THA CARAID ANN A LEANAS NA'S DLUITHE NA BRATHAIR.

Tha m' inntinn trom, 's cha togar fonn leam,
'S cha téid mi 'n cainnt na h-uile fir,
Cha 'n 'eil mo chàirdean ach tearc 's an àit' so,
Ach 's math nach d' fhàg iad uile mi.
     Cha 'n 'eil mo, etc.

Cha toir mi ionnsuidh do Shiadar Uachdrach,
'S mo charaid suairce fàs fionnar rium.
     Cha toir mi, etc.

'S e meud mo mhuinghin 'n a chaoimhneas tlàth,
A dh' fhàg sud 'n a chràdh 's 'n a mhulad dhomh.
     'S e meud mo, etc.

Bi' gràdh nam bràithrean uair lag 's uair làidir,
'S tha gràdh an t-Slànuighear bunaiteach,
O! 's e tha blàth, agus làn do ghràdh dhomh,
An tì a bhàirig 'fhuil orm.
An caraid caomh a tha làn do ghaol dhomh.
'S a chaoidh nach caochail tuilleadh e.
Ged tha mo ghaol-sa ro fhuar, 'us caochlach,
'S a dol an taobh nach buineadh dha.
'S e eòlas slàinteil air cliù Immanuel,
Bheireadh slàint' do'n uireasbhach.
Tha 'ainmean glòirmhor ro làn de shòlas, (Dan. i. 3)
Do'n dream fhuair còir 'n a fhulangas.
'S e 'n sagart caoimhneil, 's e 'm fàidh, 's e 'n rìgh e,
'S e 'n caraid gaoil, 's e 'n t-Urras e.
'S o thug e dioladh air son am fiachan, (Gal. iii. 13)
A chaoidh cha'n iarrar tuilleadh iad.
'S fear tagraidh buadhach 's na nèamhan shuas e,
             (1 Eoin ii. 1).

Le iochd 'us truas 'n a chridhe dhoibh,
'S e'n lighich' caomh e, 's tha chungaidh saor dhoibh,
'S cha 'n fhàg e gaoid na tinneas annt'.
'S i fhuil an ioc-shlàint, 'us dhiol i'm fiachan,
'S tha 'athair riaruicht' tuilleadh leo. (Rom. viii. 33)
O 'n phàigh e'n éirig, 'n uair chaidh a cheusadh
Cha'n fhàg e chéil' an ciomachas. (Iob xxxiii. 24)
'S mar thoradh uasal aiseirigh bhuadhach,
Bheir dhachaidh suas gu dligheach iad.
Tha'n lagh air àrdach', 's ta ceartas sàsaicht', (Rom. x. 4)
'S cha chlann do 'n t-Sàtan tuilleadh iad.
O 's milis gràdhach am focal Abba (Gal. iv. 6)
'N uair gheibh iad blàth o'n Spiorad e.
Bi' Criosd 'us iadsan an sin 'n am bràithrean,
'S cha dean e tàir air duine dhiubh.
Fear-pòsda dìleas, 'us breitheamh sìtheil,
'S cha 'n eagal dìtidh tuilleadh dhoibh. (Rom. viii. 1)
'S ged ni iad striop 'chas le iomadh iodhal ;
'S e 'chuireadh fial dhoibh pilleadh ris. (Ier. iii. 22)
Tha 'n cùmhnant siorruidh cho diongmhalt rianail,
        (Isa. lv. 3 and 2 Sam. xxiii. 5).
'S e sin an dion 'n an cunnartaibh
'S ged bhios iad brònach an taobh so dh' Iòrdan,
Théid iad gu glòir le subhachas.   (Eoin xvi. 33)
A' dol tre 'n fhàsach bi' oidhch' 'us là ac',
'S trid fear an gràidh cha chunnart dhoibh,
Rinn truailleachd nàduir, 'us cuilbheart Shàtain,
Mar chùird ro làidir ciomaich dhiubh.
Tha corp a' bhàis ac', tha osnaich Phàil ac', (Rom. vii. 24)
A dh' fhàg fo chràdh 'n an spiorad iad.
Tha'n cogadh làthail, 's tha'n naimhdean làidir (Eph. vi. 12)
'S tha laigs' an gràis cur gioraig orr',
Ach tre ghràs lag 'us fann mar tha iad,
Gheibh iad fo 'n sàil gach Philisteach.
O 'n fhuair iad fhàbhar, 'us roinn do ghràsan,
Cha tréig 's cha'n fhàg e buileach iad.

s

Ged cheil e ghnùis orr' air son eas-ùmhlachd,
Tha iomairt dlùth 'n a innigh dhoibh. (Ier. xxxi. 20)
'S e gràdh a' chùmhnaint bheir air an sgiùrsadh,
Ach 's ann a chum am pilleadh ris. (Eabh. xii. 6).
'N uair bhios an gòraich 'n a phian 's 'n a bhròn dhoibh,
'N sin bheir e pòg ro mhilis dhoibh.
'S bi' deòir an t-sòlais am measg a' bhròin ac',
Le rùn nach leòn iad tuilleadh e.
Ni coguis anfhann am peacadh searbh dhoibh,
'S ni gràdh gun chéilg 'n a thinneas e.
'S ged bhios an nàmhaid le 'shaighdean bàsmhor,
A' lot 's a' cràdh an cridheachan.
Tha'n sùil ri lìbhrig, le Dia na sìth-chainnt,
'S a ghealladh fìor mar urras ac'.
Gu'm brùth e Sàtan fa dheòidh fo'n sàiltibh. (Rom. xvi. 20)
O sud an là ni subhach iad.
Tha heath' 'us sìth, ac' 'n a fhacal prìseil,
'N uair bhios an inntinn spioradail, (Rom. viii. 6).
'Us bheir sin ùrach do'n chridhe bhrùite,
'S bheir sleamhnach-cùil gu pilleadh ris.
'S an àite seargaidh 'us oibre marbha,
Bi' aca seilbh 'us cinneachadh.
'S ni spiorad uasal le 'fheartan buadhach,
Gach neach dhiubh nuadh 's na h-uile ni. (2 Cor. v. 17)
'S e chuireas blàths ann an àite fuachd dhoibh,
'S an àite cruais bi' timeachas.
'S e bheir dhoibh dùrachd 'us toil gu ùrnuigh,
'Us bheir e brùiteachd spioraid dhoibh.
'S e bheir dhoibh eòlas, 'us beath' 'us sòlas,
'S bi' glòir Iehobhah muirneach ac'.
'Us bheir e gràdh ann an àite fuath dhoibh,
'S an àit' an uabhair irisleachd.
'S e chuireas soillse 's an tuigse dhorcha,
'S an àite ceilg bi' treibhdhireas.
'S e creideamh beo air a ghràdh 's a thròcair,
A bheir dhoibh dòchas bunaiteach.

'S thig foirm, 'us féin, agus spiorad àrd,
Gu bhi fàs 'n a ghràin 's 'n a thinneas dhoibh.
'S bi' gràdh an Ard-Righ, 'us gràdh nam bràithrean,
'Cur mais gach là 'n an imeachd orr'.
'S 'n uair thig am bàs théid iad suas gu Pàras ;
A' seinn buaidh-làrach spioradail.
'Us gheibh iad aoibhneas, 'us sìth mar oighreachd ;
'S cha tig an oidhche tuilleadh orr'. (Isa. lx. 19)
Ach latha siorruidh 's an grian gun nial oirr',
'S Hosanna 'm bial gach duine dhiubh.
Do 'n Uan a shaor iad, 's a cheannaich daor iad,
'S a ghlan gach gaoid le 'fhuil asda.

❀ ❀ ❀

FOCAL EARAIL AGUS MISNICH.

Tha mi-chreideamh 's droch nàdur
Tha àrdan 's tha féin,
'G am eabradh 's an làthaich
'S 'g am fhàgail gun fheum,
'S ged a shaoil mi gu'n bhàsaich
A ghràisg ud gu léir,
Cha d' rinn iad ach crùbadh
An cùil annam féin.

Tha mo shùil ris na h-àrdail
Airson fabhar Mhic Dhé,
'S ann ann-san tha slàinte
Bho mo phlàighibh gu léir,
Bheir e spiorad gu m' naomhach
Bheir e aonadh ris féin,
'S ni éifeachd na fala
Mi glan bho gach creuchdt

Bheir e creideamh beo slàinteil
Bheir e gràdh nach bi fann,

Bheir e fireantachd fhìorghlan
Bheir e sìth nach bi meallt,
Bheir e dòchas nach nàraich
Bheir e àrach do chloinn,
Fad an turuis tre 'n fhàsach
Leis a' mhana nach gann.

'S na dean uaill 'n a do ghràsan
'G an cur an àite mhic Dhé
Chum nach fàgar le Dia thu
Do'n diabhul 's dhuit féin;
Biodh do shùil ris an Ard-Righ
Nach fàg thu 's nach tréig,
Biodh do thaice do ghnàth ris
'S abair Abba ris féin.

Bi' mi nis a co-dhùnadh,
'S mi an dùil ri do ghràs,
'S gu'm bi thu 'g am stiuireadh
Ann an ùmhlachd do d'àithn'
Dean mi iriosal naomha
'S biodh mo ghaol dhuit a' fàs,
'S bi ghnàth 'g a mo chòmhnadh
Bho fhoirneart mo nàmh.

⊗ ⊗ ⊗

AN DUIN' OG 'S AN SEANN DUINE.

Och 'us och a sheann-duine
'S fada leam a tha thu beò,
'S tric a chuir thu'n gainntir mi
'G a mo chumail fann gun treòir.

'S e mo sgrios a b' annsa leat
Le bhi cleamhnas ris an fheoil,
Ach bi' an spiorad toirt buaidh ort
Gus an toir thu suas an deò.

Bhiodh tu le do bhrionnal baoth,
Tairgse dhomh faoineis gu leor
Gu bhi riarachadh mo chrìdh',
Leis gach miann a thig o'n fheoil.

Ach dh'innseadh an spiorad gur breug.
Th' anns gach sgeul a thig o'n fheoil
'S gu'm bi i bacadh mo shìth
Gus an téid crioch air mo lò.

Ach na' m faighinn spiorad Dhé
Chuireadh e'n fhéin fo mo shàil,
'S am mi-chreideamh 's gach droch mhiann
Tha 'g a mo bhuaireadh gach là.

'Us thig là eile 'n a dhéidh sin,
Anns nach bi sgeul air an fheoil
Cha bhi peacadh 's cha bhi bàs
'S cha bhi àmhghar ann na's mò.

Cha bhi gul, caoidh, no treigsinn
No ni a bheir aobhar bròin,
'N uair gheibh iad seilbh air an oighreachd
Cha tig an oidhche na 's mò.

'S e sud an latha bhios aoibhneach
Bhios aig oighreachaibh na glòir
Bi' iad a' seinn cliu na Trionaid,
'S gu bràth cha chrìochnaich an ceòl.

Moladh dha'n athair thug Criosda,
Moladh do'n mhac ghabh ar feoil,
'Us moladh do 'n spiorad shiorruidh
Dh' fhoillsich dhoibh Criosda 's a ghlòir.

Cha bhi roinnean measg nam bràithrean,
Cha bhi càineadh 's cha bhi eud,
'S e 'n t-aon fhonn bhios aig gach clàrsaich.
Moladh 'us gràdh air gach teud.

'N uair thig là an tionail mhóir
'S an duisgear na sloigh an àird
Có'n taobh air am bi mi féin
Dean a réiteach dhomh gun dàil.

Bheil mo chasan air a' charraig ?
Gun taic air dad ach i féin.
Am bheil do ghlòir-sa 'n am shealladh ?
Gun déidh air dad dhi dhomh féin.

Thoir creideamh gràdh agus dòchas
'S biodh iad an còmhnuidh a' fàs,
Gus an téid mi null thar Iordain
'S an sin fòghnaidh dhomh an gràdh.

❽ ❽ ❽

BARABHAS.

SALM xcii. 14.

GLEUS F.

{   : s | m : — : r | d : — : s | l . s : f : m | m : r }

An àm   a   bhios   iad aosmhor   liath,

{   : s | l . s : f : m | m . r : d : t, | d : — ‖

Bheir   iad   mór   mheas   a   mach ;

{   : s | d' : — : d'.t | l : — : s.m | d : — : r | m : — }

'Us   bithidh   sultmhor le   deagh   bhlàth,

{   : s | d : — : s.l | m : — : r | d : — ‖

Dhiu   sud   gach uile   ne - ach.

Chuala sinn bho bheul no dhà ann an Leodhas gur h-e
Calum Macneacail a chuir ri chéile 'm fonn sailm so.
Tha'n t-ainm a' dearbhadh gur h-ann do Eilein an Fhraoich
a bhuineas e có dhiù.

DÀIN SPIORADAIL.

ORAN MOLAIDH.

RINNEADH an t-òran so le Domhnull S. Macleoid,
Leodhasach, a tha 'n a eildear an Steornabhagh, Windslow,
Canada, air dha cluinntinn gu 'n do rùnaich an òigridh
eaglais ùr a thogail do Mhr Calum Macleoid, Calum
Aonghais, mar 'theirte ris 'n uair a bha e òg.   Bha Mr.
Macleoid 'n a mhinistear an Cròi mu'n deachaidh e do
Chanada.

AIR FONN :—" *Air-faill-ir-inn, ìll-ir-inn,*
ùill-ir-inn, O.

Fonn—

Thoir leam nach urrainn mi fuireach 'n am thàmh,
Gu'n cluinn mi tuilleadh mu chuideachd mo ghràidh,
Tha lòn gach duine an tobar na slàint',
'S 'n uair dh' òlas tus' aist leig sruthan gu càch.

Tha buaidh 'us piseach a nis air an àit',
Bho 'n ghluais na gillean bi' misneach aig càch.
Mu'n cualas ach lideadh mu eaglais a b' fhearr,
Chaidh dùrachd gu obair, 's dh' fhan teagamh 'n a thàmh.

Tha seann Loch Mhigantic a nis air a dòigh,
Thug fialachd an t-soisgeil dhith misneach gu leòr.
Cha bhi caomhnadh air cosguis bho 'n fhuair iad Macleoid,
Iad a' sgiùrsadh na bochdainn le pocannan òir.

Tha aoibhneas an t-soisgeil a' fosgladh an crì',
'S e spéis do 'n an Fhocal 'ni beartach an tìr,
Tha 'n fhìrinn gun mheasgadà 'n a fasgadh do'n t-sìth.
'S le tlachd thig na gaisgeich gu caisteal an Righ.

Nach bòidheach a' chuideachd 's iad uile mar aon,
Iad beò ann an creideamh 'bheir buaidh air an t-saogh 'l.
Tha cumhachd na diadhachd 'g an dion air gach taobh,
'S na dh' iarras ann fasgadh gheibh dachaidh 'n a ghaol.

Tha 'ghrian air a turus gach tiota 's gach uair,
'S gach aon a ni obair gheibh peighinn mar dhuais.
Dean dichioll 'us faire 's bi tagradh gach uair,
'S tha oighreachd aig t-athair do'n neach a bheir buaidh.

⊞ ⊞ ⊞

MARBHRANN DO CHALUM MACILLEMHOIRE.

Le Seoras Beaton, Bordh.

'N uair 'chaidh do ghairm, 's do dhùsgadh,
Ann an Eaglais Mhór nan Uigean,
Fhuair thu saorsa mhór bha drùidhteach
  Bhuannaich cùbhraidh fad do bheatha.

Air ball chaidh thu sin a dh' ùrnuigh,
'S dhòirt na deuraibh sìos o d' shùilean,
Chuir thu fianuis air na dùilean,
  Gu'n d' nochd E chùmhnant beannaicht' dhuit.

B'e so àm do cheud ghràidh-sa,
Oir fhuair thu tomhas mhór o'n àirde,
Fhuair thu gliocas, agus gràsan,
  'S ghluais thu ghnàth gu faicilleach.

Bhiodh tu labhairt tric mu'n ghràdh,
Chaidh annad féin gu domhainn tràth,
Bhiodh càirdean 'faicinn ann a' d' ghnùis,
  Gu 'n robh an t-ùngadh taitneach ort.

Chuireadh thu do Dhail-o-Dheas,
Ann an toiseach t-òig' 's do threis ;
Chaidh thu sin do Lionel, Nis,
    Bu mhór do mheas 's na h-àitean ud.

Bha thu am Marabhaig a' chuain,
Bha thu ann an Grabhair shuas,
Bha thu 'Rathanais 'n ad chuairt,
    'S bu chruaidh leo 'n uair a dhealaich sibh.

Bha do bhriathran taitneach, blàth,
Ann an Calbost, 's Gearraidh-bhàird,
Bu bhlasd ar comhairl' 'dol le chéil'
    'N uair bha thu 'n *Station* Lacasaidh.

Stiùir Freasdal Dhé 's a' mheall-neòil
Thu 'null do Eilean uain a' Cheò ;
Sheòl E rithist thu le 'shùil,
    Air d' ais gu dùthaich d' aithrichean.

An t-àm chaidh t-òrduchadh gu Airneol,
Ghabh na bràithrean riut gu càirdeil ;
'S iomadh neach a bha 's an àit' sin,
    A rinn gàirdeachas ri d' fhaicinn.

'S ann am Mealabost bha do thàmh,
'N uair a thàinig teachdair' 'bhais ;
Chaidh d' anam suas le Fear do ghràidh,
    Do chorp tha tàmh an Aiginis.

Bha Calum Macillemhoire 'n a mhaighstir-sgoile
    Gàidhlig am Mealabost.

☒ ⊞ ☒

SEANA MHINISTEIREAN LEODHÁIS.

AIR FONN :—" 'S e fàth mo mhulaid."

Is cuimhne leam fhéin 's cha deach' i air dhìth,
Na h-urramaich fhìnealt' 'dh 'fhalbh uainn,
Mac' Leathainn ro chaomh 'us Moraidh na sìth,
'S Macrath 'tha sìnte balbh uainn.

Bhiodh Pàdruig Di-luain mar b' àbhaist le buaidh,
Toirt carail do'n t-sluagh 's an uair sin ;
Bhiodh cnuic agus glinn 's mac-talla a' seinn,
'Toirt freagairt gu binn d' a fhuaim-san.

Bha Pàdruig a riamh mar spiorad gu dian,
Mar sheirbhiseach Chriosd' 's a' chùbaid
'Us 'fhallus dol sios 'n a bhraonaibh gu dian,
'S air 'leadan 'bha liath bha driùchd air.

Geur-leanmhuinn ro-gheur gach là 'n a dhéidh,
Bho Pharasaich fhéineil phròiseil,
'S an teist ac' gu léir bho sgriobtuirean Dhé,
'S cha d' sheall thu ri sgéimh an còta.

'N uair chuireadh tu 'n còt 's a' chùbaid air bòrd,
Bhiodh coltas an t-seòid 's an àm ort.
Bhiodh Pàdruig a' leòn 'us Iain Macrath Mór,
'G an leigheas le còrn ol-ùngaidh.

Mhr. Iain nam buadh tha'n diugh anns an uaigh,
'S tric sheas thu 'measg sluaigh air Sàbaid.
'S cha 'n fhaca mi tuath no deas air a' chuan,
Thug barrachd ort, 'luaidh na slàinte.

Theirinn gun fhiamh nach fhaca mi riamh
'N taobh 'n ear no'n iar a bha mi,

Do shamhuil air chòir 'n ad sheasamh aig bòrd,
'S tu 'riaghladh dhoibh lòin na slàinte.

Bu tu 'n leòmhann 'bha treun 's mar iolar nan speur.
Le fradharc 'bha geur thar chàich ann,
Bu duin' thu thaobh céill 'n ad là 's 'n ad ré.
Bhios cuimhn ort 'thaobh séimheachd 's gràsan.

Dhomhnuill mo ghràidh do bhilean 'n an tàmh,
'S cha chluinnear gu bràth do chòmhradh,
Ochan 's mo léir gheibhinn mil bho do bheul,
'S thu 'g ùrnuigh aig féill nan òrdugh.

Cha 'n fhaca 's cha chual' mi fhathast le m' chluais,
Cho taitneach aig uair na h-ùrnuigh
'S i drùiteach bho d' bheul 's tu 'sileadh nan deur
'S i 'tighinn bho nèamh 's an driùchd ort.

Cha 'n ioghnadh an uair-s' sluagh Nis bhi fo ghruaim
Bho'n chaill iad am buachaill' còir ud.
'S na deoir air an gruaidh bho 'n thugadh e uath',
'S a chuir iad 's an uaigh thu, Dhomhnuill.

Macmaster mo ghaoil an t-Urramach çaomh,
Bu thaitneach ag inns' an sgeoil e.
B' fhaliain 's bu gheur do bhreithneachadh féin,
Air sgriobturaibh Dhé-na-glòire.

Bu bheag thu 'n ad chéis ach tuigseach gun bheud
Toirt barrachd an céill thar móran.
'S cha robh thu air éis an teagasg na treud,
An cùbaid do Dhé Di-dòmhnaich.

Caimbeulach Uig, an t-Urramach ciùin
B' e 'n searmonaich' ùrail séimh e.
Le oladh nan gràs 'n a lòchran a' tàmh
'S e leigheas tre ghràdh an creuchdan.

'Mhoraidh, a rùin, ciod 'chuirinn ri d' chliù,
Urramaich chliùitich ghràdhaich,
Bha 'm pobull riut dlùth 's iad brònach fo thùrs',
Bho 'n chuir thu do chùl ri 'n àite.

Bha thusa dhiot féin gu tairis 'n ad ghné
Do chloinn Mhic Dhé 'g an àrach.
Le samhlaichean séimh gu soilleir 's gu réidh
Gu'n tuigeadh an treud ni b' fhearr thu.

Bhiodh seanairean còir a' tional mu'n bhòrd,
Co-labhairt mu ghlòir na firinn
'S bhiodh dloghaibh gu leòr a' tuiteam d' an deòin,
'S luchd-aidich' 'bha òg 'g an dioghlum.

Bhiodh buidheann mo ghràidh-sa muigh air an là,
'Us fear dhiubh na dhà 'toirt searmoin,
'S cha b' fhada le càch 'bhi 'g éisdeachd 's an àit'
Ged 'thigeadh orr' tràth an anamoich.

'S an eaglais air oidhch' 's a thionaladh innt',
Na bràithrean 'bha cruinn 's gach àite
Bhiodh ceol ann gu binn gu subhach 's gu grinn,
'S na ciadan a' seinn gu h-àluinn.

Bhiodh orra-san fonn 'us subhachas ann,
'Dol dachaidh le sùnnt do'n àite.
'S a' ghealach 's an oidhch' toirt soluis le soills',
'S co-labhairt aig naoimh air sràidibh.

'S mi 'ruitheadh a' leum gun mhoill' air mo cheum,
Thar uillt agus féithean garbha.
Mar eun air sgéith 's mi dol cho na féill
'S cha b' aithreach leam féin gu'n d' fhalbh mi.

Ged 'bhitheadh mi fann, 's gu h-airtneulach trom,
Air slighe gun fhonn 's mi falbh ann.
'N uair chluinninn an t-seinn 's 'bhi togail nam fuinn
A' m' chridhe bhiodh sùnnd mar earba.

Is cuimhne leam féin mo chridhe 'bhi 'leum,
'S am baideal ud réidh mar bhràithrean
'Toirt toisich do 'chéil 'cur soisgeil an céill
Is truagh nach b' ann 'n dé a bha sud.

❂ ❂ ❂

MARBHRANN.

Le Aonghas Macillemhoire (á Tolostaidh, Lingwick,
Canada) d' a mhnaoi.

Air Fonn :— " *Gu ma slàn a chi mi.*"

Mar chalaman 's mi caoirean,
A' m' aonar anns a' ghleann,
Bho 'n thugadh bho mo thaobh thu,
'S nach fhaodadh tu 'bhi leam.
Ro chràiteach tha mi daonnan,
Mar aon a tha gun chainnt,
A' cuimhneachadh air d' aonachd,
'Us caomhalachd do dhàimh.

Gach ni 'bha leam 'n a bheannachadh,
Air thalamh ré mo chuairt,
As d' aonais dh' fhàs iad falamh dhomh,
'Us chaochail sud mo smuain ;
'Bhi cuimhneachadh 's a' labhairt air
Na flaitheas 'bha mu d' chuairt,
An raon 's am miann leam ionaltradh,
Gach mionaid agus uair.

'Us dh' fhàg thu mise brònach,
An gleann nan deòir 'n ad dhéidh,
Cha 'n ann mar dhream gun dòchas,
Nach còmhlaich sinn a chéil'.

Tha thusa 'n diugh cho sgiamhach,
'S cho geal ri grian nan speur,
'S 'n uair bhios an obair criochnaicht',
Bi' mise triall 'n ad dhéidh.

Bho 'n fhuair thu aithn' air Slànuighear,
'Tha tearnadh pheacach thruagh,
Bho 'n thug thu t-anam dha-san,
Thug neo-bhàsmhorachd mu' n cuairt ;
'S bho dh' òl thu do dheoch-slàinte,
'S a' ghràdh a shruth a nuas,
Is buannachd dhuit mis' fhàgail,
Gu 'bhi 'g àrdachadh na buaidh.

O ! 's bliadhna leam gach là,
Gus 'm bi 'm fàsach as mo dhéidh,
'S gu 'n téid sinn dh' ionnsuidh Phàrais
'S gu 'm faic sinn làthaireachd Dhé ;
'Measg pheathraichean 'us bhràithrean,
Bho 'n àirde deas 'us tuath,
Gach aon a' seinn le clàrsach,
Air òran Mhaois 's an Uain.

Bi' aoibhneas mór air càirdean,
An làthair Righ na Glòir,
An Ti air tùs a ghràdhaich,
'S a bhàsaich 'rùm a shloigh ;
Le grian a ghnùis neo-bhàsmhor,
'Ni slàn an t-anam leòint',
'S bi' 'miannan uile sàsuicht',
Na's fhearr na dh' innis Pòl.

☸ ☸ ☸

MARBHRANN DO'N URRAMACH PADRUIG MACILLEATHAIN.

LE RUAIRIDH MACILLEMHOIRE.

Cha'n urra' mi, cha'n aithne dhomh,
Do chliù gu ceart a' luaidh,
Am briathraibh còmhnard fallain,
A bhiodh airidh air do chuairt ;
Ach 's e do chliù gu h-àraidh,
Anns gach àit' gu'n tug thu buaidh,
'Us tha thu nise sàbhailte,
Aig gairdean deas an Uain.

Cha bu gheug gun toradh thu,
Ach maiseach am measg chàich,
Suidhicht' anns an fhionan,
Nach do chaill a riamh a bhlàth ;
Ghlanadh mar an t-airgiod thu,
'S mar òr as deirge gnàth,
'S bu shoitheach glan làn éifeachd thu,
Le sgéimh an Tì as àird.

Bha irisleachd 'us gràdh,
A' tighinn an àirde riut 's gach ceum,
Do phearsa maiseach àluinn,
'S buaidh do nàduir bha d' a réir ;
'S do chliù bi' aig na bràithrean,
Anns an fhàsach fad' an réis,
Oir chaill iad nise Fàidhe,
A bha gràdhach ac' gu léir.

Cha 'n eil thu nis 'g ad shàrachadh,
'S a' phàilliun so air chuairt ;
Cha bhi trioblaid inntinn ort,
'S cha bhi thu tinn car uair.

Chaidh thu suas le òirdheirceas,
'Us dh' fhalbh na deòir bho d' ghruaidh ;
A Dhia nan gràs gu'n deonaich Thu,
'Bhi còmhla riut-sa shuas.

Feumaidh sinne 'chàirdean,
Tighinn an làthair breitheimh mhóir.
Chi sinn an sin Pàdruig,
'Measg an àireamh 'chaidh thoirt beò ;
'S cuiridh e a sheula,
Ris a' bhinn 'théid éigheach cruaidh,
'N an aghaidh-san a dhìtear,
Leis an fhìrinn 'bha e 'luaidh.

Guidheam air mo chàirdean.
A dh' éisd Pàdruig air a chuairt,
Gu' m pilleadh sibh gu'r Slànuighear,
Mu'n d' thig am bàs gu luath.
Mu'n toir e sios gu dòruinn sibh,
Gu staid eu-dòchais bhuain ;
Mu'n dùinear dorus tròcair oirbh
O thigibh beò gu luath.

✠ ✠ ✠

CUMHA DO'N URR. PADRUIG MACILLEATHAIN.

O, fhir mo ghaoil chaidh thu dhachaidh,
'S fliuch mo shùil oir 's fuar do leabaidh.
An cladh Shandabhaig tha d' uaigh,
Ach tha t' anam shuas 's na flaitheas.

Bu tu féin an teachdair dìleas,
'S glan a laimhsicheadh tu 'n fhìrinn ;
Bheireadh tu a chuid do'n fhìrean,
'S cha 'n fhàgadh tu an t- aingidh falamh.

An t' anam a bhiodh teagmhach fiamhach,
'S imcheist air an robh e diadhaidh,
Bheireadh tu dha comharan lionmhor,
Air cleachdadh gràis 's an anam.

An t' anam bochd a bhiodh air faondradh,
Ag iarraidh ionaltraidh nan caorach,
Ghlacadh tu air laimh gu caomh e,
Gu'n dearcadh a shùil air 'aodhair.

An t' anam a bhiodh luchdaicht' sàruicht',
Le eallach peacaidh 's buaireadh Shàtain,
Bheireadh tu dha seoladh sàbhailt',
Gu Leigh na slàinte g' a ghlanadh.

Tha muinntir Steornabhaigh ro chianail,
Leam-sa cha 'n 'eil sin 'n a ioghnadh,
Oir 's iomadh là air do phianadh,
Rinn thu 'n teagasg bho na chrannaig.

⊗ ⊞ ⊕

CUIREADH GU CRIOSDA.

Le Aonghas Macdhomhnuill (Aonghas Ruadh) à
Bearnaraidh.

Air Fonn :—" *Eilean Leodhais, tìr nan gaisgeach.*"

Fonn :—

'N tèid thu leis an Righ as maisich',
'S bithidh na flaitheas leat le còir.
'N tèid thu leam gu Criosd am buachaill,
'S gheibh sinn suaimhneas shuas an Glòir.

'Measg gach ni 'tha 'n diugh 'g am chràdh,
'S e ni gu h-àraidh 'tha 'g am leòn ;
'Bhi 'faicinn dìmeis air an t-slàinte,
Dh' fhoillsich fear mo ghràidh cho mór.

Cha ghlan nàtar thu no siabunn,
Gabh ri Criosd' 's cha 'n iarr thu 'n còrr.
So an Ti a ni do thearnadh,
Earb 'n a ghràs 's cha 'n fhàg ort sgòd.

'Suaimhneas as fhearr anns an t-saoghal,
Sgaoilidh e mar sgaoileas ceò.
'So an Ti 'bheir dhuit toil-inntinn,
Troimh na linntean ann an Glòir.

'S iomadh anam truagh a shaor E,
Dhoirt E fhuil phrìseil 'n an tòir,
'S cha'n fhaic thu crioch air do shaorsa,
Bho 'n a tha d' Fhear-saoraidh beò.

Gheibh thu cuideachd chridheil, chàirdeil
Peathraichean 'us bràithrean còirdt',
'S luchd aoin bhaile ris na naoimh iad,
Cridheil gleust gu seinn le ceòl.

'N gràdh 'tha siorruidh ni e gréim ort,
'S fhad' bho dh' éibh E ris na slòigh :
Thigibh 's tagramaid r 'a chéile,
'S bithidh sibh de mo threud 's a' chrò.

'N gràdh 'tha siorruidh ni do lionadh,
'S criochnaichear làithean do bhròin,
Comunn gun bhriseadh ri Criosd ann,
'S cha 'bhi iargain air a' chòrr.

● ● ●

FOIS ANN AN CRIOSDA.

LE AONGHAS MACDHOMHNUILL (Aonghas Ruadh) á
Bearnaraidh.

AIR FONN :—" *Gu ma slàn a chi mi.*"

Bu chaomh leam beagan innse,
Mu'n t-saors' bh' aig m' anam féin ;
Smuainich mi air innse,
Do 'n 'tha 'g iarraidh sìth dhoibh féin.
Cha 'n fhaigh iad e bho aon neach,
De chloinn nan daoin' gu léir ;
Cha 'n fhaigh ach bho 'n an Ti sin,
'S e Righ na sìth E féin.

'N uair thòisich lagh 'us ceartas,
'G am agradh 'g iarraidh pà 'dh ;
Bha ceartas 'g iarraidh riarachaidh,
'S an lagh gu dian an sàs.
'S e 'n t-urras Mac-nam-Beannachdan,
A chaidh a steach 'n am àit' ;
Is ann airson mo pheacaidhean,
A fhuair am Mac am bàs.

Ma dh' éisdeas sibh ri m' chòmhradh,
Tha tòrr agam ri inns',
Mu Iosa rinn mo chòmhnadh,
Bho'n dòruinn 'tha gun chrìch.
Cha 'n aithreach leam gu'n thòisich mi
Ri tigh 'n an còmhail Chriosd'.
'N uair thug E mi gu còrdadh ris,
Sin phòs sinn ann an sìth.

'S e sud am pòsadh aoibhneach,
A bhios air cuimhne bhuan ;
Cha 'n fhuasgail bàs an caoimhneas,
A nochdadh air an uair,
Cha'n fhuasgail trioblaid 's àmhgharan,
An gràdh a tha bith-bhuan ;
'Us ni thu fhathast m' fhàilteachadh,
Do 'n àros a tha shuas.

An àros nach bi caochladh uirr',
Anns am bheil gaol a' tàmh,
'S ged tha mi bochd 'us dìblidh,
Anns an t-saoghal so an dràsd ;
Thig an uair 's an cluinnear leam,
Guth binn bho fhear mo ghràidh :—
" Imichibh do 'n t-suaimhneas sin.
A fhuair sibh tré mo bhàs

'S e sud am bàs 'tha iomraideach,
Bho 'n shoirbhich leis a' bhuaidh,
Tha toillteanas neo-chriochnach ann,
Bho 'n Trianaid a tha shuas.
Tha riarachadh 's an iobairt sin,
Thug Criosd airson a shluaigh,
Nach leig gu bràth gu dìteadh iad,
Ach 's leo saorsa bhuan.

An t-saorsa 'bhios an sealbh aca.
'N uair dh' fhalbhas iad á tìm,
'S a chriochnaicheas gach argumaid,
A bhios a' falbh an t-saogh' l.
Na gheibh tré ghràs 'bhi 'g earbsa ris,
Bheir E air falbh gu sìth ;
'S na dhiult E ni e thearbadh uath,
O's anabarrach am binn.

A chàirdean b' e mo dhùrachd dhuibh,
'S e m' ùrnuigh e ri Dia :
Gu'n cuir sibh grad bhur cùlaobh,
Ris an t-slìgh' 'tha bruchdadh sìos.
'S gu 'm pill sibh uaith gu dùrachdach,
'S gu 'n dlùthaich sibh ri Criosd :
'S tha 'ghealladh dhuibh nach diùlt E sibh ;
Mu'n ruith bhur 'n ùin' gu crìch.

⊕   ⊕   ⊕

FUIL NA REITE.

LE MURCHADH MACLEOID (Murchadh a' Cheisteir).

AIR FONN :—" *Banks of Loch Lomond.*"

Fonn :—

O, éisd ! anam éisd, gabh an cuireadh tha o nèamh,
'S na bi 'fuireach 'n a do reubal an Sòdom
Thig fo chrathadh fuil na réit', ann an sealladh a' chroinn-
cheusaidh ;
'S bi' sagartachd Mhic Dhé dhuit mar dhòchas.

Ged nach 'eil mo ghuth glé bhinn, tha mi togarrach gu
seinn ;
'S tha mi coma ged a chluinnt' ann an glòir mi,
'Cur an céill do shluagh an t-saoghail, có 'n Tì tré an
d' fhuair mi saors',
'N uair bha m' anam truagh an daors', 'us eu-dòchas.

Cho fad 's a bha mi 'falbh air an t-seachharan, gun iomradh
Gu 'n robh mi a' dol iomrall o mi òige ;
Ged 'bha 'n lagh le 'bhagradh feirge, 's a mhallachdan 'g
an seirm rium ;
Gidheadh bha nàmhaid m' anama rium còirdte.

Ach o'n a chaidh mo dhùsgadh 's a thàinig Iosa dlùth
  dhomh,
 'Chur léirsinn 'n a mo shùilean 'n a thròcair ;
'S e ghabh os làimh mo chùis, 's e m' fhear-tagraidh anns
  a' chùirt e :
 'S cha 'n fhaigh m' fhear-casaid gnùis o Iehòbhah.

'S e 'n caraid e da rìreadh, 'thug fagus ann na dhìlseachd,
 'S a phàirtich orm an dìleab 'tha òirdheirc ;
A' bheatha tha cho siorruidh ri pearsachan na Trianaid.
 'S a sgeadaicheas mar 'ghrian ann an glòir mi.

A dh' aindeoin dé na cearban, do theagasg nach gabh
  dearbhadh,
 A gheibh mi ann an searmoinean móra ;
O'n chuir e féin 'n a thiomnadh, gu 'n tigeadh mo chuid
  orm dheth,
 Tha bunait thaghta, dhearbht', aig mo shòlas.

Tha 'n fhuil tha 'labhairt sìth, ann an geallaidhean na
  fìrinn,
 Na's maireannaich', 's na's prìseil' na 'n t-òr dhomh ;
'S a chionn gu 'm bheil sin saor do gach peacach anns an
  t-saoghal,
 Tha barrantas neo-chaoch 'leach ann dhòmh-sa.

Tha agam ann an Criosd na tha m' anam bochd ag iarraidh;
 'S cha' n abair mi gu siorruidh nach leòr e,
Tha 'n t-uisg' a' dol 'n a fhion ann ; tha mil, 'us bainne,
  's biadh ann,
 Tha cridhealas, 'us fialachd, 'us ceòl ann.

Carson nach 'eil gach tiodhlac, a phàirtich orm an Train-
  aid,
 Gun sgur bhi moladh Dhia, mar is còir dhoibh ;

Ma chanar gur a bàrd mi, nach maslach dhomh bhi
      sàmhach,
  'Us m' anam air a theàrnadh o dhòruinn ?

'S e nach 'eil sinn a' seinn, mar a bhuineadh dhuinn 's
      an linns',
  Tha toirt cadail trom na h-oidhch' air na h-òighean ;
Cuid gearanach gu bràth mu 'n tha 'mhearachdan aig càch,
  'S gun iad féin a' moladh gràis mar bu chòir dhoibh.

'S ann a sheinneas mi gu binn 'n uair a gheibh mi 'n deise
      bhainns',
  'Tha 'feitheamh air na h-aoidhean 'n a sheòmar,
Le Miriam 'us Daibhidh, 'n uair a sheinneas sinn na laoidh-
      ean,
  Cha chluinnear aig na h-ainglean ach crònan.

❧ ❊ ❧

IOSA CRIOSD AM FIREAN.

Le Murchadh Macleoid (Murchadh a' Cheisteir).

    'S e Iosa Crìosd am Fìrean
      Tha 'g innse dhuinn 'na ghràdh,
    Gu 'm bheil ar Teàrnadh cìnnteach
      Ma ni sinn feum dheth 'ghràs ;
    Tha 'ghéalladh anns an fhìrinn,
      Ma ghabhas sinn dhuinn fhéin e.
    Tha Cumhachd Siorruidh fillt' ann,
      'S cha dìbir e gu bràth..

    'S e Crìosd an ìobairt réitich,
      'S e cheusadh ann ar n-àit',
    'S e chaidh do 'n uaigh 's a dh' éirich
      'S e Ceannard treun na slàint' :

'S e féin an Righ 's am Buachaill',
'S gach Cumhachd air a ghuaillibh,
'S e 'n t-àrd-fhear-tagraidh shuas e ;
'S e 'n t-Uan as sloinneadh dha.

'S e Criosd taghadh Dhé dhuinn,
'S e chlach stéidh e 's e 'n Airc ;
'S ann ann tha clann nan treubhan
Gu léir a' faighil àit' ;
Tha leigheas bho gach eucail ann ;
'S glanadh bho gach euceart ;
'S thug 'Athair saibhreas Nèamh Dha,
Gu léir gu thoirt do chàch.

'S e Criosd an fhionan fhìor,
'S 'eil na fìreanaibh a' fàs,
'S ma dh' òlas iad d'a bhrìgh
Cha tig crìonadh orr', no bàs ;
Ach ma théid neach dhiubh thaobh ;
Gu bhi 'n càirdeas Dhé an t-saoghail ;
Bi' esan mach á aonachd
Na naomhachd 's am bheil càch.

'S e Criosd am Baile-dìon
Nach ruig dioghaltair gu bràth,
Do 'n neach a theich bho 'n tòrachd
'S gun chòir aig ach air bàs :
Ma ruitheas e le dùrachd :
'S gu 'n sealltuinn air a chùlaobh,
Cha tig an claidheamh dlùth air,
Gus 'n dùin e stigh ri slàint'.

Ò molamaid gu siorruidh ;
An Criosda so sinn féin,
'S e rinn 'n ar cloinn do Dhia sinn ;
'S e riaraich ar n-uil' fheum ;

Tha fìreantachd 'us naomhachd ;
Tha gliocas agus saors' ann ;
'S tha fialaidheachd 'n a ghaol
Do 'n chinneadh-daonn' gu léir.

⊠ ⊠ ⊠

LAOIDH.

LE BEAN CHOINNICH MHIC CHOINNICH ANN AN
SEILDENISH, BAIL'-AILEIN.

'S e ceud pheacadh Adhamh rinn tràillean dhinn cho mór,
Chuir an déidh Shàtain sinn, tha fàinn' aig air ar meòir ;
Ach O, bris' n a bhloidibh e, 's thoir dhuinne lòin a ghlòir
'S fosgail dhuinn na geataichean far nach bi peacadh beò.

A' chraobh bha an gàradh Edein airson feum an t-sluaigh,
Cho luath 's a chunnaic Sàtan i thug e gun dàil i nuas,
Ach cliù dhuit cha do dh' fhàg thu iad fo chumhachd
    bàis 'us uaigh,
Ach dh' ullaich thusa Slànuighear chum sàbhaladh do
    shluaigh.

Tha móran anns an t-saoghal so air inns' ann am measg
    sluaigh,
Tha breugan agus fìrinn dol leis gach gaoith mu 'n cuairt ;
Mur bi na h-airm an òrdugh bho ghaisgeach mór na buaidh,
Bi' cuilbheartan an nàmhaid a tigh'nn ro dhàn air sluagh.

Tha nàmhaid ro chealgach gu tric a' tearbadh sluaigh,
Bha ann an càirdeas bràthaireil a' fàs le iómadh buaidh ;
'S mur dean Iehòbhah 'n a cheartas glòirmhor buan
Thilleadh bho 'n eas-aonachd sin bi' cuid do dhaoine
    truagh.

'N uair thig gairm a' bhàis oirnn 's nach dean ar càirdean
    feum,
No peathraichean no bràthairean no sgàth tha bho 'n a'
    ghréin ;
Mur bi do sholus glòirmhor a' treòrachadh ar ceum,
Théid sinne le sruth Iordain far am bi am bròn no eug.

B'e sin an t-àite dòruinneach a' dol a chòmhnaidh ann,
Mallachdan Iehòbhah 'g an dòrtadh air ar ceann ;
'N uair thig guth a' bhàis thugainn ma bhios do ghràs
    air chall
Sìol a chuir sinn buainidh sinn, 's air truaighe cha bhi
    ceann.

'S e gheibh an duais na saighdeirean nach crom a' bheinn
    's iad beò,
'S nach leig le cumhachd Shàtain dhol gu àirde mhóir ;
Bi' iad sin a' soillseachadh mar rionnag oidhch' 'us lò,
'S air an stiuireadh troimh na coillteachan le oighreachan
    na glòir.

A' chlach a dhiùlt na clachairean clach chinn na h-oisinn i,
'S na leig dhuinne 'bhi socrachadh air bunait eil' ach i,
'S ged bha i air a diùltadh le muinntir a chaidh clìth
Ma ghabhas sinn an tairgse aig' cha bhi ar n-earbsa faoin.

'N uair chaidh an gaisgeach ud thoirt thairis chum a' bhàis,
Chaidh brat-roinn an teampuill air chrith bho bonn gu bàrr,
Ach 's sona do 'n duine dha 'm bi sin, 'n a dhìon o'n bhàs,
Cha bhi iad troimh an t-siorruidheachd 's a' phian anns
    am bi càch.

Cuir Thusa 'ghairm eifeachdadh gu eudmhor air ar tòir,
'S na b' ann air son ar fàgail aig a' nàmhaid anns a' chrò
Ach gu bhi seinn do chliù, 's a' toirt ùmhlachd dha do
    ghlòir
Sealltuinn le ro aire ris an Taisbeanadh aig Eòin.

Thoir dhuinne còir do bheannachaidh mu 'n glas thu sinn
    's a' chuan,
As am bi do chorruich-sa mar dheatach a' dol suas,
Cuir sinn dha 'n àireamh ud tha tabhairt gràidh do 'n Uan,
'S bhios a' seinn gu bràth ann a' meadhon Phàrrais shuas.

⊞ ⊞ ⊞

MARBHRANN DO SHEUMAS MACFHIONNLAIGH.

Le Tormòd Macillemhoire, á Scigersta, Nis.

A' cheud Di-luain do 'n a' gheamhradh
Chaidh naidheachd theann troimh ar cluasan,
Mu bhàs ar caraid a bha dìleas,
'S a bha cho dìreach 'n a ghluasad.
Ged dh' fhàs e lag leis an aois,
Cha robh ar sùilean cho fuasgailt',
'S gu'n robh sinn idir a' saoilsinn,
Gu 'm biodh a chaochladh cho luath ann.

Chaidh thu troimh àmhghar 's an fhreasdal,
Bho 'n chaill thu 'n toiseach do chéile
Thugadh uat i le fiabhrus,
Bha buille gheur an sin fhéin dhuit,
'S nach tric 'bha thu air J' fheuchainn,
'S a' phàilliun chriadheadh le eucail,
'S le spiorad tùrsach ag iarraidh
Do chòir an Criosd a bhi réidh dhuit.

Ach chaidh a thruaighe-san thairis,
'S fhuair e aiseag a bha sàbhailt,
A null gu luath air an abhuinn,
Ach 's iomadh anam a bhàth i,

Cha deach' a dhòchas a mhealladh,
Ged 's trìc a' bhagair a nàmhaid,
Gu'm biodh a phiantan do-labhairt,
'S nach robh ach mealladh 'n a chràbhadh.

'S e fìonan torrach 'bha 'n Seumas,
Craobh, do'n t-seudar bu ghrinne,
Ged bha e trìc ann an éigin,
Air call a ghréim 's e 'g a shireadh,
Ach buinidh na nithean 'tha diomhair,
Do'n Ti 'tha riaghladh a' chruinne,
'S 'n uair bheir e 'dhuais do gach creutair,
Cha dean e eucoir air duine.

Rinn thu sgrìob a bha dìreach
Cha d' chuir thu mi-thlachd air d-aidmheil,
'S ann 'mheas thu 'n tàlann a fhuair thu,
Mar nèamhnaid luachmhor do t-anam,
Bha d' fhàs ri fhaicinn air uairean,
Mar chraoibh air bruaich nan sruth-chlaisean,
'S dh' aindeoin reothadh nan geamhradh,
Bha toradh tròm air gach bagaid.

'S ged bha e cho soilleir,
Gu robh 'n teagasg o shuas ort,
Bu trìc rinn an t-ascreideamh
Do chur ann am breislich le 'bhuaireadh,
'S ged dheigeadh thu dh' ionnsuidh a' Bhìobuill
'S an d' fhuair thu mìlseachd air uairean,
Cha robh nis ach gun éifeachd
Mar leabhar seulaichte suas dhuit

Ach 'n uair a thigeadh do shaorsa,
'S a bhiodh an driùchda o'n àird ort,
Bhiodh d' aghaidh mhaiseach cho faoilte,
Do chòmhradh caomh 's e cho càirdeil ;

'S 'n uair a bhitheadh tu dioghlum
A muigh 's an raon mar a b' àbhaist
Bha achadh Bhòais cho fiadhlaidh,
'S gu 'm b' e do mhiann a bhi tàmh ann.

An-aoibhinn dhuinne mar shluagh
Bha le ar cluasan 'g ad éisdeachd,
A' cluinntinn d' earailean drùiteach
'S gun òg no aosd a' toirt fèil dhuit,
Ach 's ann an cleachdadh na h-ùrnuigh
'S do shùil a' brùchdadh le deuraibh,
A bha e soilleir do 'n t-saoghal,
Gu robh ùr-dhealt o nèamh ort.

Carson tha sinne 'g ad ionndrainn,
Ged tha do rùm againn falamh ;
'S do ghuth ged tuilleadh nach cluinn sinn,
Nach ann tha d' aoibhneas air teannadh.
Co-chomunn naoimh agus ainglean
An diugh gu saoibhir 'g a mhealtuinn,
'S tha òran molaidh 'g a seinn leat,
Nach sguir a chaoidh ach a mhaireas.

STEORNABHAGH.

SALM lxxx. 5.

Gleus G.

{ : l, | d : r | m . l | m : t, | l, }
Oir bheathaich thu do shluagh gu léir

{ : l, | l, : t, | d . t, : d . r | m ‖
Le   aran   deur 'us bròin;

{ : m.r | d : t, | l, : l | s : d.r | m }
'Us tomhas saoibhir thug thu dhoibh,

{ : se | l : m.r | d : t, | l, ‖
Do dheuraibh goirt r'an òl.

Chuireadh am fonn sailm so r' a chéile le Iain Mac-
mhathain á Bragair. B' e ùghdar "Fuinn nan Salm"
ann an Gàidhlig—leabhar gasda anns am bheil còrr agus
dà fhichead fonn, cuid dhìubh a tha nis air dol á fasan
—maille ri treòrachadh min, pongail, airson na fuinn so
ionnsachadh 's an t-seann stéidh-chiuil (Staff Notation).
Tha fear no dhà de na leabhraichean so r' am faotainn
fhathast, agus 's math a b' fhiach e a chlò-bhualadh a rìs.
Bha Iain 'n a ghreasaiche ann an Steornabhagh car ùine,
agus 'n a fhear togail fuinn nan salm ann an Eaglais na
h-Alba, roimh àm an Dealachaidh. An déidh sin bha e
'n a mhaighstir-sgoile ann an Lìte, agus 'n a fhear
togail fuinn nan salm ann an Eaglais Chaluim-chille an
Duneidcann. Bha e 'n a fhear-ciùil sgileil, agus b' e a
thlachd a' bhi sior-eideachadh a cho-luchd-dùthcha,
gu 'bhi togail nan salm gu crìdheil! Tha e fhéin ag ràdh